MÁS DE 1 MILLÓN DE EJEMPLARES VENDIDOS   CUARTA EDICIÓN

La lectura eficaz de la Biblia

Un enfoque
práctico del estudio
de la Biblia
en un estilo fácil
de entender

Gordon D. Fee & Douglas Stuart
Adaptación al español por Pepe Mendoza

editorialvida.com

La misión de Editorial Vida es ser la compañía líder en satisfacer las necesidades de las personas con recursos cuyo contenido glorifique al Señor Jesucristo y promueva principios bíblicos.

LA LECTURA EFICAZ DE LA BIBLIA, CUARTA EDICIÓN
Edición en español publicada por
Editorial Vida – ©2007, 2025
Nashville, Tennessee
Este título también está disponible en formato electrónico.

Publicado originalmente en EUA bajo el título:
How to Read the Bible for All Its Worth
Copyright © 1981, 1993, 2003, 2014 por Gordon D. Fee y Douglas Stuart
Publicado con permiso de Zondervan, Grand Rapids, Michigan 49530.
Todos los derechos reservados

Nueva traducción: *José «Pepe» Mendoza*
Adaptación del diseño al español: *Deditorial*

ISBN: 978-0-82977-395-8
eBook: 978-0-82977-396-5

Número de control de la Biblioteca del Congreso: 2024950258.

CATEGORÍA: Religión / Vida Cristiana / Inspiración

IMPRESO EN ESTADOS UNIDOS DE AMÉRICA
PRINTED IN THE UNITED STATES OF AMERICA

25 26 27 28 29 LBC 5 4 3 2 1

A nuestros padres
Donald y Grace Fee
y
a Streeter y Merle Stuart,
de quienes aprendimos
nuestro amor por la Palabra

Contenido

Abreviaturas

ANTIGUO TESTAMENTO

Gn	Génesis	Cnt	Cantar de los Cantares
Éx	Éxodo	Is	Isaías
Lv	Levítico	Jer	Jeremías
Nm	Números	Lam	Lamentaciones
Dt	Deuteronomio	Ez	Ezequiel
Jos	Josué	Dn	Daniel
Jue	Jueces	Os	Oseas
Rut	Rut	Jl	Joel
1-2 S	1-2 Samuel	Am	Amós
1-2 R	1-2 Reyes	Abd	Abdías
1-2 Cr	1-2 Crónicas	Jon	Jonás
Esd	Esdras	Mi	Miqueas
Neh	Nehemías	Nah	Nahúm
Est	Ester	Hab	Habacuc
Job	Job	Sof	Sofonías
Sal	Salmos	Hag	Hageo
Pr	Proverbios	Zac	Zacarías
Ec	Eclesiastés	Mal	Malaquías

NUEVO TESTAMENTO

Mt	Mateo	1-2 Ts	1-2 Tesalonicenses
Mr	Marcos	1-2 Ti	1-2 Timoteo
Lc	Lucas	Tit	Tito
Jn	Juan	Flm	Filemón
Hch	Hechos	Heb	Hebreos
Ro	Romanos	Stg	Santiago
1-2 Co	1-2 Corintios	1-2 P	1-2 Pedro
Gá	Gálatas	1-2-3 Jn	1-2-3 Juan
Ef	Efesios	Jud	Judas
Fil	Filipenses	Ap	Apocalipsis
Col	Colosenses		

a. C.	Antes de Cristo	et al.	Y otros.
d. C.	Después de Cristo	etc.	etcétera
ca.	Circa, aproximadamente	i.e.	esto es
		AT	Antiguo Testamento
cf.	Compare	NT	Nuevo Testamento
cap(s)	Capítulo(s)	p(p).	página(s)
ed.	Editado por	vol(s)	volumen(es)
p. ej.	Por ejemplo	v(v.)	versículo(s)

Abreviaturas de versiones de la Biblia

NBLA	Nueva Biblia de las Américas
LBLA	La Biblia de las Américas
RVR60	Reina Valera 1960
RVR	Reina Valera revisada
RVR95	Reina Valera 1995
RVA-2015	Reina Valera actualizada
NVI	Nueva Versión Internacional
NTV	Nueva traducción viviente
BJ	Biblia de Jerusalén
DHH	Versión popular–Dios Habla Hoy
ELPD	El Libro del Pueblo de Dios
CB	La Casa de la Biblia
TBM	Traducción del Nuevo Mundo

Derechos de autor de las diferentes versiones

Prefacio a la Cuarta Edición

Esta cuarta edición de *Lectura eficaz de la Biblia* fue provocada por una llamada telefónica de Doug que tenía que ver con la actualización de las bibliografías en el Apéndice. No tomó mucho tiempo leer la tercera edición para darnos cuenta de lo mucho que han cambiado las cosas en la última década. No solo la bibliografía necesitaba ser puesta al día, sino también varios otros aspectos. Por lo tanto, como es mi costumbre, tomé una copia de mi estante y marqué con tinta roja página tras página, tanto que quedó claro que era necesaria una reescritura exhaustiva. En la parte superior de la lista estaba mi propia antigua pasión por «eliminar los números», para que la gente lea la Biblia tal como leerían cualquier otro libro. En esta edición los números, es decir, las notaciones de capítulos y versículos se mantienen, por supuesto, pero ahora solo aparecen entre paréntesis al final de una oración o párrafo. Está claro que eso involucró la reestructuración de varias oraciones, pero también nos dio la oportunidad de poner al día varios otros asuntos. El resultado es una cuarta edición del mismo libro que parece haber beneficiado a tantos lectores de la Biblia.

Resultó que la necesidad más seria de revisión tenía que ver con el texto bíblico mismo. La necesidad era clara, ya que la NIV original (*New International Version*), también conocida como la NIV de 1984, ya no se publica. Como miembro desde hace mucho tiempo del Comité para la Traducción Bíblica, quienes son responsables de la NIV, ha sido para mí un privilegio poner al día el texto bíblico utilizado a lo largo del libro, en este caso ahora basado en el NIV 2011. Por lo tanto, al igual que con cualquier «revisión» de un libro, las cosas se han «actualizado» en casi todas las páginas.

Pero el contenido básico ha seguido siendo el mismo. Nuestro objetivo ha sido hacer nuestro propio libro más legible, pero sobre todo para alentar una *lectura* continua de la Biblia por parte del pueblo de Dios. Así que concluimos este prefacio repitiendo aquellas palabras que San Agustín escuchó y que condujeron a su conversión: *Tolle, lege* — «¡Toma y lee!», lo que significa, por supuesto, la Escritura misma, teniendo la esperanza de que este pequeño libro te ayude a leer mejor la Palabra de Dios, ¡con adoración y obediencia como el objetivo final!

Gordon D. Fee
Julio 2013

Prefacio a la Tercera Edición

La aparición de *Cómo leer la Biblia libro por libro* [*How to read the Bible book by book*] (2002) llevó a los autores a volver a revisar este primer libro y darle una actualización exhaustiva. En parte, esto se debió a que regularmente cotejamos el presente libro (apodado *Cómo 1* en ese libro, que a su vez ha sido cotejado en la presente edición con *Cómo 2*). Mientras realizábamos esta referencia cruzada nos dimos cuenta de lo mucho que nosotros mismos habíamos aprendido desde que escribimos el primer libro en 1979 y 1980 y lo desactualizado que se había vuelto parte del material. No solo tuvimos que cambiar todas las referencias a «siglo» del «XX» al «XXI» (!), sino que también nos dimos cuenta de otros elementos «anticuados» (de hecho, la mención de las secretarias tipeando y retipeando de la primera edición ¡nos hizo sentir un poco neandertales!). También queríamos reflejar varios avances significativos en el estudio (especialmente en lo que respecta a la narrativa bíblica). Así que eso explica en resumen el *porqué* de esta edición. Pero también se necesitan algunas explicaciones adicionales.

El capítulo más obvio que necesitaba trabajarse de nuevo era el capítulo 2. Aunque la mayoría de las explicaciones y ejemplos de la teoría de la traducción siguen siendo los mismos, todas las traducciones enumeradas en la segunda edición, excepto la NRSV, han sido objeto de revisión en las últimas dos décadas. Eso no solo hizo que gran parte de la discusión de las traducciones en sí mismas estuviera desactualizada, sino que también requirió algunas explicaciones adicionales de las razones de las revisiones de estas expresiones bien establecidas y muy queridas de la Biblia en inglés. En la primera edición ofrecimos muchos de nuestros comentarios en contraste con la versión King James y nos hemos dado cuenta de lo pocos que son, entre la mayoría de las personas en los Estados Unidos y Canadá (es decir, ¡los menores de treinta y cinco años!), que actualmente tienen algún tipo de familiaridad seria con el KJV (*King James Version*). Así que, también necesitaba ser revisado en esta edición de *Cómo 1*.

El otro punto obvio que necesitaba una revisión seria —y necesitará revisión de nuevo tan pronto como esta edición esté disponible (!)— es la lista de comentarios sugeridos en el apéndice. Nuevos y buenos comentarios aparecen con cierta regularidad. Así que, como antes, recordamos a los lectores que deben ser conscientes de esto y tratar de encontrar ayuda donde puedan. Aun así, nuestra lista actual proporcionará una excelente ayuda para los años venideros.

Pero sentimos que otros capítulos también necesitaban alguna revisión. Esto también refleja nuestro propio crecimiento y lo que percibimos como un cambio en el clima y la composición de nuestros lectores en las últimas dos décadas. En el momento de nuestra primera escritura, ambos habíamos venido de trasfondos donde la mala interpretación de la Escritura era un fenómeno lamentablemente frecuente. Eso hizo que en algunos capítulos nos inclináramos fuertemente hacia cómo *no* leer ciertos géneros. Nuestra sensación es que muchos de los lectores de hoy saben menos de estas malas maneras de «trabajar la Biblia», en parte porque también estamos pasando por un período en el que encontramos un número aterradoramente grande de personas que, en general, son bíblicamente analfabetas. Así que en algunos capítulos nuestro énfasis ha cambiado decididamente hacia la forma de leer bien, con menos énfasis en las formas en que se abusaron los textos en el pasado.

También esperamos que aquellos que han leído hasta ahora vayan a leer el prefacio de la primera edición, donde solo hicimos un ligero cambio a una oración para darle mayor claridad. Aunque algunas cosas son anticuadas (especialmente la mención de otros libros de este tipo), todavía sirve como un prefacio genuino para el libro y debe ayudar a orientar al lector a lo que puede esperar.

Una palabra sobre el título — ya que hemos recibido tantos comentarios «correctivos» sobre esto como sobre cualquier otra cosa en el libro. No, ni nosotros ni los editores cometieron un error. El «Su» (its) es un juego de palabras deliberado que *solo* funciona cuando aparece sin el apóstrofe; y al final nuestro propio énfasis reside en este posesivo. La Escritura es la Palabra de Dios y queremos que la gente la lea debido al gran valor que tiene para ellos. Y si lo hacen «por todo lo que vale» (*for all its worth*), espero que también encuentren su valor.

Una vez más, nos complace agradecer a varias personas con las que estamos en deuda por ayudar a hacer de este un libro mejor. Maudine Fee ha leído cada palabra varias veces, con un buen ojo para las cosas que solo los estudiosos entenderían (!); agradecimiento especial también a V. Phillips Long, Bruce W. Waltke y Bill Barker por sus diferentes aportes.

Nos sentimos humildes y encantados con la medida de éxito que este libro ha tenido en las últimas dos décadas. Oramos para que esta nueva edición resulte igualmente útil.

Gordon D. Fee
Douglas Stuart
Adviento 2002

Prefacio a la Primera Edición

En uno de nuestros momentos más ligeros jugueteamos con la idea de llamar a este libro *No solo otro libro sobre cómo entender la Biblia*. La sabiduría prevaleció, y el «título» se perdió. Pero tal título describiría, de hecho, el tipo de urgencia que causó que se escribiera este libro.

Abundan los libros sobre cómo entender la Biblia. Algunos son buenos; otros no son tan buenos. Pocos son escritos por estudiosos bíblicos. Algunos de estos libros abordan el tema desde la variedad de métodos que uno puede utilizar para estudiar las Escrituras; otros tratan de ser manuales básicos de hermenéutica (la ciencia de la interpretación) para el laico. Estos últimos suelen dar una larga sección de reglas generales (reglas que se aplican a todos los textos bíblicos) y otra sección de reglas específicas (reglas que rigen tipos especiales de problemas: profecía, tipología, figuras de dicción, etc.).

De los libros tipo manual básico recomendamos especialmente *Cómo estudiar e interpretar la Biblia* de R.C. Sproul (Logoi Inc.). Para una dosis más pesada y menos legible, pero muy útil, uno debería ver el libro *Interpreting the Bible [Interpretando la Biblia]* (Eerdmans) de A. Berkeley Mickelson. La comparación más cercana al tipo de libro que hemos escrito es *Better Bible study* [Un mejor estudio bíblico] de Berkeley y Alvera Mickelson (Regal).

Pero esperamos que este «no sea otro libro». La singularidad de lo que hemos intentado hacer tiene varias facetas:

1. Como se puede observar al darle un vistazo a la tabla de contenido, la preocupación básica de este libro es con la comprensión de los diferentes tipos de literatura (los *géneros*) que componen la Biblia.

Aunque hablamos de otros temas, este enfoque genérico ha controlado todo lo que se ha hecho. Afirmamos que hay una diferencia real entre un salmo, por un lado, y una epístola, por el otro. Nuestra preocupación es ayudar al lector a leer y estudiar los salmos como poemas y las epístolas como cartas. Esperamos mostrar que estas diferencias son vitales y deben afectar tanto la forma en que uno las lee y cómo se debe entender su mensaje hoy.

2. Aunque a lo largo del libro hemos dado repetidamente pautas para *estudiar* cada género de las Escrituras, estamos igualmente preocupados por la *lectura* inteligente de las Escrituras, ya que eso es lo que la mayoría de nosotros hacemos más. Cualquiera que haya intentado, por ejemplo, leer todo Levítico, Jeremías o Proverbios en contraste con 1 Samuel o Hechos, sabe muy bien que hay muchas diferencias. Uno puede empantanarse en Levítico y ¿quién no ha sentido la frustración de completar la lectura de Isaías o Jeremías y luego preguntarse cuál era la «trama»? Por el contrario, 1 Samuel y Hechos son especialmente fáciles de leer. Esperamos ayudar al lector a apreciar estas diferencias para que pueda leer de manera inteligente y provechosa las partes no narrativas de la Biblia.

3. Este libro fue escrito por dos profesores de seminario, esas personas a veces secas y tediosas por las que se escriben otros libros para eludirlos. A menudo se ha dicho que uno no tiene que tener una educación en el seminario para entender la Biblia. Esto es cierto, y lo creemos con todo nuestro corazón. Pero también nos preocupa la (algunas veces) agenda oculta que sugiere que una educación del seminario o profesores de seminario son, por lo tanto, un *obstáculo* para entender la Biblia. Somos tan valientes como para pensar que incluso los «expertos» podrían tener algo que decir.

Además, estos dos profesores de seminario también resultan ser creyentes, que piensan que debemos *obedecer* los textos bíblicos, no simplemente leerlos o estudiarlos. Es precisamente esta preocupación la que nos llevó primeramente a ser académicos. Teníamos un gran deseo de entender de la forma más cuidadosa y plena posible lo que debemos conocer sobre Dios y su voluntad en el siglo XX (y ahora el XXI).

Estos dos profesores de seminario también predican y enseñan regularmente la Palabra en una variedad de ambientes eclesiásticos. Por lo tanto, regularmente se nos llama no solo a ser estudiosos, sino también a lidiar con la forma en que se aplica la Biblia y esto conduce a nuestro cuarto punto.

4. La gran urgencia que dio origen a este libro es la hermenéutica; escribimos especialmente para ayudar a los creyentes a lidiar con las preguntas de aplicación. Muchos de los problemas urgentes en la iglesia hoy en día son básicamente dificultades para salvar la brecha

hermenéutica pasando del «entonces y allá» del texto original al «aquí y ahora» de nuestras propias circunstancias de vida. Pero esto también significa cerrar la brecha entre el académico y el laico. La preocupación del académico es principalmente con lo que el texto *significó;* la preocupación del laico es generalmente con lo que *significa*. El académico creyente insiste en que debemos tener ambos. Leer la Biblia con un ojo *solo* a su significado para nosotros puede conducir a una gran cantidad de sinsentidos, así como a todo tipo de error imaginable, porque carece de controles. Afortunadamente, la mayoría de los creyentes son bendecidos con al menos una medida de la más importante de todas las habilidades hermenéuticas: el sentido común.

Por otro lado, nada puede ser tan seco y sin vida para la iglesia como hacer del estudio bíblico puramente un ejercicio académico de investigación histórica. A pesar de que la Palabra fue dada originalmente en un contexto histórico concreto, su singularidad se centra en que, aunque históricamente dada y condicionada, esta Palabra es siempre una Palabra viva.

Nuestra preocupación, por lo tanto, debe ser con ambas dimensiones. El erudito creyente insiste en que los textos bíblicos, en primer lugar, *significan lo que significaban*. Es decir, creemos que la Palabra de Dios para nosotros hoy es precisamente lo que su Palabra era para ellos. Por lo tanto, tenemos dos tareas: En primer lugar, nuestra tarea es averiguar lo que el texto significaba originalmente; esto se llama *exégesis*. En segundo lugar, debemos aprender a escuchar ese mismo significado en la variedad de contextos nuevos o diferentes de nuestros días; llamamos a esta segunda tarea *hermenéutica*. En su uso clásico, el término «hermenéutica» abarca ambas tareas, pero en este libro lo usamos constantemente solo en este sentido más estrecho. Hacer bien ambas tareas debe ser el objetivo del estudio bíblico.

Así, en los capítulos 3 a 13, los que se ocupan de diez tipos diferentes de géneros literarios, le hemos prestado atención a ambas necesidades. Dado que la exégesis es siempre la primera tarea, hemos pasado gran parte de nuestro tiempo enfatizando en la singularidad de cada uno de los géneros. ¿Qué es un salmo bíblico? ¿Cuáles son sus diferentes tipos? ¿Cuál es la naturaleza de la poesía hebrea? ¿Cómo afecta todo esto a nuestra comprensión? Pero también nos preocupa cómo funcionan los diversos salmos como la Palabra de Dios. ¿Qué está tratando de decir Dios? ¿Qué debemos aprender o cómo debemos obedecer? Aquí hemos evitado dar reglas. Lo que hemos ofrecido son pautas, sugerencias, ayudas.

Reconocemos que la primera tarea, la exégesis, a menudo se considera un asunto del experto. A veces es cierto. Pero uno no tiene que ser un experto para aprender a hacer bien las tareas básicas de la exégesis.

El secreto está en aprender a hacer las preguntas correctas al texto. Esperamos, por lo tanto, guiar al lector en el aprendizaje para hacer las preguntas correctas de cada género bíblico. Habrá momentos en que uno finalmente querrá también consultar a los expertos. Daremos algunas directrices prácticas en ese tema. Cada autor es responsable de aquellos capítulos que entran dentro de su área de especialidad. Así, el profesor Fee escribió los capítulos 1 a 4, 6 a 8 y 13. El profesor Stuart escribió los capítulos 5 y 9 a 12. Aunque cada autor tuvo una contribución considerable en los capítulos del otro y aunque consideramos que el libro es un esfuerzo verdaderamente conjunto, el lector cuidadoso también observará que cada autor tiene su propio estilo y forma de presentación. Un agradecimiento especial a algunos amigos y familiares que han leído varios de los capítulos y han ofrecido consejos útiles: Frank DeRemer, Bill Jackson, Judy Peace y Maudine, Cherith, Craig y Brian Fee. Un agradecimiento especial también a nuestras secretarias, Carrie Powell y Holly Greening, por escribir tanto los borradores como la copia final.

En las palabras del niño que movió a Agustín a leer un pasaje de Romanos en su experiencia de conversión, decimos, *«Tolle, lege»*— «Toma y lee». La Biblia es la Palabra eterna de Dios. Léela, entiéndela, obedécela.[1]

---

1. Baker Book House, Grand Rapids, Michigan, ha concedido permiso para utilizar material en los capítulos 3, 4 y 6 que apareció anteriormente en diferentes formas como «Hermenéutica y Sentido Común: Un Ensayo Exploratorio sobre la Hermenéutica de las epístolas», en *Inerrancia y sentido común* (ed. J. R. Michaels y R. R. Nicole, 1980), páginas 161–86; y «Hermenéutica y Precedente Histórico — Un problema importante en la hermenéutica pentecostal», en *Perspectivas sobre el nuevo pentecostalismo* (ed. R. P. Spittler, 1976), páginas 118-32.

CAPÍTULO 1

Introducción:
La necesidad de interpretar

D e vez en cuando conocemos a alguien que dice con gran sentimiento: «No tienes que interpretar la Biblia; solo léela y haz lo que dice». Por lo general, tal comentario refleja la protesta del laico contra el estudioso «profesional», pastor, maestro o maestro de escuela dominical, que al «interpretar» parece estar alejando la Biblia de la persona común. Es su manera de decir que la Biblia no es un libro oscuro. «Después de todo», se argumenta, «cualquiera con medio cerebro puede leerlo y entenderlo. El problema con demasiados predicadores y maestros es que escarban tanto que tienden a enturbiar las aguas. Lo que estaba claro para nosotros cuando lo leímos ya no es tan claro».

Hay mucha verdad en esta protesta. Estamos de acuerdo con que los cristianos deben aprender a leer, creer y obedecer la Biblia. Estamos especialmente de acuerdo con que la Biblia no tiene por qué ser un libro oscuro si se lee y estudia correctamente. De hecho, estamos convencidos de que el problema más grave que la gente tiene con la Biblia no es por falta de comprensión, sino con que ¡entienden muchas cosas demasiado bien! Por ejemplo, con un texto como «Háganlo todo sin quejas ni contiendas» (Fil 2:14), el problema no es entender, sino obedecer, ponerlo en práctica.

También estamos de acuerdo con que el predicador o maestro es demasiado propenso a escarbar primero y mirar después y, por lo tanto, a veces cubre el significado llano del texto, que a menudo se encuentra en la superficie. Que se diga desde el principio —y se repita de principio a fin— que el objetivo de una buena interpretación no es la singularidad; uno no está tratando de descubrir lo que nadie más ha visto antes.

La interpretación que apunta o prospera en la singularidad, generalmente podría atribuirse al orgullo (un intento de «parecer más inteligente» al resto del mundo), una falsa comprensión de la espiritualidad (en la que la Biblia está llena de verdades profundamente enterradas esperando ser sacadas a la luz por una persona espiritualmente sensible y con una visión especial), o intereses creados (la necesidad de apoyar una inclinación teológica, especialmente al tratar con textos que parecen ir en contra de esa preferencia). Las interpretaciones únicas suelen estar equivocadas. Esto no quiere decir que una comprensión correcta de un pasaje a menudo podría no parecer única a alguien que la escucha por primera vez. Lo que queremos decir es que la singularidad *no* es el objetivo de nuestra tarea.

El objetivo de una buena interpretación es simple: llegar al «significado claro del texto», el significado concebido del autor. El ingrediente más importante que uno aporta a esta tarea es un sentido común ilustrado. La prueba de la buena interpretación es que le da sentido a lo que está escrito. Por lo tanto, la interpretación correcta trae alivio a la mente, así como un pinchazo o un empujón al corazón.

Pero si el significado simple es de lo que trata la interpretación, entonces ¿por qué interpretar? ¿Por qué no solo leer? ¿El significado llano no proviene simplemente de la lectura? En cierto sentido, sí. Pero en un sentido más auténtico, tal argumento es ingenuo y poco realista debido a dos factores: la naturaleza del lector y la naturaleza de la Escritura.

EL LECTOR COMO INTÉRPRETE

La primera razón por la que uno necesita aprender *cómo* interpretar es que, le guste o no, cada lector es al mismo tiempo un intérprete. Es decir, la mayoría de nosotros asumimos al leer que también entendemos lo que leemos. También tendemos a pensar que *nuestro entendimiento* es el mismo que la *intención* del Espíritu Santo o del autor humano. Sin embargo, invariablemente traemos al texto todo lo que somos, con todas nuestras experiencias, cultura y comprensión previa de las palabras y las ideas. A veces lo que aportamos al texto, por cierto, sin quererlo, nos extravía, o de lo contrario, nos hace leer todo tipo de ideas ajenas en el texto.

Por lo tanto, cuando una persona en nuestra cultura escucha la palabra «cruz», siglos de arte cristiano y simbolismo hacen que la mayoría de la gente piense automáticamente en una cruz romana (✝), aunque hay pocas probabilidades de que esa fuera la forma de la cruz de Jesús, que probablemente tenía la forma de una T. La mayoría de los protestantes y también los católicos, cuando leen pasajes sobre la iglesia en el servicio, imaginan automáticamente a las personas sentadas en un edificio con «bancos» muy parecidos a los suyos.

Cuando Pablo dice: «y no piensen en proveer para las lujurias de la carne» (Ro 13:14), las personas en la mayoría de las culturas de habla hispana están listas para pensar que «carne» significa el «cuerpo» y, por lo tanto, que Pablo está hablando de «apetitos corporales».

Pero la palabra «carne», como Pablo la usa, rara vez se refiere al cuerpo —y en este texto casi con toda seguridad no lo hizo— sino como una enfermedad espiritual a veces llamada «la naturaleza pecaminosa», que denota una existencia totalmente egocéntrica. Por lo tanto, sin intención de hacerlo, el lector está interpretando como él o ella lee y, por desgracia, con demasiada frecuencia lo interpreta incorrectamente.

Esto nos lleva a señalar además que, de todas formas, el lector de una Biblia en español ya está involucrado en la interpretación. Pero la traducción es, en sí misma, una forma (necesaria) de interpretación. Tu Biblia, cualquiera sea la traducción que uses, la cual es tu punto *de partida,* es de hecho el resultado *final* de mucho trabajo académico. Los traductores son llamados regularmente a tomar decisiones con respecto a los significados, y *sus* decisiones van a afectar la forma en que *tú* entiendes.

Por lo tanto, los buenos traductores toman en cuenta el problema de nuestras diferencias lingüísticas. Pero no es una tarea fácil. En Romanos 13:14, por ejemplo, ¿traducimos «carne» (como en NVI, LBLA, NBLA, RVR60, etc.) porque esta es la palabra que Pablo usó, y luego dejamos que un intérprete nos diga que «carne» aquí no significa «cuerpo»? ¿O «ayudaremos» al lector y lo traduciremos como «naturaleza pecaminosa» (NVI) o «los malos deseos de la naturaleza humana» (DHH) porque estas se aproximan más de cerca a lo que realmente *significa* la palabra de Pablo? Hablaremos de esto con más detalle en el próximo capítulo. Por ahora basta señalar cómo la traducción en sí misma ya ha involucrado a alguien en la tarea de interpretación.

La necesidad de interpretar también se encuentra al notar lo que sucede a nuestro alrededor todo el tiempo. Una simple mirada a la iglesia contemporánea, por ejemplo, deja muy claro que no todos los «significados sencillos» son igualmente claros para todos. Es de más que un interés pasajero que la mayoría de los miembros de la iglesia de hoy que argumentan que, a pesar de la evidencia contraria en 1 Corintios 11:2-3, las mujeres deben guardar silencio en la iglesia, sobre la base de 1 Corintios 14:34-35, al mismo tiempo niegan la validez de hablar en lenguas y profetizar, que es el mismo contexto en el que se produce el pasaje del «silencio». Aquellos que afirman, sobre la base de 1 Corintios 11:2-16, que las mujeres y los hombres deben orar y profetizar, generalmente niegan que las mujeres deben hacerlo cubriéndose la cabeza de alguna manera. Para algunos, la Biblia «enseña claramente» el bautismo de los creyentes por inmersión; otros creen que pueden argumentar bíblicamente el bautismo infantil. Tanto la «seguridad eterna» como la posibilidad de «perder la salvación» se predican en las iglesias de hoy, ¡aunque nunca por la misma persona! Sin embargo, ambos son afirmados como el significado llano de los textos bíblicos. Incluso los dos autores de este libro tienen algunos desacuerdos sobre lo que ciertos textos significan «claramente». Sin embargo, todos estamos leyendo la misma Biblia y todos estamos tratando de ser obedientes a lo que significa el texto «claramente».

Además de estas diferencias reconocibles entre los cristianos creyentes de la Biblia, también salen a flote todo tipo de cosas extrañas. Por lo general, se pueden reconocer los cultos, por ejemplo, porque tienen una autoridad adicional a la Biblia. Pero no todos lo hacen; y en todos los casos tuercen la verdad por la forma en que seleccionan textos de la Biblia misma. Toda herejía o práctica imaginable, desde el arrianismo (negar la deidad de Cristo) de los Testigos de Jehová, pasando por el bautismo por los muertos entre los mormones, hasta el manejo de serpientes entre sectas apalaches, todos dicen estar «respaldados» por un texto bíblico.

Incluso entre los individuos más teológicamente ortodoxos, muchas ideas extrañas logran ganar aceptación en varios sectores. Por ejemplo, una de las últimas modas entre los protestantes estadounidenses, especialmente los carismáticos, es el llamado evangelio de la prosperidad y la salud. ¡Las «buenas noticias» son que la voluntad de Dios para ti es la prosperidad financiera y material! Uno de los defensores de este «evangelio» comienza su libro señalando el «sentido claro» de las Escrituras y afirmando que pone la Palabra de Dios ante todo a lo largo de su estudio. Dice que lo que cuenta no es lo *que pensamos que* dice, sino lo que *realmente* dice. El «significado simple» es lo que busca. Pero uno comienza a preguntarse cuál es realmente ese significado cuando la prosperidad financiera se presenta como la voluntad de Dios en un pasaje como: «Amado, ruego que seas prosperado en todo, así como prospera tu alma, y que tengas buena salud» (3 Jn 2), un texto que de hecho no tiene nada que ver con la prosperidad financiera. Otro ejemplo toma el significado claro de la historia del joven rico (Mr 10:17-22) justamente como lo contrario de «lo que realmente dice» y atribuye la «interpretación» al Espíritu Santo. Uno podría cuestionar con razón si es que el significado claro se está realmente buscando; es posible que el significado claro es simplemente lo que un escritor de este tipo quiere que el texto signifique con el fin de apoyar algunas de sus ideas preferidas.

Dada toda esta diversidad, tanto dentro como fuera de la iglesia, además de todas las diferencias incluso entre los estudiosos que supuestamente conocen «las reglas», no es de extrañar que algunos argumenten por ninguna interpretación, sino solo por leer. Pero como hemos señalado, esta es una opción falsa. El antídoto contra la *mala* interpretación no es *ninguna* interpretación, sino una *buena* interpretación, basada en las directrices de sentido común.

Los autores de este libro trabajan sin hacerse ilusiones que los lleven a pensar que leyendo y siguiendo nuestras directrices todo el mundo finalmente estará de acuerdo con el «significado claro», ¡*nuestro* significado! Lo que sí esperamos lograr es aumentar la sensibilidad del lector a los problemas específicos inherentes a cada género, ayudar al lector a saber por *qué* existen diferentes opciones y cómo hacer juicios de sentido común y, especialmente, para permitir al lector discernir entre interpretaciones buenas y no tan buenas, y saber lo que hace que sean una u otra.

LA NATURALEZA DE LAS ESCRITURAS

Una razón más significativa para la necesidad de interpretar reside en la naturaleza de la Escritura misma. Históricamente, la iglesia ha entendido la naturaleza de las Escrituras de la misma manera que ha entendido a la persona de Cristo: la Biblia es al mismo tiempo humana y divina. «La Biblia», se ha dicho correctamente, «es la Palabra de Dios dada en palabras humanas en la historia». Es esta doble naturaleza de la Biblia la que nos demanda la tarea de interpretación.

Porque la Biblia es el mensaje de *Dios,* tiene *relevancia eterna*; habla a toda la humanidad, en todas las edades y en todas las culturas. Debido a que es la Palabra de Dios, debemos escuchar y obedecer. Pero debido a que Dios eligió decir su Palabra a través de palabras humanas en la *historia,* cada libro de la Biblia también tiene *particularidad histórica;* cada documento está condicionado por el lenguaje, el tiempo y la cultura en el que fue escrito originalmente (y en algunos casos también por la historia oral que tuvo antes de escribirse). La interpretación de la Biblia es demandada por la «tensión» que existe entre su *relevancia eterna* y su *particularidad histórica.*

Hay algunos, por supuesto, que creen que la Biblia es simplemente un libro humano y que contiene solo palabras humanas en la historia. Para estas personas, la tarea de interpretar se limita a la investigación histórica. Su interés, al igual que con la lectura de Cicerón o Milton, es con las ideas religiosas de los judíos, Jesús, o la Iglesia primitiva. Por lo tanto, la tarea para ellos es puramente histórica. ¿Qué significaron esas palabras para las personas que las escribieron? ¿Qué pensaron de Dios? ¿Cómo se entendieron a sí mismos?

Por otro lado, hay quienes piensan en la Biblia solo en términos de su relevancia eterna. Debido a que es la Palabra de Dios, tienden a pensar en ella solo como una colección de proposiciones que deben ser creídas e imperativos que deben ser obedecidos, aunque invariablemente hay una gran cantidad de selección y elección entre las proposiciones e imperativos. Por ejemplo, hay cristianos que, sobre la base de Deuteronomio 22:5 («La mujer no se pondrá ropa de hombre»), argumentan que una mujer no debe usar pantalones o pantalones cortos, porque se considera que son «ropa de hombre». Pero las mismas personas rara vez toman literalmente los otros imperativos de esta lista, que incluyen la construcción de un parapeto alrededor del techo de la casa (v. 8), no plantar dos tipos de semillas en un viñedo (v. 9) y hacer borlas en las cuatro esquinas de la capa (v. 12).

Sin embargo, la Biblia *no* es una serie de proposiciones e imperativos; no es simplemente una colección de «Dichos del Presidente Dios», como si nos mirara desde el cielo y dijera: «Oye, tú allá abajo, aprende estas verdades. Número 1, No hay Más Dios que Uno y Yo soy ese. Número 2, soy el Creador de todas las cosas, incluida la humanidad» y así sucesivamente, hasta la proposición número 7,777 y el imperativo número 777.

Estas proposiciones, por supuesto, son verdaderas, y se encuentran en la Biblia (aunque no del todo en esa forma). De hecho, tal libro podría habernos hecho algunas cosas más fáciles. Pero, afortunadamente, no es así como Dios eligió hablarnos. Más bien, eligió decir sus verdades eternas dentro de las circunstancias y acontecimientos particulares de la historia humana. Esto también es lo que nos da esperanza. Precisamente porque Dios eligió hablar en el contexto de la verdadera historia humana es que podemos cobrar ánimo de que estas hablarán una y otra vez en nuestra propia historia «real», como lo han hecho a lo largo de la historia de la iglesia.

Que la Biblia tenga un lado humano es nuestro aliento; también es nuestro desafío y la razón por la que necesitamos interpretarla. Con respecto a esto, deben tenerse en cuenta dos puntos:

1. Uno de los aspectos más importantes del lado humano de la Biblia es que, para comunicar su Palabra a todas las condiciones humanas, Dios eligió utilizar casi todo tipo de comunicación disponible: historia narrativa, genealogías, crónicas, leyes de todo tipo, poesía de todo tipo, proverbios, oráculos proféticos, acertijos, drama, bocetos biográficos, parábolas, letras, sermones y apocalipsis.

Para interpretar correctamente el «entonces y allí» de los textos bíblicos, no solo se deben conocer algunas reglas generales que se aplican a todas las palabras de la Biblia, sino que también se necesitan aprender las reglas especiales que se aplican a cada una de estas formas literarias (géneros). Cómo Dios nos comunica la palabra divina en el «aquí y ahora» a menudo diferirá de una forma a otra. Por ejemplo, necesitamos saber *cómo* un salmo, una forma a menudo dirigida *a Dios,* funciona como la Palabra de Dios para *nosotros,* y cómo ciertos salmos difieren de los demás, y cómo todos ellos difieren de «las leyes», las cuales a menudo se dirigían a las personas en situaciones culturales que ya no existen. *¿Cómo* nos hablan esas «leyes» y cómo difieren de las «leyes» morales, las cuales siempre son válidas en todas las circunstancias? Tales son las preguntas que la naturaleza dual de la Biblia nos obliga a preguntarnos.

2. Al hablar a través de personas reales, en una variedad de circunstancias, durante un período de 1,500 años, la Palabra de Dios se expresó en el vocabulario y los patrones de pensamiento de esas personas y está condicionada por la cultura de esos tiempos y circunstancias. Es decir, la Palabra de Dios para nosotros fue primero la Palabra de Dios para ellos. Si lo iban a escuchar, solo podría haber pasado por eventos y en el lenguaje que *ellos* pudieron haber entendido. Nuestro problema es que estamos lejos de ellos en el tiempo, y a veces en pensamiento. Esta es la razón principal por la que uno necesita aprender a *interpretar* la Biblia. Si la Palabra de Dios sobre las mujeres que usan ropa de hombre o las personas que tienen parapetos alrededor de las casas es hablar con nosotros, primero necesitamos saber lo que dijo a sus oyentes originales y por qué.

Por lo tanto, la tarea de interpretación involucra al estudiante/lector en dos niveles. En primer lugar, uno tiene que escuchar la palabra que oyeron; debemos tratar de entender lo que se les dijo en ese *entonces y allí* (exégesis). En segundo lugar, debemos aprender a escuchar esa misma palabra en el *aquí y ahora* (hermenéutica). Se necesitan algunas palabras preliminares sobre estas dos tareas.

LA PRIMERA TAREA: EXÉGESIS

La primera tarea del intérprete se denomina *exégesis*. Esto involucra el estudio cuidadoso y sistemático de la Escritura para descubrir el significado original e intencional. Esta es principalmente una tarea histórica. Es el esfuerzo por escuchar la Palabra tal como los destinatarios originales debían haberla escuchado, para averiguar cuál era *la intención original de las palabras de la Biblia.* Esta es la tarea que a menudo requiere la ayuda del «experto», una persona bien entrenada en el conocimiento del idioma y las circunstancias de un texto en su ambiente original. Pero uno no tiene que ser un experto para hacer una buena exégesis.

De hecho, todo el mundo es una especie de exégeta. La única pregunta real es si serás uno bueno. ¿Cuántas veces, por ejemplo, has oído o dicho: «Lo que Jesús *quiso decir* con eso fue...» o «En aquellos días, solían...»? Estas son expresiones exegéticas. La mayoría de las veces se emplean para explicar las diferencias entre «ellos» y «nosotros» —la razón por la que no construimos parapetos alrededor de nuestras casas, por ejemplo— o para dar una razón para que usemos un texto de una manera nueva o diferente, por qué el apretón de manos ha tomado a menudo el lugar del «beso santo». Incluso cuando tales ideas no se articulan, ellas, de hecho, se practican todo el tiempo en una especie de sentido común.

Sin embargo, el problema con gran parte de esto es que (1) dicha exégesis a menudo es demasiado selectiva y (2) con frecuencia las fuentes consultadas no están escritas por verdaderos «expertos», es decir, son fuentes secundarias que también suelen utilizar otras fuentes secundarias en lugar de las fuentes primarias. Es importante decir unas palabras sobre cada una de ellas.

1. Aunque todo el mundo emplea a veces la exégesis, y muy a menudo esa exégesis está bien hecha, tiende a emplearse *solo* cuando hay un problema obvio entre los textos bíblicos y la cultura moderna. Si bien debe emplearse efectivamente para este tipo de textos, insistimos en que este es *el primer paso para leer CADA texto*. Esto no será fácil de hacer al principio, pero aprender a pensar exegéticamente pagará ricos dividendos en comprensión y hará que incluso la lectura, por no mencionar el estudio, de la Biblia sea una experiencia mucho más emocionante. Pero nota bien: Aprender a pensar exegéticamente no es la *única* tarea; es simplemente la *primera* tarea.

El verdadero problema con la exégesis «selectiva» es que con frecuencia se leen sus ideas propias y completamente ajenas en un texto y, por lo tanto, hacen de la Palabra de Dios algo distinto de lo que Dios realmente dijo. Por ejemplo, uno de los autores de este libro una vez recibió una carta de un conocido evangélico, quien argumentaba que el autor no debería aparecer en una conferencia con otra persona bastante conocida, cuya ortodoxia en un punto se consideraba sospechosa. La razón bíblica para evitar la conferencia era el mandato de: «eviten toda clase de mal» (1 Ts 5:22). Pero si nuestro hermano hubiera aprendido a leer la Biblia exegéticamente, no habría usado el texto de esa manera. Porque esta es la última palabra de Pablo en un *párrafo* a los tesalonicenses con respecto a las manifestaciones del Espíritu en la comunidad. Lo que Pablo realmente dice, en español actual, es: «no desprecien las profecías, sométanlo todo a prueba, aférrense a lo bueno, eviten toda clase de mal» (1 Ts 5:20-22). El «evitar toda clase de mal» tenía que ver con «profecías» que, cuando fueron puestas a prueba, se encontró que no eran del Espíritu. Hacer que este texto signifique algo que Dios no tenía la intención de decir es abusar del texto, no usarlo. Para evitar cometer tales errores hay que aprender a pensar exegéticamente, es decir, empezar antes en el entonces y allí y hacerlo de esa manera con *cada* texto.

2. Como pronto señalaremos, uno no comienza consultando a los «expertos» Pero cuando es necesario hacerlo, se debería tratar de utilizar las mejores fuentes. Por ejemplo, en la conclusión de la historia del joven rico de Marcos 10:24 (Mt 19:23; Lc 18:24), Jesús dice: «¡qué difícil es entrar en el reino de Dios!» (NBLA). Luego añade: «Es más fácil para un camello pasar por el ojo de una aguja, que para un rico entrar en el reino de Dios» (NBLA). A veces se oye decir que había una puerta en Jerusalén conocida como el «Ojo de aguja», por la que los camellos podían pasar solo arrodillados y con gran dificultad. El punto de esta «interpretación» es que un camello podría de hecho pasar por el «Ojo de aguja». Sin embargo, el problema con esta exégesis es que simplemente no es cierto. Nunca hubo tal puerta en Jerusalén en ningún momento de su historia. La primera «evidencia» conocida para esta idea se encuentra en el siglo XI en un comentario de un eclesiástico griego llamado Teophilacto, quien tuvo la misma dificultad con el texto que muchos lectores posteriores tuvieron. Después de todo, es *imposible* que un camello pase por el ojo de una aguja; y ese fue precisamente el punto de Jesús. Es imposible para alguien que es rico entrar en el reino. Se necesita un milagro para que una persona rica se salve, el cual es exactamente el punto de lo que sigue: «mas para Dios todo es posible».

APRENDER A HACER EXÉGESIS

¿Cómo, entonces, aprendemos a hacer una buena exégesis y al mismo tiempo evitamos los escollos en el camino? La primera parte de la mayoría de los capítulos de este libro explicará cómo se realiza esta tarea para cada uno de los géneros en particular. Simplemente queremos entregar una visión general de lo que involucra la exégesis de cualquier texto.

En su nivel más alto, por supuesto, la exégesis requiere del conocimiento de muchas cosas que no necesariamente esperamos que los lectores de este libro tengan: lenguas bíblicas; los orígenes judío, semítico y grecorromano en gran parte de lo que está escrito; cómo determinar el texto original cuando las copias tempranas (producidas a mano) tienen lecturas diferentes; el uso de todo tipo de fuentes y herramientas primarias. Pero puedes aprender a hacer una buena exégesis incluso si no tienes acceso a todas estas habilidades y herramientas. Para ello, sin embargo, debes aprender primero lo que puedes hacer con tus propias habilidades y, segundo, cómo usar el trabajo de los demás.

La clave de una buena exégesis y, por lo tanto, el de una lectura más inteligente de la Biblia, es aprender a leer el texto cuidadosamente y hacer las preguntas correctas al texto. Uno de los mejores pasos que uno podría hacer en este sentido sería leer el clásico todavía popular de Mortimer J. Adler *Cómo leer un libro*, (Buenos Aires: Claridad,

1983). Nuestra experiencia a lo largo de muchos años en la enseñanza universitaria y del seminario es que muchas personas simplemente no saben leer bien. Leer o estudiar la Biblia de forma inteligente requiere de una lectura cuidadosa y esto incluye aprender a hacer las preguntas correctas al texto.

Hay dos tipos básicos de preguntas que uno debe hacer de cada pasaje bíblico: las que se relacionan con el *contexto* y las que se relacionan con el *contenido*. Las preguntas de contexto también son de dos tipos: histórica y literaria. Tomemos nota brevemente de cada una de ellas.

El contexto histórico

El contexto histórico, el cual diferirá de libro en libro, tiene que ver con varios temas: el tiempo y la cultura del autor y del público, es decir, los factores geográficos, topográficos y políticos que son relevantes para el entorno del autor; y la ocasión histórica del libro, carta, salmo, oráculo profético u otro género. Todos estos temas son especialmente importantes para la comprensión.

1. Hace una diferencia notable en la comprensión el conocer el trasfondo del siglo VIII a. C. de Amós, Oseas o Isaías, que Hageo profetizó después del exilio, conocer las expectativas mesiánicas de Israel cuando Juan el Bautista y Jesús aparecieron en escena, o para entender las diferencias entre las ciudades de Corinto y Filipo y cómo estas diferencias afectaron a cada una de las iglesias y, por lo tanto, las cartas de Pablo en cada caso. La lectura de las parábolas de Jesús se ve reforzada en gran medida al saber algo sobre las costumbres de la época de Jesús. Seguramente hace una diferencia en la comprensión el saber que el «*denario*» ofrecido a los trabajadores de Mateo 20:1-16 era el equivalente a un día completo de salario. Incluso los asuntos de la topografía son importantes. Los criados en el oeste norteamericano deben tener cuidado de no pensar en «los montes que rodean Jerusalén» (Sal 125:2) en términos de su propia experiencia de montañas, ya que en realidad son colinas bajas y mesetas.

Para responder a la mayoría de este tipo de preguntas, necesitarán ayuda externa. Un buen diccionario bíblico, como el *Gran diccionario enciclopédico de la Biblia*, (Barcelona: Clie, 2013), o el *Diccionario ilustrado de la Biblia de Wilson M. Nelson*, (Nashville: Grupo Nelson, 2001), o el *Gran diccionario enciclopédico de imágenes y símbolos de la Biblia*, de Leland Ryken, (Barcelona: Clie, 2016), y el *Comentario bíblico Matthew Henry*, (Barcelona: Clie, 2023), generalmente responderán a la necesidad. Si desea seguir adelante con un tema, las bibliografías al final de cada artículo en estos diccionarios serán un buen lugar para comenzar.

2. Sin embargo, el tema más importante del contexto histórico tiene que ver con la *ocasión* y el *propósito* de cada libro bíblico y/o sus diversas partes. Aquí se quiere tener una idea de lo que estaba pasando en Israel o la iglesia que suscitó tal documento, o cuál era la situación del autor que le hizo hablar o escribir. Una vez más, esto variará de un libro a otro; y es menos crucial para Proverbios, por ejemplo, que para 1 Corintios. Por lo general, la respuesta a esta pregunta se encuentra —cuando se puede encontrar— en el mismo libro. Pero uno necesita aprender a leer con los ojos abiertos para tales asuntos. Si deseas corroborar tus propios hallazgos sobre estas preguntas, podrías consultar tu diccionario bíblico de nuevo o la introducción a un buen comentario sobre el libro (véase el apéndice en p. 269). ¡Pero haz tus propias observaciones primero!

El contexto literario

El contexto literario es lo que la mayoría quiere decir cuando hablan de leer algo en su contexto. De hecho, esta es *la* tarea crucial en la exégesis y, afortunadamente, es algo que uno puede aprender a hacer bien sin tener que necesariamente consultar a los «expertos». Esencialmente, en primer lugar, el *contexto literario* significa que las palabras solo tienen significado en las oraciones; en segundo lugar, que las oraciones bíblicas, en su mayor parte, tienen un significado pleno y claro solo en relación con las oraciones anteriores y siguientes.

La pregunta contextual más importante que tendrás que hacer —y debe hacerse una y otra vez a cada frase y cada párrafo— es: ¿Cuál es el punto? Debemos tratar de rastrear la línea de pensamiento del autor. ¿Qué dice el autor y por qué lo dice? Después de descubrir ese punto, ¿qué está diciendo a continuación y por qué?

Esta pregunta variará de género a género, pero *siempre* es la pregunta crucial. Recuerda que el objetivo de la exégesis es averiguar la intención del autor original. Para hacer bien esta tarea, es imperativo que se utilice una traducción que reconozca la poesía y prosa. Una de las principales causas de una exégesis inadecuada por parte de los lectores de algunas versiones es que cada versículo ha sido impreso como prosa. Tal disposición tiende a oscurecer la propia lógica del autor. Por lo tanto, por encima de todo, hay que aprender a reconocer unidades de pensamiento, ya sean párrafos (para prosa) o líneas y secciones (para poesía). Con la ayuda de una traducción adecuada, esto es algo que cualquier buen lector puede lograr hacer con algo de práctica.

Las preguntas de contenido

La segunda categoría importante de preguntas que uno debe hacer a cualquier texto se refiere al contenido real del autor. «Contenido» tiene que ver con el significado de las palabras, sus relaciones gramaticales en las oraciones y la elección del texto original donde los manuscritos (copias hechas a mano) difieren entre sí (ver el siguiente capítulo). También incluye una serie de elementos mencionados anteriormente bajo «contexto histórico», por ejemplo, el significado de un denario, un viaje durante el día de reposo o lugares altos, etc.

En su mayor parte, estas son las preguntas de significado que la gente normalmente hace al texto bíblico. Cuando Pablo escribe a los creyentes de Corinto: «Aunque hemos conocido a Cristo según la carne, sin embargo, ya no lo conocemos así» (2 Co 5:16, NBLA), deberías querer saber *quién* está «según la carne»—¿Cristo o el que lo conoce? Hace una diferencia considerable en el significado aprender que ya no conocemos a Cristo «según criterios meramente humanos» (NVI), que es lo que Pablo pretende, no que ya no conozcamos a Cristo «en su vida terrenal».

Para responder este tipo de preguntas, un lector normalmente tendrá que buscar ayuda externa. Una vez más, la calidad de las respuestas a tales preguntas generalmente dependerá de la calidad de las fuentes utilizadas. Este es el momento en el que finalmente querrás consultar un buen comentario exegético. Pero ten en cuenta que nuestro punto de vista es que el consultar un comentario, que a veces es tan esencial, es la última tarea que debes realizar.

Las herramientas

En su mayor parte podrías hacer una buena exégesis con una cantidad mínima de ayuda externa, considerando que la ayuda es de la más alta calidad. Hemos mencionado tres de estas herramientas: una buena traducción, un buen diccionario bíblico y buenos comentarios. Hay otro tipo de herramientas, por supuesto, especialmente para estudios tópicos o temáticos. Pero para leer o estudiar la Biblia libro por libro, esos son los esenciales.

Debido a que una buena traducción (o mejor aun, varias buenas traducciones) es la herramienta absolutamente básica para quien no conoce los idiomas originales, el siguiente capítulo está dedicado a este asunto. Aprender a elegir un buen comentario también es importante, pero como esta es la última tarea que uno hace, este libro concluye con un apéndice sobre comentarios.

LA SEGUNDA TAREA: HERMENÉUTICA

Aunque la palabra «hermenéutica» cubre normalmente todo el campo de la interpretación, incluida la exégesis, también se utiliza en el sentido más estrecho de buscar la relevancia contemporánea de los textos antiguos. En este libro lo usaremos exclusivamente de esta manera —para hacer preguntas sobre el significado de la Biblia en el «aquí y ahora»— aunque sabemos que este no es el significado más común del término.

Este asunto del aquí y ahora, después de todo, es lo que nos lleva a la Biblia en primer lugar. Entonces, ¿por qué no empezar aquí? ¿Por qué preocuparse por la exégesis? Seguramente el mismo Espíritu que inspiró la escritura de la Biblia puede inspirar igualmente la lectura de esta. En cierto sentido esto es cierto, y no quisiéramos que este libro le quite a nadie el gozo de la lectura devocional de la Biblia y el sentido de comunicación directa involucrado en dicha lectura. Pero la lectura devocional no es la única que uno debe hacer. Uno también debe leer para aprender y entender. En resumen, también debes aprender a estudiar la Biblia, la cual a su vez debe informar tu lectura devocional. Esto nos devuelve a nuestra insistencia en que la «hermenéutica» adecuada comienza con una «exégesis» sólida.

La razón por la que *no debes comenzar* con el aquí y ahora es porque el único control adecuado para la hermenéutica se encuentra *en la intención original del texto bíblico*. Como señalamos anteriormente en este capítulo, este es el «significado claro» que uno busca. De lo contrario, se pueden tomar los textos bíblicos para que signifiquen lo que podrían significar para cualquier lector. Pero tal hermenéutica se convierte en subjetividad total y ¿quién entonces va a decir que la interpretación de una persona es correcta y la de otra es incorrecta? Todo vale.

A diferencia de esa subjetividad, insistimos en que el significado original del texto —tanto como está en nuestra facultad de discernirlo— es el punto objetivo de control. Estamos convencidos de que el bautizo de los mormones por los muertos sobre la base de 1 Corintios 15:29, el rechazo de los Testigos de Jehová a la deidad de Cristo, el uso de Marcos 16:18 por parte de los manipuladores de serpientes o la defensa del sueño norteamericano por parte de los evangelistas de la prosperidad como derecho cristiano sobre la base de 3 Juan 2 son todas interpretaciones *incorrectas*. En cada caso, el error está en su hermenéutica, precisamente porque su hermenéutica no está controlada por una buena exégesis. Han comenzado con el aquí y ahora y han leído en los textos «significados» que no estaban en la intención original. ¿Qué puede impedir que uno mate a su hija debido a un voto necio, al igual que Jefté? (Jue 11:29-40), o argumentar como hizo un predicador, que las mujeres nunca deben llevar el pelo recogido en un moño porque la Biblia dice «Y el que esté en la azotea, no baje ni entre a sacar nada de su casa». (Mr 13:15)

Por supuesto, se discutirá que el sentido común evitará que uno haga esa tontería. Desafortunadamente, el sentido común no siempre es tan común. Queremos saber lo que la Biblia significa *para nosotros* de forma legítima. Pero no podemos hacer que signifique lo que nos plazca y luego darle al Espíritu Santo «crédito» por ello. El Espíritu Santo no puede ser involucrado en el proceso para contradecir lo que dice, porque el Espíritu es el que inspiró la intención original. Por lo tanto, la ayuda del Espíritu para nosotros vendrá en nuestro descubrimiento de esa intención original y en guiarnos mientras tratamos de aplicar con fidelidad ese significado a nuestras propias situaciones.

Las preguntas de la hermenéutica no son nada fáciles, por lo que es probable que sea la razón por la que tan pocos libros estén escritos sobre este aspecto de nuestro tema. Todos tampoco estarán de acuerdo en cómo se lleva a cabo esta tarea. Pero este es el área crucial y los creyentes necesitan aprender a hablar entre sí sobre estas preguntas y escuchar. Sin embargo, sobre esta declaración, seguramente debe haber acuerdo: *Un texto no puede significar lo que nunca podría haber significado para sus lectores/oyentes originales.* Digámoslo de una manera positiva, el verdadero significado del texto bíblico para nosotros es lo que Dios originalmente pretendía que significase cuando se habló o escribió por primera vez. Este es el punto de partida. La forma en que lo trabajamos a partir de ese momento es de lo que básicamente se trata este libro.

Alguien seguramente preguntará: «¿Pero no es posible que un texto tenga un significado adicional (o más completo o profundo) más allá de su intención original? Después de todo, esto sucede en el Nuevo Testamento en cómo a veces utiliza el Antiguo Testamento». En el caso de la profecía, no cerraríamos la puerta a tal posibilidad y diríamos que, con controles cuidadosos, un segundo o significado final previsto es posible. Pero ¿cómo se justifica en otros puntos? Nuestro problema es simple: ¿Quién habla por Dios? El catolicismo romano tiene menos problema aquí; el magisterio, la autoridad que se otorga a la enseñanza oficial de la iglesia, determina para todos el sentido más completo del texto. Sin embargo, los protestantes no tienen magisterio y debemos preocuparnos realmente cada vez que alguien dice que tiene el significado más profundo de Dios hacia un texto, especialmente si el texto nunca significó lo que ahora quiere que signifique. De tales interpretaciones nacen todos los cultos e innumerables herejías menores.

Es difícil dar reglas para la hermenéutica. Por lo tanto, lo que ofrecemos a lo largo de los siguientes capítulos son lineamientos. Es posible que no estés de acuerdo con nuestras pautas. Esperamos que tus desacuerdos sean cubiertos de caridad cristiana y tal vez nuestras reglas generales sirvan para estimular tu propio pensamiento sobre estos temas.

CAPÍTULO 2

La herramienta básica: Una buena traducción

Los sesenta y seis libros de la Biblia protestante fueron escritos originalmente en tres idiomas diferentes: hebreo (la mayor parte del Antiguo Testamento), arameo (una lengua hermana al hebreo utilizado en la mitad de Daniel y dos pasajes en Esdras), y griego (todo el Nuevo Testamento). Suponemos que la mayoría de los lectores de este libro no conoce estos idiomas. Por lo tanto, esto significa que la herramienta básica para leer y estudiar la Biblia es una traducción contemporánea al español o, como se argumentará en este capítulo, *varias* de esas traducciones.

Como señalamos en el último capítulo, el hecho mismo de que estés leyendo la Palabra de Dios en una traducción significa que ya estás involucrado en la interpretación. Esto es así nos guste o no. Por supuesto que leer una traducción no es algo malo; es simplemente lo único disponible y, por lo tanto, es necesario. Sin embargo, esto significa aún más que, en cierto sentido, la persona que lee la Biblia solo en español está a merced de los traductores y ellos a menudo han tenido que tomar decisiones sobre lo que en realidad el autor hebreo o griego original tenía la intención de expresar.

El problema, entonces, con usar *una sola* traducción, por más buena que esta sea, es que se están comprometiendo con las decisiones exegéticas particulares de esa traducción como la Palabra de Dios. La traducción que estás utilizando, por supuesto, será correcta la mayor parte del tiempo; pero a veces podría no serlo.

Tomemos, por ejemplo, las siguientes cuatro traducciones de 1 Corintios 7:36:

NVI: «Si alguno piensa que no está tratando a su prometida como es debido...»

NBLA: «Y si alguien cree que no está obrando correctamente con respecto a su *hija* virgen...»

RVR60:   «Pero si alguno piensa que es impropio para su hija virgen...»

DHH: «Si alguno cree que debe casarse con su prometida, porque ya está en edad de casarse...»

La RVR60 es muy literal pero no muy útil, ya que deja el término «virgen» y la relación entre el «alguno» y «su hija virgen» bastante ambigua. Sin embargo, de un punto se puede estar absolutamente seguro: Pablo no tenía *la intención* de ser ambiguo. Su intención era una de las otras tres opciones, y los corintios, quienes habían planteado el problema en su carta, sabían cuál era; de hecho, no sabían nada de las otras dos.

Cabe señalar que ninguna de las otras tres es una *mala* traducción, ya que cualquiera de ellas es una opción legítima en cuanto a la intención de Pablo. Sin embargo, solo una de ellas puede ser la traducción *correcta*. El problema es, ¿cuál? Por varias razones, la NVI refleja la mejor opción exegética aquí. Sin embargo, si uno lee regularmente solo la DHH (que también tiene una opción menos probable), entonces uno se compromete con una *interpretación* del texto que es bastante improbable con respecto a lo que Pablo pretendía. Este tipo de ejemplo se puede presentar cientos de veces. Entonces, ¿qué hacemos?

En primer lugar, es probablemente una buena práctica leer regularmente una traducción principal, siempre que realmente sea buena. Esto ayudará en la memorización y te dará consistencia. Además, si estás utilizando una de las mejores traducciones, tendrás notas al margen en muchos de los lugares donde hay dificultades. Sin embargo, para el *estudio* de la Biblia, debes utilizar *varias* traducciones bien elegidas. La mejor opción es utilizar traducciones que *uno sabe de antemano que tienden a diferir*. Esto hará resaltar los lugares donde se encuentran muchos de los problemas difíciles de interpretación. Para resolver esos problemas, normalmente querrás consultar uno o más comentarios.

Pero ¿qué traducción deberás utilizar y con cuál de ellas debes estudiar? Nadie puede hablar por otra persona sobre este tema. Pero tu elección no debe ser simplemente porque «me gusta» o «Esta es tan fácil de leer». De hecho, te debe gustar tu traducción y será de fácil lectura si es realmente buena. Sin embargo, para tomar una decisión inteligente, es necesario saber algo sobre la ciencia de la traducción en sí, así como sobre algunas de las diversas traducciones al español.

LA CIENCIA DE LA TRADUCCIÓN

Hay dos tipos de opciones que los traductores deben tomar: textual y lingüística. El primer tipo tiene que ver con las palabras exactas del texto original. La segunda tiene que ver con la teoría de los traductores que subyace en su traducción del texto en español.

La pregunta con respecto al texto

La primera preocupación de los traductores es estar seguros de que el texto hebreo o griego que están utilizando está lo más cerca posible de la redacción original, tal como fue dejada por las manos del autor (o las manos del escriba que tomó el dictado). ¿Es esto lo que el salmista realmente escribió? ¿Son estas las mismas palabras de Marcos o Pablo? De hecho, ¿por qué alguien debería pensar lo contrario?

Aunque los detalles del problema del texto en el Antiguo y el Nuevo Testamento difieren, las preocupaciones básicas son las mismas. (1) A diferencia de la «Declaración de Independencia» de Thomas Jefferson, por ejemplo, cuyo escrito a mano original se conserva en los archivos nacionales de Estados Unidos, no existe tal escrito a mano «original» para ningún libro bíblico. (2) Lo que existe son miles de copias producidas a mano (precisamente llamadas «manuscritos») que fueron copiadas repetidamente durante un período de unos 1,400 años (para el NT; aún más largo para el AT). (3) Aunque la gran mayoría de los manuscritos, que para ambos Testamentos provienen del período medieval posterior, son muy parecidos, para el Nuevo Testamento estos manuscritos posteriores difieren significativamente de las copias y traducciones más tempranas. De hecho, hay más de cinco mil manuscritos griegos con partes o con todo el Nuevo Testamento, así como miles en latín; y debido a que estas copias a mano se hicieron antes de la invención de la imprenta (lo que ayudó a garantizar la uniformidad), no existen dos de ellas, en ninguna parte, que sean exactamente iguales.

Por lo tanto, el problema es examinar con cuidado a través de todo el material disponible, comparar los lugares donde los manuscritos difieren (estos se llaman «variantes») y determinar cuál de las variantes representó errores y cuál probablemente representa el texto original.

Aunque esto puede parecer una tarea impresionante —y de alguna manera lo es—, los traductores no se desesperan, porque también saben algo de crítica textual, la ciencia que intenta descubrir los textos originales de entre los documentos antiguos.

No es nuestro propósito dar al lector una introducción en la crítica textual. Esto se puede encontrar en forma conveniente en los artículos de Bruce Waltke (Antiguo Testamento) y Gordon Fee (Nuevo Testamento) en el volumen 1 del *Comentario Bíblico del Expositor* (ed. Frank Gaebelein [Grand Rapids: Zondervan, 1979], pp. 211–22, 419–33).

Nuestro propósito es dar cierta información básica sobre lo que la crítica textual involucra para que conozcas por qué los traductores lo hacen, y para que pueda dar mejor sentido a las notas al margen en su traducción que dicen: «Otras autoridades antiguas añaden...» o «Algunos manuscritos no tienen...».

Considerando los propósitos de este capítulo, debes tener en cuenta dos elementos:

1. *La crítica textual es una ciencia que opera con controles cuidadosos.* Hay dos tipos de pruebas que los traductores consideran al tomar decisiones textuales: evidencia externa (el carácter y la calidad de los manuscritos) y la evidencia interna (los tipos de errores a los que los copistas eran susceptibles). Los estudiosos a veces difieren en cuanto al peso que le dan a cualquiera de estos hilos de evidencia, pero todos están de acuerdo con que la combinación de evidencia interna y externa fuertes hacen que la gran mayoría de las decisiones sean algo rutinarias. Pero para el resto, donde estas dos líneas de evidencia parecen colisionar, las elecciones son más difíciles.

La *evidencia externa* tiene que ver con la calidad y antigüedad de los manuscritos que apoyan una determinada variante. Para el Antiguo Testamento, esto a menudo equivale a una elección entre los manuscritos hebreos conservados en el Texto Masorético, principalmente copias medievales (basadas en una tradición de copiado muy cuidadosa), manuscritos hebreos antiguos que han sido conservados, en parte, en los Rollos del mar Muerto (fechados antes del siglo I cristiano) y manuscritos de traducciones antiguas como la Septuaginta griega (LXX; producida en Egipto alrededor del siglo 250-150 a. C.). Una copia bien conservada de Isaías encontrada entre los Rollos del mar Muerto ha demostrado que la tradición masorética ha conservado cuidadosamente un texto muy antiguo; sin embargo, a menudo necesita de la enmendadura de la Septuaginta. A veces ni el hebreo ni el griego proveen un sentido tolerable, momento en el que las conjeturas se hacen necesarias.

Para el Nuevo Testamento, la mejor evidencia externa fue preservada en Egipto, donde, una vez más, existía una tradición de copiado muy confiable. Cuando esta evidencia temprana también está respaldada por pruebas igualmente tempranas de otros sectores del Imperio romano, tales evidencias suelen ser vistas como concluyentes.

La *evidencia interna* tiene que ver con los copistas y autores. Por lo general, cuando los traductores se enfrentan a una elección entre dos o más variantes, pueden detectar cuáles lecturas son erradas porque los hábitos y tendencias de los escribas han sido cuidadosamente analizados por estudiosos y ahora son bien conocidos. Por lo general, la variante que mejor explica cómo se produjeron todas las demás es aquella que se presume como el texto original. También es importante que el traductor conozca el estilo y el vocabulario de un autor bíblico determinado, porque estos también juegan un papel en la toma de decisiones textuales. Como ya se ha señalado, para la gran mayoría de las variantes encontradas entre los manuscritos, la evidencia externa mejor (o buena) combinada con la mejor evidencia interna nos entrega un grado extraordinariamente alto de certeza sobre el texto original. Esto podría ilustrarse miles de veces comparando simplemente la RVR60 (que se basa en manuscritos pobres y tardíos) con casi todas las demás traducciones contemporáneas, como la NBLA o la NVI. Señalaremos tres variantes como ilustraciones de la obra de crítica textual:

1 Samuel 8:16
NBLA: «les tomará... sus mejores jóvenes y sus burros»
RVR60: «Tomará... vuestros mejores jóvenes, y vuestros asnos...»
NVI: «les quitará ... sus mejores bueyes y asnos»

El texto de la NVI («sus mejores bueyes») proviene de la Septuaginta, la traducción griega generalmente confiable del Antiguo Testamento. La NBLA y la RVR60 siguen el Texto Masorético, leyendo «jóvenes», un término bastante improbable para ser utilizado en paralelo a los «burros» o «asnos». El origen del error en la copia en el texto hebreo, que siguió la RVR60 y la NBLA, es fácil de entender. La expresión para «tus jóvenes» en hebreo es *bhrykm*, mientras que «tus bueyes» es *bqrykm* (son tan parecidos como «televisión» y «teléfono», es decir, el error no podría haber sido oral). El copiado incorrecto de una sola letra por parte de un escriba dio lugar a un cambio de significado. La Septuaginta fue traducida algún tiempo antes de que se hiciera la copia incorrecta, por lo que conservó el «tus bueyes» original. El cambio accidental a «tus jóvenes» se hizo más tarde, afectando a los manuscritos hebreos medievales, pero demasiado tarde para afectar la Septuaginta premedieval.

Marcos 1:2
La antigua versión inglesa *King James* lo traduce así: «Como está escrito en los profetas...» («*As it is written in the prophets*»). Las versiones castellanas, recientes y antiguas, lo traducen: «Como está escrito en el profeta Isaías...»

El texto de las Biblias en español se encuentra en todos los mejores manuscritos griegos más antiguos. También es el único texto que se encuentra en todas las traducciones más tempranas (siglo II) (latín, copto y sirio) y es el único texto conocido entre todos los padres de la iglesia, menos uno, antes del siglo IX. Es fácil ver lo que pasó en los manuscritos griegos posteriores. Dado que la cita que sigue es una combinación de Malaquías 3:1 e Isaías 40:3, un copista posterior «corrigió» el texto original de Marcos para hacerlo más preciso.

1 Corintios 6:20
RVR60:   «glorificad, pues, a Dios en vuestro cuerpo y en vuestro
             espíritu, los cuales son de Dios»
NVI: «Por lo tanto, honren con su cuerpo a Dios»

Este ejemplo has sido elegido para ilustrar que, en ocasiones, los cambios en el texto original fueron realizados por copistas por razones teológicas. Las palabras «y en vuestro espíritu, los cuales son de Dios», aunque se encuentran en la mayoría de los manuscritos griegos medievales tardíos, no aparecen en ninguna evidencia griega temprana o en la iglesia de habla latina en occidente. Si hubieran estado en la carta original de Pablo, es casi imposible explicar cómo o por qué los copistas los habrían dejado fuera tan temprano y con tanta frecuencia. Pero su aparición tardía en manuscritos griegos se puede explicar con facilidad. Todos estos manuscritos fueron copiados en monasterios en un momento en que la filosofía griega, con su baja visión del cuerpo, había incursionado en la teología cristiana. Entonces, algunos monjes agregaron «en vuestro espíritu» y luego concluyeron que tanto el cuerpo como el espíritu «son de Dios». Aunque esto es cierto, estas palabras adicionales desvían en este pasaje la preocupación obvia de Pablo en el cuerpo y, por lo tanto, no forman parte de la inspiración del Espíritu para el apóstol.

Cabe señalar aquí que, en su mayor parte, los traductores trabajan a partir de textos griegos y hebreos editados por una cuidadosa y rigurosa erudición. Para el Nuevo Testamento esto significa que el «mejor texto» ha sido editado y publicado por estudiosos que son expertos en este campo. Pero también significa, para ambos Testamentos, que los propios traductores tienen acceso a un «aparato» (información textual en notas al pie de página) que incluye las variantes significativas junto con el apoyo de los manuscritos.

2. *Aunque la crítica textual es una ciencia, no es una ciencia exacta, porque lidia con muchas variables humanas.* En ocasiones, especialmente cuando la traducción es obra de un comité, los propios traductores se dividirán en cuanto a qué variante representa el texto original y cuál es (son) el error del escriba. Por lo general, en esos momentos, la elección mayoritaria se encontrará en la traducción real, mientras que la elección minoritaria estará en el margen.

La razón para la incertidumbre podría ser que la mejor evidencia manuscrita entra en conflicto con la mejor explicación de cómo se produjo el error, o que la evidencia manuscrita está dividida de forma uniforme y cualquiera de las variantes puede explicar cómo surgió la otra. Podemos ilustrar esto de 1 Corintios 13:3, que en la NVI aparece así:

NVI: «Entrego mi cuerpo para que lo consuman las llamas»
Nota de la NVI: «variante: para tener de qué jactarme»
NBLA: «Entregara mi cuerpo para ser quemado»
Nota de la NBLA: «variante: para gloriarme»

En griego la diferencia es solo una letra: *kauthesomai / kauchesomai*. La palabra «jactarme» tiene el mejor y más antiguo respaldo griego; la palabra «llamas» apareció primero en la traducción latina (en el tiempo en que los cristianos estaban siendo quemados en la hoguera). En este caso, *ambas* lecturas tienen algunas dificultades inherentes: «Llamas» representa una forma que no es gramatical en griego; además, la carta de Pablo fue escrita mucho antes de que los cristianos fueran martirizados en la hoguera y ¡nadie «entregó su cuerpo» para ser quemado en la hoguera! Por otro lado, si bien está respaldado por lo que es la mejor evidencia, ha sido difícil encontrar un significado adecuado para «jactarme». Este es uno de esos lugares donde es probable que un buen comentario sea necesario para que puedas decidir por ti mismo.

El ejemplo anterior también es un buen lugar para referirte al último capítulo. Te darás cuenta de que la elección del texto correcto es una de las preguntas de *contenido*. Un buen exégeta debe saber, si es posible conocer, cuál de estas palabras Pablo realmente escribió. Por otro lado, también hay que tener en cuenta que el *punto* final de Pablo no se ve afectado por esa elección. En cualquier caso, quiere decir que, si uno entrega el cuerpo a algún sacrificio extremo o a algo parecido, pero carece de amor, todo es por nada.

Entonces, esto es lo que significa decir que los traductores deben tomar decisiones textuales. También explica una de las razones de por qué las traducciones a veces difieren y también por qué los traductores son también intérpretes. Antes de pasar a la segunda razón por la que las traducciones difieren, tenemos que hacer una nota sobre la versión Reina Valera.

La antigua versión en español de la Biblia de Casiodoro de Reina, revisada por Cipriano de Valera, ha sido durante siglos el texto que los evangélicos hispanohablantes han conocido y amado. Considerada un clásico de la lengua española, esta versión se convirtió en la traducción de la Biblia más utilizada en el mundo protestante de habla hispana. Su lenguaje ha pasado a formar parte del vocabulario de los cristianos evangélicos, quienes han memorizado frases, versículos y pasajes enteros, en los que una y otra vez encuentran consuelo e inspiración divina.

En medio del avivamiento de la fe que acompañó a la Reforma Protestante, un movimiento ilustrado que abogaba por el regreso a las enseñanzas del cristianismo primitivo y a las fuentes de donde estas procedían, en particular a las Sagradas Escrituras, cobró fuerza en España durante el siglo XVI. Como parte de estos desafíos, se intensificaron los esfuerzos por traducir a «la lengua del vulgo», es decir, al lenguaje popular, los textos sagrados cuya lectura había estado reservada, hasta entonces, a los conocedores del latín. El momento no pudo haber sido más propicio, por cuanto en aquella época comenzaban a aparecer en Europa, tras un largo proceso formativo, las principales lenguas nacionales modernas. Traducciones de la Biblia a la lengua vernácula, como la realizada al alemán por Lutero en Alemania, contribuyeron decisivamente a la fijación de las nuevas formas de los idiomas nacionales. En España produjo un precioso caudal de literatura que fue conocido como el «Siglo de Oro». De este grupo formó parte, sin duda alguna, la joya literaria de las traducciones castellanas de la Biblia: la versión publicada por Casiodoro de Reina en 1569 y la revisión de Cipriano de Valera en 1602.

A pesar de su belleza literaria, la RVR60 tuvo que ser revisada en varias ocasiones para eliminar los «arcaísmos» del español del siglo XVI y sustituir algunos vocablos en desuso. La última de esas revisiones se publicó en 1995 y fue un poco más allá: introdujo algunos cambios sintácticos indispensables para la comprensión del texto, sobre todo del Antiguo Testamento. Pero ninguna de las revisiones se propuso modificar la traducción en sí misma. Debe señalarse que la versión clásica se apoya fundamentalmente en el llamado texto Masorético y no toma en cuenta, por razones obvias, los manuscritos más antiguos descubiertos mucho después. Por ello, en nuestros días se han abierto paso a nuevas versiones que recogen los frutos de la crítica textual contemporánea.

La Nueva Biblia de las Américas – NBLA – es un traducción precisa y fiel de los idiomas originales hebreo, griego y arameo. La NBLA utiliza los mismos principios de traducción que La Biblia de Las Américas (LBLA), con un español moderno y contemporáneo como el que se habla en América Latina. Por ejemplo, se utiliza el pronombre personal «ustedes» en lugar de «vosotros», los pronombres posesivos «su/suyo/suya» en lugar de «vuestro» y los pronombres personales de la segunda persona «los, les, se» en lugar de «os».

La NBLA usa mayúsculas para destacar los pronombres personales tónicos, posesivos y demostrativos, además de los adjetivos posesivos que se refieren a la Deidad. También se usan mayúsculas en los sustantivos referentes a la Deidad. Siguiendo el estilo de algunas versiones, cada línea de poesía comienza con mayúscula. También usa letras versalitas en el

Nuevo Testamento en las palabras que son citas del Antiguo Testamento. Se usa bastardilla en el texto para indicar palabras que no aparecen en los idiomas originales hebreo, arameo o griego pero que están lógicamente implícitas. Se prestó atención especial para hacerla gramaticalmente actualizada de acuerdo con la «Real Academia de la Lengua Española».

Uno debe utilizar casi cualquier traducción moderna sobre todo para el estudio de la Biblia. Pero saber cómo elegir entre traducciones modernas nos lleva a los siguientes tipos de decisiones que tienen que tomar los traductores.

Las preguntas con respecto al lenguaje

Los dos tipos de alternativas siguientes —verbales y gramaticales— nos llevan a la ciencia concreta de la traducción. La dificultad tiene que ver con la transferencia de palabras e ideas de un idioma a otro. Para entender cómo diversas teorías sustentan a nuestras traducciones modernas, tendrás que familiarizarte con los siguientes términos técnicos:

Idioma original: el idioma *desde donde* uno está traduciendo; en nuestro caso, hebreo, arameo o griego. Para mayor comodidad, normalmente diremos solo «hebreo o griego».

Lenguaje receptor: el idioma *hacia el* que uno está traduciendo; en nuestro caso, el español.

Distancia histórica: tiene que ver con las diferencias que existen entre el lenguaje original y el lenguaje receptor, tanto en materia de palabras, gramática y modismos, como en temas de cultura e historia.

Equivalencia formal: el intento de mantenerse lo más cerca posible de la «forma» del hebreo o griego, tanto en las palabras como en la gramática, tal como se puede colocar de forma conveniente en un español comprensible. Cuanto más cerca uno permanece en el lenguaje hebreo o griego, más cerca se mueve hacia una teoría de traducción a menudo descrita como «literal». Las traducciones basadas en la equivalencia formal mantendrán intacta la distancia histórica en todos los puntos. Sin embargo, el problema es que el español «comprensible» no es el objetivo de una buena traducción; más bien, la meta es un buen español «contemporáneo» que sea comparable en lenguaje y significado a la intención del autor original, tanto como eso se pueda determinar desde el contexto.

Equivalencia funcional: el intento de mantener el significado del hebreo o griego, pero para poner sus palabras y modismos en lo que sería la manera normal de decir lo mismo en español. Cuanto más uno está dispuesto a renunciar a la equivalencia formal por la equivalencia funcional, más cerca se mueve hacia una teoría de la traducción que se describe con frecuencia como «equivalencia dinámica». Tales traducciones sostienen la distancia histórica en todos los asuntos históricos y fácticos, pero «actualizan» asuntos de lenguaje, gramática y estilo.

Traducción libre: el intento de traducir las *ideas* de un idioma a otro, con menos preocupación por el uso de las palabras exactas del original. Una traducción libre, a veces también llamada paráfrasis, trata de eliminar tanta distancia histórica como sea posible y aún seguir siendo fiel a la intención del texto original. El peligro es que una traducción libre puede llegar a ser con facilidad *demasiado* libre al reflejar cómo el traductor desea que los conceptos se hubieran transmitido, en lugar de reflejar con fidelidad cómo se transmiten realmente en el texto original.

La teoría de la traducción tiene que ver básicamente con poner el énfasis principal en la equivalencia formal o funcional, es decir, el grado en que uno está dispuesto a ir con el fin de cerrar la brecha entre los dos idiomas, ya sea en el uso de las palabras y la gramática o en salvar la distancia histórica ofreciendo un equivalente moderno. Por ejemplo, ¿se debe traducir «lámpara» como «linterna» o «antorcha» en culturas donde estas sirven para el propósito que una vez tuvo una lámpara?

¿O debería traducirlo «lámpara» y dejar que los lectores cierren la brecha por sí mismos? ¿Debería traducirse «beso santo» (NVI) como «mucho cariño y afecto» (TLA) en culturas donde los besos públicos son ofensivos? ¿Deberían las «ascuas de fuego» (RVR60) convertirse en «carbones encendidos» (NBLA), ya que esto es un español más normal?

Los traductores no siempre son consistentes, pero una de estas teorías gobernará el enfoque básico de todos los traductores para su tarea. A veces las traducciones libres o literales pueden ser excesivas, tanto es así que Clarence Jordan en su versión *Cotton Patch* «tradujo» la carta de Pablo a Roma como carta de Pablo a Washington, mientras que Robert Young, en una traducción literal publicada en 1862, transformó una frase paulina en este inglés imposible, algo así como: «*Ramerías* es lo que actualmente se escucha entre ustedes, y tales *ramerías* como las que nunca se han escuchado entre las naciones, hasta que uno tiene la mujer de su padre» (1 Co 5:1).[2] Esta traducción no es válida en absoluto.

Las traducciones de la Biblia que son más fácilmente accesibles podrían ubicarse en una escala de distancia formal o funcional equivalente e histórica, como se muestra en el siguiente gráfico:

Equivalencia formal (literal)	Equivalencia funcional (dinámica)	Libre
RVR60, LBLA, NBLA	NVI, NTV	DHH

---

2. Esta es una adaptación del inglés de la palabra «whoredom», que se podría traducir como «ramerías», que, aunque existe en español, no es usual y no es la traducción para la palabra griega ni la intención original de Pablo.

Nuestra opinión es que la mejor teoría de la traducción es aquella que permanece lo más fiel posible *tanto a* los idiomas originales y receptores, pero que cuando algo tiene que «entregarse», debe ser a favor del lenguaje receptor —sin perder el significado del idioma original, por supuesto— ya que la razón misma de la traducción es hacer que estos textos antiguos sean accesibles para la persona que habla español y no conoce los idiomas originales.

Pero ten bien en cuenta: si la mejor teoría de traducción es la equivalencia funcional, una traducción que se adhiere a la equivalencia formal a menudo es útil como *segunda* fuente; puede dar al lector cierta confianza en cómo lucía el hebreo o griego. Una traducción libre también puede ser útil para estimular el pensamiento sobre el posible significado de un texto. Pero la traducción básica para leer y estudiar debe ser algo en el rango de la equivalencia funcional.

El problema con una traducción de equivalencia formal es que mantiene la distancia en los lugares equivocados, en el lenguaje y la gramática. Por lo tanto, el traductor a menudo convierte el griego o hebreo en un español que en la actualidad nunca se escribe ni se habla de esa manera. Es como traducir *maison blanche* del francés al español como «casa blanca». Por ejemplo, ninguna persona nativa que hable español, incluso en el siglo XVI, habría dicho «ascuas de fuego» (Ro 12:20, RVR60). Esa es una traducción literal de la construcción griega, pero lo que *significa* en español es «carbones encendidos» (NBLA). Algunas traducciones llevan a interpretar el significado de esa frase como «su cara le arda de vergüenza» (NVI) o la combinación «carbones encendidos de vergüenza sobre su cabeza» (NTV).

Un segundo problema con una traducción literal es que a menudo hace que el español sea ambiguo, donde el griego o hebreo era bastante claro para los destinatarios originales. Por ejemplo, en 2 Corintios 5:16 la frase griega *kata sarka* se puede traducir literalmente «[conocemos] según la carne» (RVR60). Pero esta no es una forma ordinaria de hablar en español. Además, la frase es ambigua. ¿Significaría en este caso que la persona a quien se *conoce* «según la carne», es por algo así como «por su apariencia externa»? o ¿significaría en este caso que la persona a quien se *conoce* «según la carne» es «desde un punto de vista mundano»? En este caso, sin embargo, el contexto es claro, lo que la NVI traduce correctamente: «no consideramos a nadie según criterios meramente humanos» o la NTV: «hemos dejado de evaluar a otros desde el punto de vista humano».

El problema con una traducción libre, especialmente para fines de estudio, es que el traductor actualiza demasiado al autor original. Así, como La Biblia al Día, que se publicó en la segunda mitad del siglo XX, y sigue siendo referencia clave para muchos lectores contemporáneos.

Por un lado, estas traducciones expresan, en formas especialmente frescas y vívidas, algunas viejas verdades y, por lo tanto, sirven para estimular a los cristianos contemporáneos a darle una mirada nueva a sus Biblias. Por otro lado, tal «traducción» a menudo parece ser más un comentario, pero sin darle otras opciones al lector. Por lo tanto, por más estimulantes que puedan ser, nunca deben ser destinadas a ser la única Biblia personal; y el lector necesita chequear constantemente los pasajes que llaman la atención con una verdadera traducción o un comentario para estar seguro de que no se han tomado demasiadas libertades.

ALGUNAS ÁREAS PROBLEMÁTICAS

La forma en que varias traducciones manejan el problema de la «distancia histórica» se puede observar mejor ilustrando varios tipos de problemas involucrados.

1. *Pesos, medidas, dinero.* Esta es una zona particularmente difícil. ¿Uno translitera los términos hebreo y griego («efa», «homer», etc.) o intenta encontrar sus equivalentes en español? Si se decide utilizar los equivalentes de pesos y medidas, se usarían las «libras» y «pies» que son estándares todavía en boga en Estados Unidos, o se seguiría el sistema métrico decimal y se traduciría «litros» y «metros». La inflación puede afectar los equivalentes monetarios en unos pocos años. El problema se complica aun más debido a que a menudo se usan medidas o cantidades de dinero exageradas para sugerir contrastes o resultados asombrosos, como en Mateo 18:24-28 o Isaías 5:10. Transliterar en estos casos haría que el lector no comprenda el sentido del pasaje.

La RVR60 no fue uniforme en estos temas. En la mayoría de los casos transliteró, de manera que tenemos «bato», «efa», «homer», «siclo», y «talento». Sin embargo, el hebreo *ammah* se tradujo «codo», el *sereth* un «palmo», y la griega *mna* (mina) se convirtió en la libra británica en las traducciones inglesas. Todo esto carecía de sentido tanto para el lector hispano como para el angloparlante. Las Biblias en español que siguen la RVR60 utilizan «codo» y «palmo» —los que según los diccionarios modernos representan «una antigua unidad de medida»— pero la NVI traduce «codos» por «metros», aunque incluye notas al pie con la traducción literal. La NBLA establece algunos pesos y medidas modernas comprensibles para el lector contemporáneo entrecomillado dentro de la misma cita.

En cuanto a los equivalentes monetarios, las traducciones son algunas veces desconcertantes, pero para ser justos, las dificultades son enormes. Tomemos, por ejemplo, la primera aparición de *talanton* y *denarion* en el Nuevo Testamento (Mt 18:23-34, la parábola de los dos deudores). El *talanton* era una unidad monetaria griega de una cantidad variable, pero muy grande. Tradicionalmente se transliteraba al español como «talento», algo que inmediatamente reconocerás como bastante problemático, ya que esa palabra ha cambiado de significado con el tiempo en español para connotar «habilidad». Por otro lado, el *denarion*, era una unidad monetaria romana para una cantidad modesta, básicamente el salario diario de un jornalero. Entonces, ¿qué hacer con estas palabras? En la parábola no son cantidades precisas intencionalmente, sino que son contrastes deliberadamente hiperbólicos (ver cap. 8). La NBLA, por lo tanto, traduce con razón «diez mil talentos» y «100 denarios», y luego explica la cantidad con la frase entrecomillada «216 toneladas de plata» para el primero y la nota al pie «I.e. salario de 100 días» para el segundo. La NVI prefiere usar «miles y miles de monedas de oro» y pone una nota al pie que dice: «Lit. una miríada de talentos» y «cien monedas de plata» con una nota al pie que dice: «Lit. denarios».

Diríamos que los equivalentes o transliteraciones con notas al margen o entrecomillado son un buen procedimiento para clarificar la mayoría de los pesos y medidas. Sin embargo, es seguro que el uso de equivalencias debería preferirse en pasajes como Isaías 5:10 y la parábola de Mateo mencionado anteriormente. Ten en cuenta, por ejemplo, cuánta más claridad —aunque con algunas libertades en cuanto a precisión— ofrece en NBLA en comparación con la RVR60 en sus traducciones:

Isaías 5:10
NBLA: «... Porque cuatro hectáreas (2 acres) de viña producirán solo 22 litros de vino, Y 220 litros de semilla producirán solo 22 litros de grano».
RVR60:   «Y diez yugadas de viña producirán un bato, y un homer de semilla producirá un efa».

2. *Eufemismos.* Casi todos los idiomas tienen eufemismos para asuntos de sexo y aseo. Un traductor tiene una de tres opciones en tales asuntos: (1) traducir literalmente, pero quizás dejando al lector que habla español desconcertado o adivinando; (2) traducir el *equivalente formal,* pero quizás ofendiendo o sorprendiendo al lector; o (3) traducir con un *eufemismo de equivalencia funcional.*

La opción 3 es probablemente la mejor, si es que existe un eufemismo apropiado. De lo contrario, es mejor ir con la opción 2, en especial para asuntos que generalmente ya no requieren eufemismos en español. Por lo tanto, para que Raquel diga «estoy en mi período de menstruación» (Gn 31:35 NVI; cp. NTV) es preferible la forma literal «estoy con lo que es común a las mujeres» (NBLA; cp. RVR60). Para el mismo modismo en Génesis (18:11), la NVI es consistente («Sara ya había dejado de menstruar»), mientras que la NTV es mucho más libre, teniendo quizás la lectura pública de las Escrituras en mente («Sara había pasado la edad de tener hijos»). Del mismo modo, «se acostó con ella» (2 S 13:14, NBLA) se convierte simplemente en «la violó» en NTV.

Sin embargo, puede haber peligros en esto, especialmente cuando los propios traductores se pierden el significado del modismo, como se puede ver en las traducciones originales de RVR60 y NBLA de la primera afirmación abordada en 1 Corintios 7:1 «bueno es para el hombre no tocar mujer» (NBLA), «bueno le sería al hombre no tocar mujer» (RVR60), lo cual desafortunadamente es tanto incorrecto como engañoso. El modismo «tocar a una mujer» en cada uno de los casos en la antigüedad significa «tener relaciones sexuales con una mujer». El problema con las traducciones anteriores es que se abre a la posibilidad de ser malinterpretado hasta incluir ninguna relación con una mujer en absoluto, incluidas las amistosas. Así que la NVI ha eliminado por completo el eufemismo: «Es mejor no tener relaciones sexuales», lo que también pone correctamente entre comillas como algo que se le fue planteado en Corinto, a lo que Pablo finalmente responderá con un «sí» y un «no» de acuerdo con las circunstancias.

3. *Vocabulario.* Cuando la mayoría de la gente piensa en traducción, este es el área que suelen tener en mente. Parece una tarea tan simple: encontrar la palabra en español que significa lo mismo que la palabra hebrea o griega. Pero encontrar precisamente la palabra correcta es lo que hace que la traducción sea tan difícil. Parte de la dificultad no radica solo en la elección de una palabra en español apropiada, sino también en la elección de una palabra que no se llenará de connotaciones que son ajenas a la lengua original.

El problema se complica aún más porque algunas palabras hebreas o griegas tienen rangos de significado diferentes a cualquier palabra disponible en español. Además, algunas palabras pueden tener varios grados de significado, así como dos o más significados considerablemente diferentes. Un juego deliberado sobre las palabras se acerca a ser casi imposible de traducir de un idioma a otro.

Ya hemos observado cómo varias traducciones han elegido interpretar «virgen» en 1 Corintios 7:36. En el capítulo 1 también observamos la dificultad al traducir la palabra *sarx* («carne»). En la mayoría de los casos, casi cualquier cosa es mejor que «carne» literal. Cuando Pablo está contrastando «carne» y «espíritu», la NVI maneja esta palabra especialmente bien: «naturaleza pecaminosa» (Ro 7:5); también traduce en Romanos 1:3 «naturaleza humana» porque se refiere a Jesús como descendiente de David; «según criterios meramente humanos» en 2 Corintios 5:16 mencionado anteriormente (cp. 1 Co 1:26), y «cuerpo mortal» cuando significa simplemente eso, como en Colosenses 1:22.

Este tipo de ejemplo se puede usar como ilustración en múltiples oportunidades y es una de las razones por las que una traducción por equivalencia funcional se podría preferir sobre una más literal, ya que este último tiene la posibilidad frecuente de confundir al lector que habla español y, por lo tanto, se pierde la razón de la traducción.

4. *Juegos de palabras.* Los juegos de palabras tienden a abundar en la mayoría de los idiomas, pero siempre son exclusivos del idioma original y rara vez, si alguna vez, pueden traducirse a un lenguaje receptor. Lo mismo ocurre con los juegos de palabras en la Biblia, que abundan en la poesía del Antiguo Testamento y también se pueden encontrar en todo el Nuevo Testamento. Entonces, ¿qué hace el traductor?

Tomemos, por ejemplo, el juego de sonidos de las palabras «verano» y «fin» en Amós 8:1-2, donde a pesar de que las consonantes hebreas son *qyṣ* y *qṣ* respectivamente, las dos palabras se pronunciaban de forma prácticamente igual en la época de Amós. Las traducciones que tienden a la equivalencia formal se traducen de una manera sencilla:

> RVR60: «[Dios] dijo: ¿Qué ves, Amós? Y respondí: Un canastillo de fruta de verano*[qyṣ]*. Y me dijo Jehová: ha venido el fin*[qṣ]* sobre mi pueblo Israel».

Las traducciones que se mueven hacia la equivalencia funcional tratan de trabajar con el juego de palabras, incluso cuando al hacerlo pueden alterar un poco el significado:

> NVI: «—¿Qué ves, Amós?
> —Una canasta de fruta madura [*qys*]—respondí.
> Entonces el Señor me dijo:
> —Ha llegado el tiempo de que Israel caiga como fruta madura [*qs*]».

Un ejemplo de la misma dificultad se puede encontrar en algunos usos que Pablo le da a la palabra «carne», señalada anteriormente y en el capítulo anterior (p. 27). Esto sucede especialmente en Gálatas 3:3, donde Pablo dice (RVR60): «¿Habiendo comenzado por el Espíritu, ahora vais a acabar por la carne?». Detrás de esta retórica está el tema de los creyentes gentiles que ceden a la presión judeocristiana para someterse a la circuncisión (¡la carne literal!). Pero de todo el argumento de Gálatas se desprende claramente que Pablo aquí quiere decir algo más que circuncisión cuando se refiere a «por la carne». En Gálatas 5, la «carne» tiene que ver con vivir de una manera egocéntrica y malvada en lugar de vivir «por el Espíritu». Entonces, ¿qué hace el traductor funcional equivalente en 3:3? La NVI traduce «esfuerzos humanos» (cp. NTV), pero al hacerlo debe perder el contraste «Espíritu/carne» que se recoge de nuevo más tarde (4:28 y 5:13-26). Por supuesto que ambas formas de traducir son «correctas», de acuerdo con las respectivas teorías de la traducción; pero en ambos casos se pierde algo, simplemente porque estos juegos de palabras en particular no están disponibles en español. Esta es otra razón por la que con frecuencia se debe utilizar más de una traducción, especialmente cuando la «lectura» se acerca al «estudio».

5. *Gramática y sintaxis.* A pesar de que la mayoría de las lenguas indoeuropeas tienen muchas similitudes, cada idioma tiene sus propias estructuras preferidas en cuanto a cómo las palabras y las ideas están relacionadas entre sí en las oraciones. En especial sobre estos puntos se debe preferir la traducción por equivalencia funcional. Una traducción por equivalencia formal tiende a abusar o pasar por encima las estructuras ordinarias del lenguaje receptor al transferirle directamente la sintaxis y gramática del lenguaje original. Tales transferencias directas son a menudo *posibles* en el lenguaje receptor, pero rara vez son *preferibles*. Entre cientos de ejemplos, elegimos dos como ilustraciones, una del griego y otra del hebreo.

a. Una de las características del griego es su apego por lo que se conoce como construcciones genitivas. El genitivo es el caso ordinario de posesión, como en «mi libro». Un verdadero posesivo también puede, pero solo de manera muy torpe, ser traducido «el libro de mí». Sin embargo, otros posesivos en español, como «la gracia de Dios», no significan tanto, por ejemplo, que Dios posea la gracia como que la da, o que venga de Él. Tales posesivos «no verdaderos» siempre pueden traducirse al español como «la gracia *de* Dios».

La lengua griega tiene una gran abundancia de estos últimos tipos de genitivos, que se utilizan, por ejemplo, como adjetivos descriptivos para expresar la fuente o para connotar relaciones especiales entre dos sustantivos. Una traducción «literal» casi invariablemente los transfiere al español con una frase que incluye el «*de*», pero con frecuencia con resultados extraños, como las «ascuas de fuego» mencionadas anteriormente o «la palabra de su poder» (He 1:3, RVR60). Ambos son claramente adjetivos o genitivos descriptivos, que en la NBLA se traducen con mayor precisión como «carbones encendidos» y en la NVI «con su palabra poderosa». Del mismo modo, la «firmeza de su esperanza» (1 Ts 1:3) y «gozo del Espíritu Santo» (1:6) de la NBLA se traducen en la NVI como «constancia sostenida por su esperanza» y «la alegría que infunde el Espíritu Santo». Estos no son solo preferidos, sino que también son más precisos, porque dan un equivalente al español genuino en lugar de una forma literal y griega de expresar cosas que en español serían casi sin sentido.

Es muy interesante que uno de los pocos sitios donde la versión en inglés KJV ofrece algo parecido a una equivalencia «*For we are labourers together with God*» [porque somos obreros junto con Dios] (1 Co 3:9), los traductores pierden de vista por completo el genitivo en esa primera parte. Pero en la oración de Pablo, cada vez que aparece «Dios» es claramente un genitivo posesivo, con un énfasis tanto en el nosotros (Pablo y Apolos) como en el ustedes (la iglesia como campo de cultivo y edificio de Dios), ambos pertenecientes a Dios. Esto se traduce correctamente en español: «Porque nosotros somos colaboradores en la labor *de Dios*, y ustedes son un sembrado y una construcción que *pertenecen a Dios*» (NBLA, énfasis añadido).

b. Miles de veces en el Antiguo Testamento, los traductores de la RVR60 siguieron el orden de las palabras hebreas de una manera que no produce el idioma español normal. Un ejemplo común es la frecuencia con la que los versículos (¡cada uno equivalente a un párrafo!) empiezan con la palabra «y» o «e». Por ejemplo, en Génesis 1, cada versículo, salvo cuando se utilizan otras palabras, comienza con «y» —un total de 20 veces. Los traductores de la NVI tuvieron dificultades con esta expresión; casi todos los versículos de Génesis 1 comienzan con «y». La NBLA procura eliminar los muchos «y» con algunos «entonces», pero siguen siendo numerosos.

La gran mayoría de las frases en prosa en hebreo del Antiguo Testamento comienzan con una de las dos formas hebreas para la palabra «y». Esta palabra aparece incluso cuando no hay absolutamente nada precedente a la que la frase se conecte lógicamente. De hecho, seis libros del Antiguo Testamento (Josué, Jueces, 1 Samuel, Esdras, Rut y Ester) comienzan en hebreo con la palabra «y», aunque obviamente no siguen ninguna declaración anterior. En consecuencia, ahora los estudiosos de la gramática hebrea reconocen que «y» al principio de una oración es prácticamente el equivalente al uso de la capitalización al principio de las oraciones en español. Esto no significa que el hebreo «y» *nunca* debe ser traducido por el español «y»; simplemente significa que «y» es solo a *veces* y, ciertamente no la mayoría de las veces, la mejor representación en español. Una simple frase en español que comienza con una letra mayúscula lo hará muy bien en la mayoría de los casos.

Otro ejemplo es el repetido «aconteció» de la RVR60, que con frecuencia se conserva en la NBLA, a pesar de que ya no se utiliza en el español normal. Debido a que la forma verbal narrativa hebrea que se encuentra detrás de ella fue seguida de forma ligera y rígida, la traducción resultante, «aconteció», ocupó una posición prominente en el estilo del Antiguo Testamento, pero en ningún otro lugar en el idioma español. De hecho, los traductores de la NVI (con razón) no expresan la cláusula hebrea como tal, sino que la evitan porque se hace innecesaria. Representar juiciosamente el hebreo en español requiere de un significado *equivalente*, no un patrón de palabras o cláusulas equivalentes.

6. *Asuntos de Género*. Cuando este libro apareció por primera vez en 1981, el problema de usar el lenguaje masculino para hacer referencia o incluir a las mujeres estaba empezando a convertirse en un problema para los traductores. Para cuando apareció la segunda edición en 1993, ya había aparecido una revisión en inglés (NRSV) de una traducción bien establecida en inglés (RSV), que se volvió deliberadamente inclusiva en todos esos casos tanto en el Antiguo como en el Nuevo Testamento. En la década siguiente, todas las demás traducciones líderes han seguido su ejemplo en mayor o menor grado, mientras que al menos una revisión en inglés (ESV) nació para «detener esta marea», por así decirlo, de modo que en realidad es deliberadamente excluyente de las mujeres en muchos lugares donde resulta bastante innecesario hacerlo. De hecho, no cabe duda de que el uso estándar tanto en Inglaterra como en Estados Unidos se ha desplazado fuertemente hacia la inclusión cuando se habla tanto de hombres como mujeres o ambos están a la vista. Encuestas recientes muestran que la mayoría de las personas de hasta setenta años considerarán una declaración como «El que esté sin pecado que lance la primera piedra» como referida solo a hombres o muchachos, no a mujeres o muchachas.

Pero esto también presenta algunas decisiones agónicas por parte de los traductores. Hay muy poca dificultad, por ejemplo, para traducir el vocativo de Pablo «hermanos» como «hermanos y hermanas», ya que en casi todos los casos está claro que las mujeres también están a la vista. En cualquier caso, algunas tradiciones cristianas (pentecostales, por ejemplo) han estado utilizando este vocativo inclusivo durante varias generaciones. Pero otros casos son más problemáticos. Dos ejemplos serán suficientes.

Con el fin de evitar excluir a las mujeres de pasajes que son hablados a personas en general o que tratan de ellas en general, algunos han considerado necesario hacer que ciertas cláusulas que se expresan en singular sean plurales (aunque esto generalmente no tiene importancia en sí mismo). Salmos 1:1 («¡Cuán bienaventurado es el hombre…!» [RVR60]) es un ejemplo, donde algunas revisiones de las traducciones existentes se han trasladado al plural con el fin de evitar excluir innecesariamente a las mujeres de este salmo, ya que generalmente el uso genérico de «hombre» como una forma de decir «persona» ha caído fuera del uso actual (ver NTV). Para traducir esto como «persona» se requeriría que el traductor diera seguimiento a todos los pronombres masculinos o que se topara con algún tipo de torpeza (como usar «él o ella») que distorsionaria la poesía. Como es lógico, esto no sucede en español, pues el posesivo «su» no tiene género. De todas formas, funciona la equivalencia funcional, pues lo que se pierde en términos de significado real es relativamente pequeño en este tipo de casos.

SOBRE LA ELECCIÓN DE UNA TRADUCCIÓN

Hemos estado tratando de ayudarte a elegir una traducción. Concluimos con algunas observaciones resumidas sobre varias traducciones.

En primer lugar, cabe señalar que no hemos tratado de ser exhaustivos. Todavía hay otras traducciones de la Biblia que no hemos incluido en nuestra discusión, sin mencionar las muchas traducciones del Nuevo Testamento que han aparecido desde principios del siglo XX.

Entre las traducciones bíblicas no discutidas se encuentran algunas que están teológicamente sesgadas, como la Traducción del Nuevo Mundo de los Testigos de Jehová (1961). Esta es una traducción extremadamente literal y que está llena de las doctrinas heréticas de este culto. En general, el mejor consejo es utilizar varias traducciones, tener en cuenta dónde difieren y luego comprobar estas diferencias en otra fuente antes de ser llevado a creer que una palabra puede significar una de varias cosas en cualquier oración dada, lo que le da al lector la oportunidad para elegir la que más le guste.

Entonces, ¿qué traducción se debe leer? Nos aventuramos a decir que, como supondrán, la NVI es una buena traducción. La RVR60 y la NBLA son versiones literales y apropiadas. Para facilitar la comprensión del texto la Nueva Traducción Viviente (NTV) puede ser muy útil, por su lenguaje moderno y de fácil lectura. En los capítulos que vienen a continuación seguiremos usando la NBLA como fuente primaria, a menos que se presenten otras versiones que serán reconocidas de inmediato.

CAPÍTULO 3

Las epístolas: Aprender a pensar de forma contextual

Comenzaremos nuestra discusión de los diferentes géneros bíblicos observando las epístolas del Nuevo Testamento. Las razones para hacerlo son dos: en primer lugar, junto con los evangelios, estas son las porciones más familiares de la Biblia para la mayoría de las personas; en segundo lugar, muchos lectores las perciben, generalmente, como más fáciles de interpretar. Después de todo, ¿quién necesita una ayuda especial para entender que «todos han pecado» (Ro 3:23), que «la paga del pecado es muerte» (Ro 6:23), y que «por gracia ustedes han sido salvados mediante la fe» (Ef 2:8), o los imperativos «anden por el Espíritu» (Gá 5:16, NBLA) y «y anden en amor» (Ef 5:2, NBLA)?

Pero, por otro lado, la «facilidad» para interpretar epístolas puede ser bastante engañosa. Esto es especialmente cierto a nivel de la hermenéutica. Por ejemplo, uno podría tratar de guiar a un grupo de cristianos a través de 1 Corintios y descubrir cuántas dificultades encontramos. «¿Cuál es la opinión de Pablo sobre las "vírgenes" al comienzo de su larga discusión sobre "los casados" y "los todavía no, o solteros" en 1 Corintios (7:25-40) para ser tomado como Palabra de Dios?». Esta pregunta la podrían hacer algunos, especialmente cuando a ellos mismos no les gustan algunas de las implicaciones de esa opinión. Las preguntas continúan: ¿Cómo se relaciona la excomunión del hermano en la carta (cap. 5) con la iglesia contemporánea, especialmente cuando puede simplemente cruzar la calle e irse a otra iglesia? ¿Cuál es el punto de las correcciones de los abusos de los dones del Espíritu (caps. 12–14), si uno está en una iglesia local donde estos no son aceptados como válidos para el siglo XXI? ¿Cómo sorteamos las implicaciones de que las mujeres deben llevar cubierta la cabeza al orar y profetizar (11:2-16) o la clara implicación de que, de hecho, oran y profetizan en la comunidad reunida para adorar?

Es evidente que las epístolas *no* son tan fáciles de interpretar como se suele pensar. Por lo tanto, debido a su importancia para la fe cristiana y porque muchos de los asuntos hermenéuticos importantes se plantean en ellas, vamos a dejar que sirvan como modelos para las preguntas exegéticas y hermenéuticas que queremos plantear a lo largo del libro.

LA NATURALEZA DE LAS EPÍSTOLAS

Antes de mirar específicamente a 1 Corintios como modelo para hacer exégesis de las epístolas, se hace necesario algunas palabras generales sobre toda la colección de epístolas (todo el Nuevo Testamento excepto los cuatro evangelios, Hechos y Apocalipsis).

En primer lugar, hay que tener en cuenta que las epístolas mismas no son un grupo homogéneo. Hace muchos años Adolf Deissmann, sobre la base de los vastos descubrimientos de papiros, hizo una distinción entre cartas y epístolas. Las primeras, las «cartas reales», como él las llamaba, no eran literarias, es decir, no estaban escritas para el público y la posteridad, sino que estaban destinadas únicamente a la persona o personas a las que se dirigían. A diferencia de la carta, la epístola era una forma literaria artística o un tipo de literatura destinada al público general. El propio Deissmann consideró que todas las epístolas paulinas, así como 2 y 3 Juan, son «cartas reales». Aunque algunos otros estudiosos han advertido que uno no debe reducir todas las cartas del Nuevo Testamento a una u otra de estas categorías —en algunos casos parece ser un asunto de más o menos— sin embargo, la distinción es válida. Romanos y Filemón difieren entre sí no solo en el contenido, sino también en el grado en que una es mucho más personal que la otra. A diferencia de cualquiera de las cartas de Pablo, 2 Pedro y 1 Juan lucen mucho más como epístolas.

La validez de esta distinción podría observarse al señalar la *forma* de las cartas antiguas. Así como hay un formato estándar para nuestras cartas (fecha, saludo, cuerpo, cierre y firma), así también había un formato particular para esas cartas antiguas. Se han encontrado miles de cartas antiguas, y la mayoría de ellas tienen un formato exactamente similar a las del Nuevo Testamento (cp. la carta del concilio de Jerusalén en Hechos 15:23-29). El formato consta de seis partes:

1. Nombre del escritor (por ejemplo, Pablo).
2. Nombre del destinatario (por ejemplo, a la iglesia de Dios en Corinto).

3. Saludo (por ejemplo, Gracia a vosotros y paz de Dios nuestro Padre...).
4. Pedido de oración o acción de gracias (por ejemplo, siempre doy gracias a Dios por ustedes...).
5. Cuerpo.
6. Saludo final y despedida (por ejemplo, La gracia del Señor Jesús esté con ustedes).

El único elemento variable en este formato es el número 4, que en la mayoría de las cartas antiguas toma la forma de un pedido de oración (casi exactamente como 3 Juan 2), o de lo contrario está ausente por completo (como en Gálatas, 1 Timoteo, Tito), aunque a veces se encuentra una acción de gracias y oración (como se observa con frecuencia en las cartas de Pablo). Esta acción de gracias se convierte en doxología en tres de las epístolas del Nuevo Testamento (2 Corintios, Efesios, 1 Pedro; cp. Apocalipsis 1:5-6).

Cabe señalar que las epístolas del Nuevo Testamento que carecen de los elementos del formato 1-3 o 6 son aquellas que no son cartas reales, aunque son parcialmente epistolares en su forma. Por ejemplo, Hebreos, que se ha descrito como un tratado de tres partes y una carta de una parte, fue efectivamente enviada a un grupo específico de personas, como lo dejan en claro dos pasajes (10:32-34 y 13:1-25). Ten en cuenta especialmente el formato de letra al final (13:22-25). Sin embargo, los primeros diez capítulos tienen muy poco de carta; en efecto, son en realidad un sermón elocuente en donde el argumento de la superioridad total de Cristo sobre todo lo que ha precedido, se intercala con palabras urgentes de exhortación para que los lectores mantengan firmes su fe en Cristo (2:1-4; 3:7-19; 5:11-6:20; 10:19-25). De hecho, al final, el propio autor las llama sus «palabras de exhortación» (13:22).

La primera carta del apóstol Juan es similar en algunos aspectos, excepto que no tiene *ninguno* de los elementos formales de una carta. Sin embargo, fue claramente escrita para un grupo específico de personas (por ejemplo, 2:7, 12–14, 19, 26) y se parece mucho al cuerpo de una carta, aunque desprovista de todos los elementos formales. En cualquier caso, esto sugiere que no es simplemente un tratado teológico para la iglesia en general.

Por otro lado, Santiago y 2 Pedro son abordados como cartas, pero carecen del saludo final familiar y la despedida, por no mencionar la falta de destinatarios específicos, así como cualquier anotación personal por parte de los escritores. Estos son los escritos más cercanos en el Nuevo Testamento a las «epístolas» (es decir, tratados para toda la iglesia), aunque 2 Pedro parece haber sido escrita porque algunos estaban negando la segunda venida de Cristo (3:1-7). Santiago, en cambio, carece por completo de un argumento general y luce menos como una carta y más como una colección de «notas de sermón» sobre una variedad de temas éticos.

Sin embargo, a pesar de esta variedad de tipos, hay un punto que todas las epístolas tienen en común, y este es *el* tema crucial a tener en cuenta al leerlas e interpretarlas: todas ellas son lo que técnicamente se conoce como documentos *ocasionales* (es decir, surgen por alguna razón y están destinadas para una ocasión específica) y *todas* son del *primer siglo*. Aunque inspiradas por el Espíritu Santo y, por lo tanto, pertenecientes a todos los tiempos, fueron escritas por primera vez dentro del contexto del autor al contexto de los destinatarios originales. Son precisamente estos factores —que son ocasionales y que pertenecen al siglo I— los que dificultan algunas veces su interpretación.

Por encima de todo, su naturaleza *ocasional* debe tomarse con mucha seriedad. Esto significa que fueron ocasionados o suscitados por alguna circunstancia específica, ya sea del lado del lector o del autor. Casi todas las cartas del Nuevo Testamento fueron provocadas por el lado del lector (Filemón y probablemente Santiago y Romanos parecen ser excepciones). Por lo general, la ocasión era algún tipo de comportamiento que se necesitaba corregir o un error doctrinal que necesitaba aclararse y ordenarse o un malentendido que necesitaba luz adicional.

La mayoría de nuestros problemas en la interpretación de las epístolas se debe a su naturaleza ocasional. Tenemos las respuestas, pero no siempre sabemos cuáles fueron las preguntas, los problemas o incluso si había un problema. Esto es muy parecido a escuchar solo un extremo de una conversación telefónica y tratar de averiguar quién está en el otro extremo y lo que esa parte que no se puede ver está diciendo. Sin embargo, en muchos casos es especialmente importante para nosotros tratar de escuchar «el otro extremo» para que sepamos a qué está respondiendo nuestro pasaje.

Un punto adicional: la naturaleza ocasional de las epístolas también significa que ellas *no* son, en primer lugar, tratados teológicos ni resúmenes de la teología de Pablo o Pedro. Hay teología implícita, pero siempre es «teología práctica», teología escrita o aplicada en la tarea que se tiene entre manos. Esto es cierto incluso para Romanos, la cual es una declaración más completa y sistemática de la teología de Pablo de la que uno podría encontrar en otros lugares. Pero es solo *parte* de su teología; en este caso se trata de una teología nacida de su propia tarea especial como apóstol a los gentiles. Es la lucha especial de Pablo para que judíos y gentiles vengan a ser un pueblo de Dios, basado solo en la gracia y aparte de la ley, lo que hace que la discusión tome la forma especial que adquiere en Romanos y que hace que la «justificación» se utilice allí como la metáfora primaria de la salvación. Después de todo, la palabra «justificar» y sus derivados, que predomina en Romanos (16 veces) y Gálatas (siete veces), ocurre solo otras dos veces en todas las otras cartas de Pablo (1 Co 6:11; Tito 3:7).

Entonces uno irá a las epístolas una y otra vez en búsqueda de teología cristiana porque ellas están llenas de teología. Pero uno siempre debe tener en cuenta que no fueron escritas principalmente para exponer teología cristiana. Siempre es teología aplicada o se dirige hacia una necesidad particular. Señalaremos las implicaciones de esto para la hermenéutica en nuestro próximo capítulo.

Luego de estos asuntos preliminares importantes, ¿cómo se continúa con la exégesis o con una lectura exegética informada de una epístola? Desde este momento procederemos con un caso de estudio de 1 Corintios. Somos muy conscientes de que no todas las epístolas serán como esta, pero casi todas las preguntas que uno necesita hacer de cualquier epístola se plantean allí.

EL CONTEXTO HISTÓRICO

Lo primero que hay que tratar de hacer con cualquiera de las epístolas es formar una reconstrucción tentativa pero informada de la situación que está hablando el autor. ¿Qué estaba pasando en Corinto que hizo que Pablo escribiera 1 Corintios? ¿Cómo llega a enterarse de su situación? ¿Qué tipo de relación y contactos anteriores ha tenido con ellos? ¿Qué actitudes reflejan ellos y él en esta carta? Estos son los tipos de preguntas que deseas responder. Entonces, ¿qué haces?

En primer lugar, necesitas consultar tu diccionario bíblico o la introducción de tu comentario para averiguar lo que más puedas sobre Corinto y su gente. Entre otras cosas importantes, debes tener en cuenta que, para los estándares antiguos, era una ciudad relativamente joven de tan solo 94 años cuando Pablo la visitó por primera vez. Sin embargo, debido a su ubicación comercial estratégica era cosmopolita, rica, un mecenas de las artes, religiosa (al menos veintiséis templos y santuarios), y muy conocida por su sensualidad. Con un poco de lectura e imaginación se puede ver que era un poco de Nueva York, Los Ángeles y Las Vegas, todo junto en un solo lugar. Por lo tanto, será muy difícil que sea como una carta para una iglesia rural en cualquier país de América Latina. Todo esto debe tenerse en cuenta a medida que la leas para saber cómo afectará tu comprensión en casi todas sus páginas.

En segundo lugar, y ahora especialmente para fines de estudio, es necesario desarrollar el hábito de leer toda la carta de una sentada y preferiblemente en voz alta, para que la boca y el oído se unan al ojo. Es posible que te sorprenda de cuánto más podrías retener cuando aprendes a leer de esta manera. Tendrás que dedicar una hora o más para hacerlo, pero nada puede sustituir la lectura de toda la carta de principio a fin. Esa es la forma en que leemos cualquier carta, por lo que leer una carta en la Biblia no debería ser diferente. Hay algunas cosas que deberías estar buscando mientras lees, pero no estás tratando en este momento de comprender el significado de cada palabra o frase. Es la vista panorámica la que cuenta primero.

No podemos dejar de enfatizar la importancia de leer y releer. Una vez que hayas dividido la carta en sus partes o secciones lógicas, querrás comenzar el estudio de cada sección exactamente de la misma manera: leer y releer y ¡mantener los ojos abiertos! De nuevo, aprende a leer en voz alta siempre que puedas, a escuchar, así como a ver la Palabra de Dios.

A medida que lees toda la carta, es posible que te resulte útil hacer algunas anotaciones *muy breves* con referencias si es que te cuesta hacer notas mentales. ¿Qué cosas debes tener en cuenta al leer para poder tener un panorama general? Recuerda, el propósito es, en primer lugar, reconstruir el problema. Por lo tanto, sugerimos cuatro tipos de notas:

1. Lo que observas o percibes de los propios destinatarios (p. ej., si son judíos o griegos, ricos o esclavos; sus problemas, actitudes, etc.).
2. Las actitudes de Pablo.
3. Cualquier aspecto específico mencionado en cuanto a la ocasión específica de la carta.
4. Las divisiones naturales y lógicas de la carta.

Si todo esto es demasiado para hacerlo en una sentada y hace que pierda el valor de leerla completa, entonces lee primero y después vuelve rápidamente a través de la carta con una lectura rápida para retomar esos puntos. Esta es la clase de cosas que podrías haber notado, agrupadas de acuerdo con las cuatro categorías sugeridas:

1. Los creyentes corintios son principalmente gentiles, aunque también hay algunos judíos (ver 6:9-11; 8:10; 12:2, 13). Es obvio que aman la sabiduría y el conocimiento (1:18-2:5; 4:10; 8:1 -13; esa es la razón para la ironía en 6:5); son orgullosos y arrogantes (4:18; 5:2, 6) hasta el punto de juzgar a Pablo (4:1-5; 9:1-18), pero tienen un gran número de problemas internos.

2. La respuesta de Pablo a todo esto fluctúa entre la represión (4:8-21; 5:2; 6:1-8), la amonestación (4:14-17; 16:10-11) y la exhortación (6:18-20; 16:12-14).

3. Con respecto a la ocasión de la carta, podrían haber observado que al principio (1:10-12) Pablo dice que ha sido *informado* por personas de la casa de Cloé; el comienzo de la siguiente sección principal

(5:1) también se refiere a cierta información reportada. Aproximadamente a un tercio del camino él dice: «En cuanto a las cosas que me escribieron» (7:1, NBLA), lo que significa que también ha recibido una carta de la iglesia. ¿Notaron también la repetición de «en cuanto a» de lo que sigue (7:25; 8:1; 12:1; 16:1; y 16:12)? Es probable que todos estos se refieran a los asuntos de la carta que está tratando uno a la vez. Una observación más: ¿Notaste la «venida» de Estéfanas, Fortunato y de Acaico al final (16:17)? Dado que deben sujetarse a «Estéfanas» (v. 16), es seguro que estos hombres (o Estéfanas, al menos) son líderes en la iglesia. Probablemente llevaron la carta a Pablo como una especie de delegación oficial.

Si no captaste todas estas cosas, no te rindas. Hemos repasado este material muchas veces y todo es territorio bastante familiar. El paso importante es aprender a leer con los ojos abiertos para poder recoger este tipo de pistas.

4. Ahora llegamos al tema importante de tener un bosquejo de trabajo de la carta. Esto es especialmente importante para 1 Corintios porque es más fácil estudiar o leer la carta en «bloques» convenientes. No todas las cartas de Pablo están compuestas por tantos elementos separados, pero tal bosquejo siempre es útil.

El lugar para comenzar es con las divisiones principales obvias. En este caso, el comienzo del capítulo 7 es la gran pista. Pablo menciona aquí por primera vez la carta que le enviaron, y desde mucho antes (1:10-12; 5:1) menciona los asuntos que le informaron. Podríamos asumir inicialmente que los asuntos que han precedido (caps. 1-6) son todas respuestas a lo que se le reportó. Frases introductorias y los temas son las pistas para todas las demás divisiones de la carta. Hay cuatro en los primeros seis capítulos:

- El problema de la división en la iglesia (1:10-4:21)
- El problema del hombre incestuoso (5:1-13)
- El problema de las demandas legales entre creyentes (6:1-11)
- El problema de la inmoralidad sexual (6:12-20)

Ya hemos tomado nota de las pistas para dividir la mayoría de los capítulos 7-16 sobre la base de la fórmula introductoria «en cuanto a». Los elementos no introducidos por esta fórmula son tres: 11:2-16; 11:17-34; y 15:1-58. Probablemente los asuntos del capítulo 11 (al menos 11:17-34) también le fueron reportados, pero se incluyen aquí porque todo, desde los capítulos 8 al 14, tiene que ver con la adoración de una manera u otra. Es difícil saber si el capítulo 15 es una respuesta al reporte o a la carta. La frase «cómo dicen algunos entre ustedes» (v. 12) no ayuda mucho, porque Pablo podría estar citando tanto un reporte como su carta. En cualquier caso, el resto de la carta de Pablo puede bosquejarse fácilmente:

- Sobre el comportamiento dentro del matrimonio (7:1-24)
- Sobre las vírgenes (7:25-40)
- Sobre la comida sacrificada a ídolos (8:1-11:1)
- Las cabezas cubiertas de las mujeres en adoración (11:2-16)
- El abuso de la Cena del Señor (11:17-34)
- Sobre los dones espirituales (12-14)
- La resurrección corporal de los creyentes (15:1-58)
- Sobre la ofrenda (16:1-11)
- Sobre el regreso de Apolos (16:12)
- Exhortaciones finales y saludos (16:13-24)

Puede ser que siguiendo los encabezados de la NVI dividiste los capítulos 1-4, 8-10 y 12-14 en grupos más pequeños. Pero ¿puedes también distinguir que se trata de unidades completas? Por ejemplo, observen cómo el capítulo 13 pertenece por completo al argumento de los capítulos 12 al 14 por la mención de dones específicos del Espíritu (1-2 y 8).

Antes de continuar, debes tener cuidado con dos cosas: (1) El único otro lugar en las cartas de Pablo donde se ocupa de una sucesión de temas independientes como este es su primera carta a los tesalonicenses (caps. 4-5). En su mayor parte, las otras cartas están básicamente formadas por un argumento largo, aunque a veces el argumento tiene diferentes partes. (2) Esto es solo un bosquejo tentativo. Sabemos lo que provocó la carta solo de forma superficial: un reporte y una carta. Pero lo que realmente queremos saber es *la naturaleza precisa de cada uno de los problemas en Corinto* que llevó a cada respuesta específica de Pablo. Por lo tanto, de acuerdo con nuestros propósitos, pasaremos el resto de nuestro tiempo centrándonos solo en el primer punto— el problema de la división dentro de la iglesia (caps. 1-4).

EL CONTEXTO HISTÓRICO DE 1 CORINTIOS 1 – 4

A medida que te acerques a cada una de las secciones más pequeñas de la carta, tendrás que repetir gran parte de lo que acabamos de hacer. Si te diéramos un trabajo por cada lección, se vería así: (1) Lee 1 Corintios 1-4 al menos dos veces (es preferible que lo hagas en dos traducciones diferentes). Una vez más, estás leyendo para obtener el panorama general, para obtener un «sentido» de todo el argumento. Después de leerlo por segunda vez (o incluso la tercera o cuarta si quieres leerlo en cada una de tus traducciones), vuelve y (2) enumera todo lo que puedas encontrar que te diga algo sobre los destinatarios y su problema. Trata de ser minucioso y enumerarlo todo, incluso si después de una mirada más cercana quieres regresar y tachar algunos asuntos si no son muy relevantes. (3) Luego haz otra lista de palabras clave y frases repetidas que indiquen el tema de la respuesta de Pablo.

Una de las razones para la selección de esta sección como modelo no es solo por ser crucial para gran parte de 1 Corintios, sino también, francamente, porque es difícil. Si has leído toda la sección con cuidado y con la vista puesta en el problema, es posible que hayas observado o incluso te hayas sentido frustrado porque, aunque Pablo comienza detallando específicamente el problema (1:10-12), el comienzo de su respuesta (1:18-3:4) no parece hablar del problema en absoluto. De hecho, uno puede pensar inicialmente que estas secciones iniciales son una digresión, excepto que Pablo no argumenta como un hombre que se va por las ramas. Además, en la conclusión (3:18-23) la «sabiduría» y la «necedad» (ideas clave en 1:18-3:4) se unen con «jactarse de líderes humanos» y se hace referencia a Pablo, Apolos y Cefas. Entonces, el asunto crucial para descubrir el tema entre manos es ver cómo todo esto podría encajar.

El lugar para comenzar es tomando nota de lo que Pablo dice de forma específica. Al principio (1:10-12) dice que están divididos en nombre de sus líderes (cf. 3: 4-9; 3:21-22; 4:6). Pero ¿te puedes dar cuenta también de que la división no es simplemente una cuestión de diferencias de opinión entre ellos? De hecho, están teniendo contiendas (1:12; 3:3) y «arrogante[s] a favor del uno *contra* el otro» (4:6, énfasis añadido, NBLA; cp. 3:21).

Todo esto parece bastante claro. Pero una lectura cuidadosa con una atención especial en el problema debe hacer que otras dos cosas salgan a la superficie:

1. Parece haber algo de resentimiento entre la iglesia y el propio Pablo. Esto queda especialmente claro al principio y al final de nuestro capítulo 4 (vv.1-5 y 18-21). Con esto en mente, uno podría ver legítimamente que la disputa y la división no son simplemente un asunto de algunos de ellos *prefiriendo* a Apolos sobre Pablo, sino de que en realidad se *oponen a* Pablo.

2. Una de las palabras clave de esta sección es «sabiduría» o «sabio» (26 veces en caps. 1-3, y solo unas 20 veces más en todas las cartas de Pablo). En este caso también está claro que este es con más frecuencia un término peyorativo que uno favorable. Dios quiere dejar a un lado la sabiduría de este mundo (1:18-22, 27-28; 3:18-20), habiéndolo hecho de tres maneras: por la cruz (1:18-25), al elegir a los creyentes corintios (1:26-31) y por la debilidad de la predicación de Pablo (2:1-5). Cristo, a través de la cruz, «se hizo para nosotros sabiduría de Dios»

(1:30, NBLA), y *esta* sabiduría es revelada *por* el Espíritu a aquellos que *tienen* el Espíritu (2:10-16). El uso de «sabiduría» de esta manera en el argumento de Pablo hace casi seguro que esto también es parte del problema de la división. ¿Pero cómo? Por lo menos podemos sospechar que están llevando a cabo su división sobre los líderes y su oposición a Pablo en nombre de la sabiduría, en cualquier forma que pueda haber tomado para ellos.

Cualquier cosa que digamos más allá de esto estará en el área de la especulación, o conjeturas fundamentadas. Dado que el término «sabiduría» también es semitécnico para la filosofía, y dado que los filósofos itinerantes de todo tipo abundaban en el mundo griego de la época de Pablo, sugeriríamos que los creyentes corintios estaban empezando a pensar en su nueva fe cristiana como una nueva «sabiduría divina», lo que a su vez les hizo evaluar a sus líderes en términos meramente humanos, como lo podrían hacer con cualquiera de los filósofos itinerantes. Pero ten en cuenta que, aunque esta «conjetura» puede llegar a ser muy útil, va más allá de lo que puede ser dicho con certeza sobre lo que Pablo realmente ha descrito.

Se pueden decir tres puntos importantes con el más alto nivel de certeza sobre la base de la respuesta de Pablo: (1) Sobre la base de 3:5-23 está claro que los corintios han malinterpretado gravemente la naturaleza y la función del liderazgo en la iglesia. (2) Del mismo modo, sobre la base de lo que precede (1:18-3:4) también parecen haber entendido mal la naturaleza básica del Evangelio. (3) Es evidente al final (4:1-21) que también se equivocan en sus juicios sobre Pablo y necesitan reevaluar su relación con él. Notarás que con esto también hemos comenzado a movernos hacia un análisis de la respuesta de Pablo.

EL CONTEXTO LITERARIO

El siguiente paso para estudiar la carta es aprender a rastrear el argumento de Pablo como una respuesta al problema de la división que tentativamente se expuso anteriormente. Recuerden que desde el capítulo 1 que esto es algo que puedes hacer sin depender inicialmente de los estudiosos.

Si te diéramos una asignación para esta parte de la lección verías algo como esto: Traza el argumento de 1 Corintios 1:10-4:21, párrafo por párrafo, y en una oración o dos explica el punto de cada párrafo para el argumento en su conjunto, o explica cómo funciona como parte de la respuesta de Pablo al problema de la división.

Simplemente no podemos dejar de enfatizar lo suficiente con respecto a la importancia de aprender a PENSAR PÁRRAFOS, y no solo como unidades naturales de pensamiento, sino además como la clave absolutamente necesaria para entender el argumento en las diversas epístolas. Recordarás que la única pregunta que necesitas aprender a hacer una y otra vez es *¿cuál es el punto?* Por lo tanto, debes ser capaz de hacer dos cosas: (1) Indica el *contenido* de cada párrafo de forma compacta. *¿Qué* dice Pablo en este párrafo? (2) En otra oración o dos trata de explicar *por qué* creen que Pablo dice esto en este punto. ¿Cómo contribuye este contenido al argumento?

Dado que no podemos hacer esto en este momento para todo este pasaje, entremos en algunos detalles con los tres párrafos cruciales de la segunda parte de la respuesta de Pablo en 3:5-17. Pablo, bajo la inspiración del Espíritu, hasta este punto ha respondido a un entendimiento inadecuado del Evangelio señalando que el corazón del Evangelio —un Mesías crucificado— está en contradicción con la sabiduría humana (1:18-25), al igual que la elección de Dios de aquellos que componen el nuevo pueblo de Dios (1:26-31), como si Pablo les hubiera dicho: «Así que crees que el Evangelio es un nuevo tipo de sabiduría, ¿verdad? ¿Cómo puede ser esto? ¿Quién en el nombre de la sabiduría te habría elegido *a ti* para convertirte en el nuevo pueblo de Dios?» La predicación misma de Pablo también sirve como ilustración de la contradicción divina (2:1-5). Ahora Pablo les asegura que todo es ciertamente sabiduría (2:6-16), pero es sabiduría revelada por el Espíritu al nuevo pueblo de Dios: aquellos que tienen el Espíritu. Dado que los corintios *sí* tienen el Espíritu, Pablo continúa ahora, a modo de transición, diciéndoles que deben dejar de actuar como los que *no* lo tuvieran (3:1-4). Que todavía están actuando «como simples seres humanos» se evidencia en su disputa sobre Pablo y Apolos.

Entonces, ¿cómo funcionan los tres párrafos siguientes en este argumento? En primer lugar, observa cómo el contenido del primer párrafo (vv. 5-9) se ocupa de la naturaleza y la función de los líderes sobre los que ellos están disputando. Pablo enfatiza que son meros siervos, no señores, como parecen estar haciendo los lemas de los corintios. A continuación (vv. 6-9), por medio de una analogía de la agricultura, establece dos puntos sobre la condición de siervo tanto la suya como la de Apolos, ya que ambos son cruciales en el malentendido corinto: (1) Tanto él como Apolos son uno en una causa común, aunque sus tareas difieren y cada uno recibirá su propio «pago». (2) Todos y cada uno pertenecen a Dios: la iglesia, los siervos y el crecimiento.

Observa cuán cruciales son estos dos puntos para el problema. Ellos están dividiendo a la iglesia sobre la base de sus líderes. Pero estos líderes no son *señores* a los que uno pertenece. Son siervos que, a pesar de tener ministerios diferentes, son uno en la misma causa y pertenecen a Dios, tal como lo son los corintios.

El párrafo siguiente (3:10-15) ha sido especialmente interpretado de manera equivocada por no pensar en párrafos. Nota dos cosas: (1) Al final del párrafo anterior (v. 9) Pablo cambia la metáfora de la agricultura a la arquitectura, la cual será la metáfora utilizada a partir de ahora. (2) Los detalles de ambas metáforas son los mismos (Pablo planta/pone los cimientos; Apolos riega/construye sobre la base; la iglesia de Corinto es el campo/edificio; Dios es dueño del campo/edificio). Sin embargo, el *punto* de cada párrafo difiere. El punto ahora se expresa claramente al principio (v. 10), «Pero cada uno tenga cuidado de cómo construye». También está claro, por la elaboración de Pablo de la metáfora, que uno puede construir bien o pobremente, con resultados finales diferentes. Ten en cuenta que lo que se está construyendo es toda la iglesia; no hay siquiera una pista de que Pablo se esté refiriendo a cómo cada cristiano individual construye su vida sobre Cristo, lo cual, de hecho, es totalmente irrelevante para el argumento. Lo que Pablo hace aquí es girar ligeramente el argumento, advertir a los que dirigen la iglesia que deben hacerlo con mucho cuidado porque se acerca un día de pruebas. Construir la iglesia con sabiduría humana o discurso elocuente que elude la cruz es edificar con madera, heno y paja.

La pregunta con que comienza el párrafo siguiente (3:16-17) también ha sido mal utilizada con frecuencia, en parte porque muchos son muy conscientes de que un poco más tarde (6:19), Pablo llama al cuerpo cristiano «el templo del Espíritu Santo». Por lo tanto, también la confrontación directa en 3:5-17, ha sido individualizada para referirse al abuso del cuerpo o el descuido de la vida espiritual personal. Sin embargo, en otra parte, Pablo utiliza la metáfora del templo en un sentido colectivo para referirse a la iglesia como el templo de Dios (2 Co 6:16; Ef 2:19-22). Esta es sin duda su intención aquí, la cual la NBLA trata de sacar a relucir al traducirlo «ustedes son templo de Dios».

¿Cuál es, entonces, el punto de Pablo en este contexto? La iglesia Corintia iba a ser el templo *de Dios* en Corinto, en contraste con todos los demás templos de la ciudad. Para decirlo en nuestras palabras, eran el pueblo de Dios en Corinto, la alternativa divina al estilo de vida corinto. Lo que los convertía en el templo de Dios era la presencia del Espíritu en medio de ellos. Pero por sus divisiones estaban destruyendo el templo de Dios. Aquellos responsables de destruir así la iglesia, dice Pablo, serán ellos mismos destruidos por Dios, porque la iglesia de Corinto era preciosa (es decir, sagrada) para Él.

El argumento de Pablo ha llegado a su fin. Comenzó exponiendo la comprensión inadecuada del Evangelio por parte de los corintios, un Evangelio que de ninguna manera se basa en la sabiduría humana, sino que, en todos los sentidos, se levanta como su contradicción a esa sabiduría. Luego se vuelve para exponer su entendimiento inadecuado del liderazgo en la iglesia y, al mismo tiempo, advierte tanto a los líderes como a la iglesia misma del juicio de Dios sobre aquellos que promueven la división. Al final del capítulo (3:18-23) reúne estos dos temas en una declaración concluyente. La sabiduría humana es locura; por lo tanto, «¡no se jacten más de los líderes humanos!».

Observen a medida que resumimos este análisis: (1) la exégesis es autocontenida; es decir, no hemos tenido que salir ni una vez del texto para entender qué está queriendo decir Pablo; 2) no hay nada en el párrafo que no encaja en el argumento; y (3) todo esto le hace un perfecto sentido a todo. Esto, entonces, es de lo que se trata la exégesis. Esta era la Palabra de Dios *para ellos*. Es posible que tengas más preguntas sobre puntos específicos del contenido, para los que puedes consultar tu comentario. *Pero todo lo que hemos hecho aquí, es algo que tú puedes hacer.* Esto podría requerir de cierta práctica, en algunos casos incluso que pienses con detenimiento y esfuerzo, pero tú puedes hacerlo y las recompensas son grandes.

UNA VEZ MÁS

Antes de concluir este capítulo, practiquemos el proceso de exégesis una vez más. Esta vez en un pasaje algo más fácil en una carta posterior, pero que también se ocupa de las tensiones internas en la iglesia: Filipenses 1:27-2:18.

Lee Filipenses 1:12-2:18 varias veces. Ten en cuenta que el argumento de Pablo hasta este punto ha ido de esta manera: *La ocasión* es porque Pablo está en prisión (1:13, 17) y la iglesia de Filipos le ha enviado un regalo a través de un miembro llamado Epafrodito (ver 2:25, 30; 4:14-18). Parece que Epafrodito contrajo una enfermedad que normalmente terminaba en muerte, y la iglesia había oído hablar de eso y estaba entristecida (2:26). Pero Dios lo libró, así que ahora Pablo lo está enviando de vuelta (2:25-30) con esta carta para decirles cómo están las cosas con él (1:12-26), (2) darles gracias por su ofrenda (4:10, 14-19), y (3) exhortarlos en un par de asuntos: vivir en armonía (1:27-2:18; 4:2-3) y evitar la herejía judaizante (3:1–4:1).

Pablo acaba de completar la sección (1:12-26) donde les ha dicho que está soportando bien su encarcelamiento. La sección nueva (1:27-2:18) en la que estamos interesados, es la primera parte de la exhortación. Observa, por ejemplo, cómo ya no está hablando de sí mismo, como antes (vv. 12-26). ¿Notaste el claro cambio de la primera persona (yo) a la segunda persona (ustedes) al principio del siguiente párrafo (versículo 27)?

Entonces, ¿cuál es el punto de cada párrafo de esta sección?

En el primer párrafo, 1:27-30, comienza la exhortación. El punto parece ser lo que leemos al principio, que ellos estén «firmes en un mismo propósito». Esta es (1) una exhortación a la unidad, especialmente porque (2) en Filipo están enfrentando oposición. (Nota: Si decidimos que el v. 27 es realmente el punto del párrafo, entonces tendremos que preguntarnos, ¿cuál es el punto de vv. 28-30 y el énfasis en la oposición y el sufrimiento? Fíjate en cómo trató de responder a esto).

Entonces, ¿cómo se relaciona lo que sigue (2:1-4) con la unidad? En primer lugar, Pablo repite la exhortación (vv. 1-2, la cual nos asegura que teníamos razón sobre el primer párrafo). Pero el punto ahora es que la humildad es la actitud adecuada para que los creyentes tengan unidad.

Pruébalo con el siguiente párrafo (2:5-11). ¿Cuál es el punto? ¿Por qué esta apelación a la humillación y exaltación de Cristo Jesús? Tu respuesta no tiene por qué estar en nuestras palabras, pero seguramente debe incluir lo siguiente: Jesús, en su encarnación y muerte, es el ejemplo supremo de humildad que Pablo quiere que tengan (notarás que cuando hagas las preguntas de esta manera, el punto del párrafo *no* es enseñarnos algo nuevo sobre Cristo. Por el contrario, Pablo está apelando a estas grandes verdades sobre Cristo para lograr que los filipenses tengan *la misma actitud que hubo también en Cristo,* no simplemente para *saber sobre Él*).

Ve al párrafo siguiente (vv. 12-13). ¿Cuál es el punto? Observa cómo «Así que» indica claramente que esta es la conclusión. Dado el ejemplo de Cristo, ahora deben obedecer a Pablo; pero ¿en qué? Seguramente es en tener unidad, que también requiere humildad.

Por último, pregúntate cómo encaja lo que sigue (vv.14-18) en este argumento, y cómo se relaciona con el problema señalado anteriormente: la falta de armonía en la iglesia mientras está enfrentando oposición en Filipo.

Al final, podrías observar, por la forma en que Pablo lidia aquí con el problema de la desunión, que el problema similar en Corinto era seguramente de una naturaleza mucho más seria y compleja. Esto debería ayudar aún más a confirmar nuestra reconstrucción del problema allí.

LOS PASAJES PROBLEMÁTICOS

Te hemos guiado deliberadamente a través de dos pasajes donde estamos convencidos de que podrías haber hecho la mayor parte de este tipo de exégesis por tu cuenta, dado que has aprendido a pensar en párrafos y a hacer las preguntas históricas y contextuales correctas. Pero somos muy conscientes de que hay todos esos otros textos, los tipos de textos que se les preguntan a los autores una y otra vez: el significado de «por causa de los ángeles» en 1 Corintios 11:10, «se bautizan por los muertos» en 1 Corintios 15:29, la predicación de Cristo a los «espíritus encarcelados» en 1 Pedro 3:19 o «el hombre de pecado» en 2 Tesalonicenses 2:3. En resumen, ¿cómo podemos encontrar el significado de los pasajes problemáticos?

Estas son algunas pautas:

1. En muchos casos, la razón por la que los pasajes problemáticos son tan difíciles para nosotros es que, francamente, no fueron escritos para nosotros. Es decir, el autor original y sus lectores están en una longitud de onda similar que permite al autor inspirado asumir mucho por parte de sus lectores. Así, por ejemplo, cuando Pablo les dice a los tesalonicenses que deben recordar que él «les decía esto» y, por lo tanto, «Bien saben que hay algo que detiene» (2 Ts 2:5-6), tal vez necesitemos aprender a contentarnos con nuestra falta de conocimiento. Lo que les había dicho oralmente ahora podría encajar en lo que les estaba diciendo por carta. Nuestra falta de esa comunicación oral hace que la escrita sea especialmente difícil. Pero lo tomamos como una verdad obvia: lo que Dios quiere que conozcamos nos ha sido comunicado; lo que Dios no nos ha dicho puede seguir manteniendo nuestro interés, pero nuestra incertidumbre en estos puntos debería hacernos vacilar de ser dogmáticos.

2. A pesar de cierta incertidumbre en cuanto a algunos de los detalles precisos, necesitamos aprender a preguntar lo que puede ser dicho con certeza sobre un pasaje dado, y lo que es simplemente posible pero no seguro. Mira, por ejemplo, las palabras desconcertantes de la pregunta retórica que comienza una nueva fase del argumento de Pablo con los creyentes corintios sobre la resurrección *corporal* de los muertos (1 Co 15:29). ¿Qué se puede decir con certeza? Algunos de los corintios realmente estaban siendo «bautizados por los muertos», nos guste admitirlo o no. Además, Pablo ni condena ni consiente su práctica; simplemente se refiere a ella, por una razón totalmente diferente a la práctica real en sí. Pero no sabemos, y probablemente nunca sabremos, *quién* lo estaba haciendo, para *quién* lo estaban haciendo y por *qué* lo estaban haciendo. Por lo tanto, es probable que los detalles y el significado de la práctica estén perdidos para siempre para nosotros.

3. No obstante, como hemos sugerido antes, aunque no se pueda tener plena certeza sobre algunos de los detalles, muy a menudo el punto de todo el pasaje todavía está a nuestro alcance. Lo que sea que haya sido lo que los corintios estaban haciendo al bautizar a los muertos, sabemos por qué Pablo se refirió a esta práctica como de los corintios. Su propia acción era una especie de «prueba por experiencia» de que no estaban siendo consistentes en su rechazo a una futura resurrección *corporal* de los creyentes.

4. En pasajes como este tendrás que consultar un buen comentario. Como señalamos en el apéndice, es el manejo de tal pasaje lo que separa a los mejores comentarios de todos los demás. Los buenos enumerarán y al menos discutirán brevemente las diversas opciones que se han sugerido como soluciones, incluidas las razones a favor y en contra. Es posible que no siempre estés de acuerdo con las opciones del comentarista individual, pero sí necesitas estar informado sobre la variedad de opciones, y los mejores comentarios harán esto por ti.

Por último, nos atrevemos a sugerir que ni siquiera los mejores estudiosos tendrán todas las respuestas. Podrías contar más o menos con esto, donde hay de cuatro a catorce opciones viables en cuanto a lo que significaba un pasaje dado, ¡incluso los eruditos están suponiendo! Textos como 1 Corintios 15:29 (en los que hay al menos cuarenta conjeturas diferentes) deben servir para darnos una humildad adecuada.

Lo que hemos hecho en este capítulo es solo la mitad de la tarea. Es la primera mitad esencial, pero ahora queremos seguir preguntando cómo se aplican estos diversos textos a nosotros. Hemos aprendido a escuchar la Palabra de Dios a *ellos*. ¿Qué hay de su Palabra para *nosotros*? Esta es la preocupación del próximo capítulo.

CAPÍTULO 4

Las epístolas: Las preguntas hermenéuticas

A hora llegamos a lo que habíamos denominado preguntas hermenéuticas. ¿Qué significan estos textos para *nosotros*? Este es el *quid* de todo y, en comparación con esta tarea, la exégesis es relativamente fácil. Al menos en la exégesis, incluso si hay desacuerdos en puntos particulares, la mayoría está de acuerdo en cuanto a los parámetros de significado; hay limitaciones en las posibilidades establecidas por los contextos históricos y literarios. Pablo, por ejemplo, no puede haber querido decir algo de lo que él y sus lectores nunca habían oído hablar. Su significado al menos tiene que haber sido una posibilidad en el primer siglo.

Sin embargo, no parece existir tal consenso de parámetros para la hermenéutica (aprender a escuchar el significado en los contextos de nuestros propios días). *Todas* las personas «hacen» hermenéutica, incluso si no saben nada sobre exégesis y no tienen ni idea sobre el significado de estas dos palabras. No es de extrañar que haya tantas diferencias entre los cristianos; lo que podría ser motivo de asombro es que no hay muchas más diferencias de las que realmente existen. La razón de esto es que existe, de hecho, un terreno común de hermenéutica entre nosotros, incluso si no siempre lo hemos explicado con lujo de detalles.

Lo que queremos hacer en este capítulo es, en primer lugar, delinear la hermenéutica común de la mayoría de los creyentes, mostrar sus fortalezas y debilidades para luego ofrecer y discutir algunas directrices para áreas donde esta hermenéutica común parece inadecuada.

El gran problema entre los cristianos comprometidos con la Escritura como Palabra de Dios tiene que ver con los problemas de la relatividad cultural, lo que es cultural y, por lo tanto, pertenece solo al siglo I y lo que trasciende la cultura y, por lo tanto, es una palabra para todas las épocas.

Por lo tanto, este problema recibirá una cantidad considerable de atención.

NUESTRA HERMENÉUTICA COMÚN

Incluso si estás entre los que han preguntado: «Herme... ¿qué?» cuando te enfrentas a la palabra «hermenéutica», igual estás, de hecho, involucrado en la hermenéutica todo el tiempo. ¿Qué es lo que todos hacemos cuando leemos una epístola? Muy sencillamente, aportamos nuestro propio tipo de sentido común al texto y aplicamos lo que podemos a nuestra propia situación. Lo que parece que no aplica se deja simplemente en el siglo I.

Ninguno de nosotros, por ejemplo, se ha sentido llamado por el Espíritu Santo a realizar un peregrinaje a Troas para llevar la capa de Pablo, que dejó en la casa de Carpo, a su prisión romana (2 Tim 4:13), a pesar de que el pasaje es claramente un mandato que se debe realizar. Sin embargo, de esa misma carta, la mayoría de los cristianos creen que Dios nos dice en tiempos de dificultad que debemos «sufr[ir] penalidades... como buen soldado de Cristo Jesús» (2:3, NBLA), otras palabras a Timoteo que parecen aplicables a nosotros mismos. Ninguno de nosotros cuestionaría lo que se ha hecho con ninguno de estos pasajes, aunque muchos de nosotros podemos tener momentos de lucha para obedecer con gracia el último pasaje.

Enfatizamos que la mayoría de los temas de las epístolas encajan muy bien en esta hermenéutica de sentido común. Para la mayoría de los textos no se trata de si uno *debe* o no; es más un asunto de «refrescarles la memoria» (2 P 1:13, NVI).

Nuestros problemas y diferencias son generados por esos momentos que se encuentran entre estos dos, donde algunos pensamos que debemos obedecer exactamente lo que dice y otros no estamos tan seguros. Nuestras dificultades hermenéuticas son múltiples, pero todas están relacionadas con un tema: una falta general de consistencia. Esa es la gran deficiencia en nuestra hermenéutica común. Sin que necesariamente haya sido nuestra intención, traemos nuestro patrimonio teológico, nuestras tradiciones eclesiásticas, nuestras normas culturales o nuestras preocupaciones existenciales a las epístolas mientras leemos. Esto resulta en todo tipo de selectividad o de «eludir» ciertos pasajes.

Es interesante observar, por ejemplo, que casi todos en el evangelicalismo o fundamentalismo norteamericano estarían de acuerdo con nuestra postura común sobre dos pasajes en 2 Timoteo (2:3 y 4:13).

Sin embargo, el entorno cultural de la mayoría de los cristianos hace que argumenten en contra de la obediencia en un pasaje anterior en 1 Timoteo: «No sigas bebiendo solo agua; toma también un poco de vino a causa de tu mal de estómago» (5:23). Eso solo tenía que ver con Timoteo, no con nosotros, nos dicen, porque el agua era insegura para beber en ese entonces. Incluso se argumenta que «vino» realmente significaba «jugo de uva», aunque uno se pregunta cómo podría ser posible ¡cuando la tecnología para el procesamiento y la refrigeración no estaban disponibles! Pero ¿por qué esta palabra personal se limita a Timoteo, mientras que la exhortación a persistir en la Palabra (2 Tim 3:14-16), que también es un imperativo dirigido únicamente a Timoteo, se convierte en un imperativo para todos en todo momento? Ten en cuenta que uno bien puede tener razón al evitar «un poco de vino» al considerar que no tiene aplicación personal o universal, pero ¿con qué argumentos hermenéuticos?

Tomemos los problemas que muchos asistentes a las iglesias tradicionales tuvieron con el «pueblo de Jesús» a finales de la década de los 60s y principios de los 70s. El pelo largo en los niños ya se había convertido en el símbolo de una nueva era en la cultura hippie de los 60s. Que los cristianos lleven este símbolo, especialmente a la luz de lo que Pablo discute con los creyentes en Corinto, «¿No les enseña el orden natural de las cosas que es una vergüenza para el hombre dejarse crecer el cabello?» (1 Co 11:14), parecía un desafío abierto en contra de Dios mismo. Sin embargo, la mayoría de los que citaron este texto en contra de la cultura juvenil permitieron que las mujeres cristianas usaran el pelo corto (a pesar del v. 15), no insistieron en que las cabezas de las mujeres fueran cubiertas durante la adoración y nunca consideraron que la «naturaleza» surgiera por un medio muy *poco* natural: un corte de pelo.

Estos dos ejemplos simplemente ilustran cómo la cultura personal tiende a dictar lo que es de sentido común con respecto a la aplicación actual. Pero otras cosas también dictan el sentido común: las tradiciones eclesiásticas, por ejemplo. ¿Cómo es que en muchas iglesias evangélicas las mujeres tienen prohibido hablar sobre la base de un momento probablemente espurio en 1 Corintios 14:34-35 (espurio porque es una glosa marginal que se encuentra en dos lugares diferentes de la tradición manuscrita y claramente contradice 11:2-3), sin embargo, en muchas de las mismas iglesias todo lo demás del capítulo 14 se argumenta en *contra*, como que no pertenece al siglo XXI? ¿Cómo es que los versículos 34-35 pertenecen a todos los tiempos y culturas, mientras que los versículos 1-5, 26-33, y 39-40, los cuales dan regulaciones para profetizar y hablar en lenguas, pertenecen solo a la iglesia del primer siglo?

Fíjate además en lo fácil que es para los cristianos del siglo XXI leer su propia tradición de orden eclesiástico en 1 Timoteo y Tito. Sin embargo, muy pocas iglesias tienen el liderazgo plural que parece estar claramente evidenciado allí (1 Tim 5:17; Tito 1:5 [Timoteo *no* era el pastor; era el delegado temporal de Pablo para poner las cosas en orden y corregir los abusos]). Aún menos iglesias inscriben a las viudas bajo las directrices de 1 Timoteo 5:3-15.

¿Has notado cómo nuestros compromisos teológicos anteriores hacen que muchos de nosotros leamos tales compromisos en algunos textos mientras le damos la vuelta al leer otros? Es una sorpresa total para algunos creyentes cuando descubren que otros cristianos encuentran apoyo para el bautismo infantil en textos tales como 1 Corintios 1:16; 7:14; o Colosenses 2:11-12; o que otros encuentren evidencia para una segunda venida en dos etapas en 2 Tesalonicenses 2:1; o que otros encuentren evidencia para la santificación como segunda obra de gracia en Tito 3:5. Para muchos en la tradición arminiana, los cuales enfatizan el libre albedrío y la responsabilidad libre del creyente, textos como Romanos 8:30; 9:18-24; Gálatas 1:15; y Efesios 1:4-5 son una especie de incomodidad. Del mismo modo, muchos calvinistas tienen sus propias maneras de sortear lo que se dice claramente en pasajes como 1 Corintios 10:1-13; 2 Pedro 2:20-22 y Hebreos 6:4-6. De hecho, nuestra experiencia como maestros es que los estudiantes de estas tradiciones rara vez preguntan qué significan estos textos; solo quieren saber «cómo darle la vuelta» a lo que estos distintos pasajes parecen afirmar con claridad.

Después de los últimos párrafos, es posible que hayamos perdido muchos amigos, pero estamos tratando de ilustrar cuán minucioso es el problema y cómo los cristianos necesitan mantener un diálogo más amable entre sí en esta área crucial. Entonces, ¿qué tipo de lineamientos son necesarios para establecer una hermenéutica más consistente para las epístolas?

LA REGLA BÁSICA

Recordarán que en el capítulo 1 establecimos como regla básica la premisa de que *un texto no puede significar lo que nunca podría haber significado para su autor o lectores*. Esta es la razón por la que la exégesis siempre debe ir primero. Es muy importante que repitamos esta «regla básica», ya que esto al menos establece algunos parámetros absolutos con respecto al significado. Esta regla, por supuesto, no siempre te ayuda a averiguar lo que significa un pasaje determinado, pero ayuda a establecer límites en cuanto a lo que *no puede* significar.

Por ejemplo, la justificación más frecuente para pasar por alto los imperativos con respecto a buscar los dones espirituales en 1 Corintios

14 es una interpretación particular de un momento anterior, el cual afirma que «pero cuando llegue lo perfecto, lo imperfecto desaparecerá» (1 Co 13:10). Se nos dice que lo perfecto *ha* llegado como el Nuevo Testamento y, por lo tanto, lo imperfecto (profecía y lenguas) ha dejado de operar en la iglesia. *Pero esto es algo que el texto no puede significar,* porque una buena exégesis lo desestima por completo. No hay manera de que *posiblemente* Pablo pudiera haber dado a entender esto; después de todo, los corintios no sabían que iba a haber un Nuevo Testamento y el Espíritu Santo probablemente no habría inspirado a Pablo a escribirles algo que sería totalmente incomprensible.

LA SEGUNDA REGLA

La segunda regla básica es en realidad una forma ligeramente diferente de expresar nuestra hermenéutica común. Es algo como esto: *Cada vez que compartimos particularidades comparables (es decir, situaciones de vida específicas similares) con los oyentes del primer siglo, la Palabra de Dios para nosotros es la misma que la Palabra para ellos.* Esta regla hace que la mayoría de los textos teológicos y los imperativos éticos dirigidos a la comunidad en las epístolas, provean a los cristianos modernos una sensación de inmediatez con el primer siglo. Todavía es verdad que «todos pecaron» (Ro 3:23) y que «Porque por gracia [nosotros hemos] sido salvados por medio de la fe» (Ef 2:8, NBLA). Vestirnos con «compasión, bondad, humildad, mansedumbre y paciencia» (Col 3:12, NBLA) sigue siendo Palabra de Dios para aquellos que son creyentes. Nuestros problemas aquí no son con la comprensión como tal, sino con entender bastante bien y luego no «vestirnos».

Los dos pasajes más largos con los que trabajamos en el capítulo anterior (1 Co 1-4; Fil 1:27-2:18) parecen ser de este tipo. Una vez que hemos hecho nuestra exégesis y hemos descubierto la Palabra de Dios para ellos, inmediatamente nos hemos puesto nosotros mismos bajo esa misma Palabra. Todavía tenemos iglesias locales que tienen líderes que necesitan escuchar la Palabra y cuidar la forma en que edifican la iglesia. Parece que la iglesia se ha construido con demasiada frecuencia con madera, heno y paja, en lugar de oro, plata y piedras preciosas; y esa obra, cuando es puesta a prueba por el fuego, se le ha encontrado insuficiente. Diríamos que las advertencias de Pablo a los corintios sobre su «destrucción del templo de Dios», la iglesia (ver 1 Co 3:16-17), sigue siendo Palabra de Dios para nosotros en cuanto a nuestras responsabilidades con la iglesia local. Debe ser un lugar donde se sabe que el Espíritu habita y que, por lo tanto, se erige como la alternativa de Dios al pecado y la alienación de la sociedad mundana.

La gran precaución aquí es que hagamos bien nuestra exégesis para que tengamos confianza en que nuestras situaciones y particularidades son genuinamente comparables con las suyas. Esta es la razón por la que la reconstrucción cuidadosa de su problema es tan importante. Por ejemplo, es significativo que nuestra hermenéutica tenga en cuenta que la demanda en 1 Corintios 6:1–11 era entre dos hermanos cristianos ante un juez pagano de carácter general en Corinto. Podríamos decir que el punto del texto no cambia si el juez resulta ser cristiano o porque el juicio tenga lugar en un tribunal. Lo equivocado es que dos hermanos vayan a la ley fuera de la iglesia, en lugar de manejar las cosas de manera interna, tal como lo deja perfectamente claro la propia retórica de Pablo (vv. 6-11). Por otro lado, uno podría preguntarse con razón si esto seguiría aplicándose a un cristiano que demanda a una corporación en la sociedad moderna, ya que en este caso no todos los detalles seguirían siendo los mismos, aunque la decisión de uno seguramente debería tener en cuenta el pedido de Pablo a la ética de Jesús de no vengarse o buscar represalias (v. 7).

Todo lo que se ha dicho hasta ahora parece bastante fácil. Pero la pregunta de cómo un texto, como en el caso de un asunto específico como una demanda entre los creyentes (6:1-11) puede aplicarse *más allá* de sus particularidades específicas no es más que uno de los varios tipos de preguntas que necesitan ser discutidas. El resto de este capítulo aborda cuatro problemas de ese tipo.

EL PROBLEMA DE LA APLICACIÓN EXTENDIDA

Primero, tomemos el tema que acabamos de mencionar. Cuando hay detalles y contextos comparables en la iglesia de hoy, ¿es legítimo extender la aplicación del texto a otros contextos, o hacer que un asunto específico del primer siglo se aplique a un contexto totalmente ajeno a su ambiente del primer siglo?

Por ejemplo, podría decirse que, aunque la advertencia de Pablo sobre destruir el templo de Dios en Corinto (1 Co 3:16-17) se dirige a la iglesia local, también presenta el principio de que lo que Dios ha reservado para sí mismo para morada del Espíritu Santo es sagrado y quien lo destruye estará bajo el terrible juicio de Dios. ¿No podría aplicarse ahora este principio al cristiano individual para enseñar que Dios juzgará a la persona que abusa de su cuerpo? Del mismo modo, en 1 Corintios 3:10-15 Pablo se dirige a aquellos con responsabilidades de edificación en la iglesia y advierte de la pérdida que sufrirán los que edifican mal. Dado que el texto habla de juicio y salvación «como a través del fuego», ¿es legítimo usar este texto para ilustrar la seguridad del creyente?

Si estas fueran consideradas como aplicaciones legítimas, tendríamos buenas razones para preocuparnos. Porque inherente a tal aplicación es el pasar por alto la exégesis por completo. Después de todo, aplicar 1 Corintios 3:16-17 al creyente individual es precisamente lo que muchos en la iglesia han hecho erróneamente durante siglos. ¿Por qué hacer algún tipo de exégesis? ¿Por qué no simplemente tomar cualquier pasaje «al pie de la letra», por así decirlo, y empezar con el aquí y ahora, y así perpetuar siglos de malentendidos?

Por lo tanto, diríamos que cuando hay situaciones y particularidades comparables (es decir, las particularidades del texto son similares a las nuestras), la Palabra de Dios *para nosotros* en tales textos debería limitarse a su intención original. Además, cabe señalar que la aplicación extendida generalmente se considera legítima porque es verdadera, es decir, se explica claramente en otros pasajes donde esa es la *intención* del pasaje. Si ese fuera el caso, entonces uno debe preguntarse si lo que se descubre *solo* por aplicación extendida puede ser verdaderamente la Palabra de Dios para todos los tiempos y contextos.

Un caso más difícil se presenta con un imperativo en la siguiente carta de Pablo a los creyentes en Corinto: «No estén unidos en yugo desigual con los incrédulos» (2 Co 6:14, NBLA). Tradicionalmente, recogiendo una metáfora más contemporánea, esto ha sido interpretado como prohibir el matrimonio entre cristiano y no cristiano. Sin embargo, la metáfora de un yugo rara vez se utilizaba en la antigüedad para referirse al matrimonio, y no hay nada en el contexto que remotamente sugiera que el matrimonio está a la vista aquí.

Nuestro problema es que no podemos estar seguros de aquello que está prohibiendo el texto original. Lo más probable es que tenga algo que ver con la idolatría, tal vez con una prohibición adicional a la asistencia a fiestas en honor de los ídolos (cp. 1 Co 10:14-22). Por lo tanto, ¿no podríamos «extender» de forma legítima el principio de este texto, ya que no podemos estar seguros de su significado original? Probablemente sí, pero de nuevo, precisamente porque es un principio bíblico que puede ser sostenido más allá de este único texto.

EL PROBLEMA CON LAS PARTICULARIDADES QUE NO SON COMPARABLES

El siguiente problema tiene que ver con dos tipos de pasajes en las epístolas: aquellos que hablan de asuntos del primer siglo que, en su mayor parte, no tienen contrapartes en el siglo XXI, y los que hablan de problemas que podrían ocurrir también en el siglo XXI, pero es altamente improbable que sucedan. ¿Qué hace uno con esos textos y cómo se dirigen a nosotros? ¿Lo hacen?

Un ejemplo del primer tipo de pasaje se encuentra en 1 Corintios 8-10, donde Pablo habla de tres tipos de asuntos: (1) cristianos que están discutiendo por el privilegio de seguir uniéndose a sus vecinos paganos en sus fiestas en los templos para los ídolos (ver 8:10; 10:14-22); 2) el cuestionamiento de los corintios de la autoridad apostólica de Pablo (ver 9:1-23); y (3) comida sacrificada a ídolos y vendida en los mercados (10:23-11:1).

Una buena exégesis de estos pasajes indica que Pablo responde a estos problemas de la siguiente manera: (1) Se les prohíbe totalmente asistir a las fiestas del templo por tres razones: el principio del tropiezo (8:7-13), tales alimentos son incompatibles con la vida en Cristo tal como se experimenta en su mesa (10:16-17), y esto significa participar en lo demoníaco (10:19-22). (2) Pablo defiende su derecho al apoyo financiero como apóstol, a pesar de que ha renunciado a ese derecho; también defiende sus acciones en materia de importancia (9:19-23). (3) La comida idolátrica presentada previamente a un ídolo y ahora vendida en el mercado podría ser comprada y consumida; tales alimentos también podrían comerse con libertad en la casa de otra persona. En este último contexto también podría ser rechazado si es que potencialmente podría crear un problema para otra persona. Los creyentes podrían comerlo todo para la gloria de Dios, pero uno no debería hacer algo que deliberadamente podría ofender.

Por cierto, estos pasajes siguen siendo muy existenciales para los cristianos en muchas culturas asiáticas, pero este tipo de idolatría es bastante desconocida en culturas occidentales, por lo que los problemas 1 y 3 no son comunes a menos que uno coma con regularidad en un restaurante dirigido por un culto que dedica su comida a un «dios» mientras es preparada. Además, con respecto al problema 2, ya no tenemos apóstoles al modo de Pablo, es decir, aquellos que realmente se han encontrado con el Señor resucitado (9:1; cp. 15:8) y que han fundado y tienen autoridad sobre nuevas iglesias (9:1-2; cf. 2 Co 10:16).

El segundo tipo de pasaje podría ilustrarse por el creyente incestuoso en 1 Co 5:1-11, o por los «ricos» abusando de los «pobres» al comer en conjunto en la mesa del Señor (1 Co 11:17-22), o por personas que desean forzar la circuncisión sobre los cristianos gentiles (Gá 6:12). Estas cosas podrían suceder, pero son muy improbables en nuestra cultura.

La pregunta es, ¿cómo hablan las respuestas del apóstol a estos problemas no contemporáneos a los cristianos del siglo XXI? Sugerimos que la hermenéutica adecuada aquí debe tomar legítimamente dos pasos.

En primer lugar, debemos realizar nuestra exégesis con mucho cuidado para que podamos escuchar cuál era realmente la Palabra de Dios para ellos. En muchos casos se ha articulado un *principio* claro, el cual normalmente trasciende la particularidad histórica a la que se estaba aplicando.

En segundo lugar, y aquí está el punto importante, el «principio» no se vuelve ahora atemporal como para ser aplicado al azar o al antojo para cualquier tipo de situación. Diríamos que *debería ser aplicado a situaciones verdaderamente comparables.*

Para ilustrar ambos puntos: en primer lugar, Pablo prohíbe la participación en las comidas del templo sobre la base del principio del tropiezo. Pero ten en cuenta que esto no se refiere a algo que simplemente ofende a otro creyente. El principio del tropiezo se refiere a algo que un creyente siente que se puede hacer en buena conciencia y entonces, por su acción o persuasión, tratan de inducir a otro creyente a hacerlo, alguien que no puede hacerlo en buena conciencia. Después de todo, el lenguaje de Pablo es intensivo: el otro creyente es «destruido» al *emular* la acción de otro; no se sienten simplemente ofendidos por ello. Por lo tanto, el principio parece aplicarse únicamente a situaciones verdaderamente comparables. En cualquier caso, este principio es especialmente abusado cuando los creyentes lo utilizan para condenar a los creyentes más jóvenes por sus acciones.

En segundo lugar, Pablo finalmente prohíbe por completo la participación en las comidas del templo porque esto implica participar en lo demoníaco. Sin duda, algunos seguidores de Jesús a veces se han confundido en cuanto a lo que constituye una actividad demoníaca. Sin embargo, esto parece ser una prohibición normativa para los cristianos contra todas las formas de espiritismo, brujería, astrología, etc.

Una vez más, puede que no tengamos apóstoles y la mayoría de los protestantes no consideran que sus ministros forman parte de la sucesión apostólica. Pero el principio de que «quienes predican el evangelio vivan de este ministerio» (1 Co 9:14) ciertamente parece aplicable a los ministerios contemporáneos, dado que se corrobora en otras partes de la Escritura (p. ej., 1 Ti 5:17-18).

El problema de comer comida ofrecida a los ídolos del mercado (1 Co 10:23-11:1) presenta una dimensión especialmente difícil de este problema hermenéutico. La comida misma era un asunto sin importancia, tanto para Dios como para Pablo. Pero debido a creencias y asociaciones anteriores, no era así para los demás. Lo mismo sucedió con la comida y la bebida y la observancia de los días (Ro 14), así como varios asuntos similares en su carta a los creyentes en Colosas (Col 2:16-23).

El problema para nosotros, en un momento bastante posterior en la historia, es cómo distinguir los asuntos sin importancia de los asuntos que cuentan. Este problema se intensifica especialmente para nosotros porque estas cosas cambian de cultura en cultura y de un grupo cristiano a otro, tal como parecen haberlo hecho en el primer siglo. Solo en los Estados Unidos del siglo XX, la lista de estos asuntos incluía la ropa (longitud de los vestidos, corbatas, pantalones de mujer), cabello teñido, perforaciones corporales, tatuajes, cosméticos, joyería, entretenimiento y recreación (películas, televisión, naipes, baile, natación mixta), atletismo, comida y bebida. El problema actual para muchos creyentes contemporáneos es que, así como los que juzgaron la libertad de Pablo en el tema de la comida de ídolos, siempre estarán aquellos que piensan que la abstinencia de cualquiera de estos constituye santidad ante Dios y *no* los consideran asuntos sin importancia.

Entonces, ¿qué hace que algo sea un asunto sin importancia? Sugerimos lo siguiente como principios rectores:

1. Lo que las epístolas indican específicamente como asuntos sin importancia todavía podrían considerarse como tales: comida, bebida, observancia de los días, etc.

2. Los asuntos sin importancia no son inherentemente morales, sino culturales, incluso si provienen de la cultura religiosa. Los asuntos que tienden a diferir de cultura a cultura, por lo tanto, incluso entre los creyentes genuinos, generalmente pueden considerarse asuntos sin importancia (p. ej., el vino y las culturas que no consumen licor).

3. Es especialmente importante tener en cuenta que las listas de pecados en las epístolas (p. ej., Ro 1:29-30; 1 Co 5:11; 6:9-10; 2 Ti 3:2-4) nunca incluyen los equivalentes del primer siglo de los puntos que hemos enumerado anteriormente. Además, tales asuntos sin importancia nunca se incluyen entre las diversas listas de imperativos cristianos (p. ej., Ro 12; Ef 5; Col 3; etc.).

Sabemos que no todos estarán de acuerdo con nuestra evaluación. Sin embargo, según Romanos 14, las personas de ambos lados en cualquiera de estos asuntos no deben juzgarse ni menospreciarse unos a otros. La persona libre no debe hacer alarde de su libertad; la persona para la que tales asuntos son una profunda convicción personal no debe condenar a otra persona.

EL PROBLEMA DE LA RELATIVIDAD CULTURAL

Esta es el área donde se encuentran la mayoría de las dificultades actuales y donde descansan las diferencias. Es el lugar donde el problema de la *Palabra eterna* de Dios que ha sido dada en *una particularidad histórica* se enfoca de manera más nítida. El problema tiene los siguientes pasos: (1) Las epístolas son documentos ocasionales del primer siglo, condicionados por la lengua y la cultura de dicha época, los cuales hablan de situaciones específicas en la iglesia del primer siglo. (2) Muchas de las situaciones específicas en las epístolas están tan condicionadas por su entorno del primer siglo, que todas reconocen que tienen poca o ninguna aplicación personal como una Palabra para hoy, excepto tal vez en el sentido más distante en el que uno está derivando de ellos algún principio (p. ej., traer la capa de Pablo de la casa de Carpo en Troas). (3) Otros pasajes también están completamente condicionados por sus escenarios del primer siglo, pero la Palabra contenida en ellos podría ser «traducida» a nuevos escenarios comparables. (4) Por lo tanto, ¿es posible que otros textos, aunque parezcan tener particularidades comparables, también estén condicionados por su entorno del primer siglo y necesiten ser traducidos a nuevos escenarios, o simplemente dejados en el siglo I?

Casi todos los cristianos, al menos en un grado limitado, sí traducen los textos bíblicos en nuevos escenarios. Sin articularlo precisamente de esta manera, los evangélicos del siglo XXI utilizan este principio para dejar «un poco de vino por causa de tu estómago» en el siglo I, para no insistir en velos sobre las cabezas o el pelo largo para las mujeres de hoy; y para no practicar el «beso santo». Sin embargo, muchos de los evangélicos que hacen muecas cuando enseña una mujer en la iglesia (cuando los hombres están presentes) también se defienden por estos motivos, y realmente se indignan cuando alguien trata de defender las uniones entre personas del mismo sexo por los mismos motivos.

Con frecuencia hubo algunos que han tratado de rechazar la idea de la relatividad cultural por completo, lo que los ha llevado más o menos a abogar por una adopción indiscriminada de la cultura del primer siglo como la norma divina. Pero tal rechazo suele ser solo moderadamente exitoso. Pueden mantener a sus hijas en casa, negarles la educación y hacer que el padre arregle su matrimonio, pero, por lo general, les permiten aprender a leer y salir en público. El punto es que es extremadamente difícil ser consistente aquí, precisamente porque no existe tal cosa como una cultura divinamente ordenada; las culturas son, de hecho, diferentes, no solo desde el siglo I hasta el siglo XXI, sino en todas las maneras imaginables en el siglo XXI.

Más que un rechazo, sugerimos que el reconocimiento de un grado de relatividad cultural es un procedimiento hermenéutico válido y es un corolario inevitable para la naturaleza ocasional de las epístolas. Pero también creemos que, para ser válida, la hermenéutica personal debe operar dentro de lineamientos reconocibles.

Por lo tanto, sugerimos los siguientes lineamientos para distinguir entre los elementos que son culturalmente relativos, por un lado, y aquellos que trascienden su entorno original, por el otro lado, y que son, por lo tanto, normativos para todos los cristianos de todos los tiempos. No sostenemos que estos lineamientos sean como aquellas «una vez entregadas a los santos», sino que reflejan nuestro pensamiento actual, y animaríamos una mayor discusión e interacción (muchas de ellas han sido trabajadas en conjunto con nuestro antiguo colega, David M. Scholer).

1. Primero, se debe distinguir entre el núcleo central del mensaje de la Biblia y aquello que es dependiente o periférico. Esto no quiere estar a favor de un canon dentro del canon (es decir, elevar ciertas partes del Nuevo Testamento como norma para leer otras partes); esto es para evitar que el evangelio sea convertido, por un lado, en ley a través de la cultura o la costumbre religiosa, y por el otro, evitar que el evangelio mismo cambie para reflejar cada expresión cultural imaginable.

Entonces, la caída de toda humanidad, la redención de esa caída como la actividad misericordiosa de Dios a través de la muerte y resurrección de Cristo, la consumación de esa obra redentora a través del regreso de Cristo, etc., son claramente parte de este núcleo central. Pero el beso santo, los velos sobre la cabeza de las mujeres y los ministerios y dones carismáticos parecerían no serlo tanto.

2. Del mismo modo, uno debe estar preparado para distinguir entre lo que el propio Nuevo Testamento ve como inherentemente moral y lo que no lo es. Los elementos inherentemente morales son, por lo tanto, absolutos y permanecen en cada cultura; aquellos que no son inherentemente morales son, por lo tanto, expresiones culturales y pueden cambiar de cultura a cultura.

Por ejemplo, las listas de pecados de Pablo nunca contienen elementos culturales. Algunos de los pecados podrían, de hecho, ser más prevalentes en una cultura que en otra, pero nunca hay situaciones en las que podrían considerarse actitudes o acciones *cristianas*. De esa manera, la inmoralidad sexual, el adulterio, la idolatría, la borrachera, la práctica homosexual, el robo, la codicia y similares (1 Co 6:9-10) *siempre* están equivocados. Esto no significa que los cristianos no hayan sido de vez en cuando culpables de cualquiera de ellos. Pero no son decisiones morales viables. Después de todo, Pablo continúa diciendo, «Y eso *eran* algunos de ustedes. Pero ya han sido lavados...» (v. 11, énfasis añadido).

Por otro lado, lavarse los pies o manos, intercambiar un beso santo, comer comida ofrecida a los ídolos del mercado, las mujeres con la cabeza cubierta cuando oran o profetizan, la preferencia personal de Pablo por el celibato o la enseñanza de una mujer en la iglesia no son asuntos *inherentemente* morales. Se vuelven así tan solo por su uso o abuso en ciertos contextos, cuando tal uso o abuso involucra desobediencia o falta de amor.

3. Uno debe considerar de forma especial los elementos donde el Nuevo Testamento tiene un testimonio uniforme, consistente y donde refleja diferencias. Los siguientes son ejemplos de asuntos sobre los que el Nuevo Testamento da testimonio uniforme: el amor como respuesta ética básica del cristiano, una ética personal de no venganza o

represalia, lo incorrecto de las contiendas, el odio, el asesinato, el robo, la práctica de la homosexualidad, la embriaguez y la inmoralidad sexual de todo tipo.

Por otro lado, el Nuevo Testamento no parece ser uniforme en asuntos como los ministerios de la mujer en la iglesia (ver Ro 16:1-2, donde Febe es una «diaconisa» en Cencrea; Ro 16:7, donde Junia —*no* Junias, el cual es un nombre masculino desconocido— se nombra entre los apóstoles; Ro 16:3, donde Priscila es colaboradora de Pablo [cp. Fil 4:2-3], la misma palabra utilizada para Apolos en 1 Co 3:9; y 1 Co 11:5 en contraste con 1 Tim 2:12 [y 1 Co 14:34-35, que se sospecha que sea textual]); la evaluación política de Roma (ver Ro 13:1-5 y 1 P 2:13-14 en contraste con Ap 13-18); la retención de la riqueza personal (Lc 12:33; 18:22 en contraste con 1 Ti 6:17-19); o comer comida ofrecida a los ídolos (1 Co 10:23-29 en contraste con Hch 15:29; Ap 2:14, 20). Por cierto, si alguna de estas sugerencias te causa una reacción emocional, puedes preguntarte por qué, ya que en cada caso la evidencia del Nuevo Testamento *no* es uniforme, nos guste o no.

Una buena exégesis podría hacer que veamos una uniformidad mayor de la que parece ser el caso en este momento. Por ejemplo, en el tema de la comida ofrecida a los ídolos, uno puede presentar un buen argumento exegético para que la palabra griega en Hechos y Apocalipsis se refiera a ir al templo a comer esa comida. En este caso, la actitud sería consistente con la de Pablo en 1 Corintios 10:14-22. Sin embargo, precisamente porque estos otros asuntos parecen ser más culturales que morales, uno no debería preocuparse por la falta de uniformidad. Del mismo modo, no se debe seguir con la exégesis solo como un medio para encontrar la uniformidad, incluso a costa del sentido común o del significado claro del texto.

4. Es importante que seas capaz de distinguir dentro del Nuevo Testamento entre el principio y la aplicación específica. Es posible que un escritor del Nuevo Testamento apoye una aplicación relativa por un principio absoluto y, al hacerlo, no haga la aplicación absoluta. De este modo, en 1 Corintios 11:2-16, por ejemplo, Pablo apela (aparentemente) al orden divino de creación y redención (v. 3) y establece el principio de que uno no debe hacer nada que distraiga de la gloria de Dios (especialmente al romper la costumbre) cuando la comunidad está en adoración (vv. 7, 10). Sin embargo, la aplicación específica parece ser relativa, dado que Pablo apela repetidamente a la «práctica» o a la «naturaleza» (vv. 6, 13-14, 16).

Por eso sugerimos que uno podría preguntar legítimamente en tales aplicaciones específicas: ¿habría sido un problema para nosotros si nunca hubiéramos encontrado esto en los documentos del Nuevo

Testamento? En las culturas occidentales, la falta de una mujer al no cubrirse la cabeza (especialmente su cabello) con un velo extenso probablemente no crearía ninguna dificultad en absoluto. De hecho, si una mujer obedeciera literalmente el texto en la mayoría de las iglesias estadounidenses, es muy seguro que se abusaría del espíritu del texto al llamar la atención sobre sí misma. Pero si pensamos un poco, uno podría imaginar algún tipo de vestido, tanto masculino como femenino, tan fuera de lugar como para crear el mismo tipo de perturbación en la adoración (un hombre en traje de baño, por ejemplo, sería tan evidente como para distraer a los demás).

5. También podría ser importante, por mucho que uno sea capaz de hacerlo con sumo cuidado, determinar las opciones culturales abiertas para cualquier escritor del Nuevo Testamento. El grado en que un escritor del Nuevo Testamento esté de acuerdo con una situación cultural en la que solo hay *una opción* aumenta la posibilidad de relatividad cultural de tal posición. Así, por ejemplo, la actividad homosexual era tanto afirmada como condenada por escritores en la antigüedad, sin embargo, el Nuevo Testamento adopta una posición singular en su contra. Por otro lado, las actitudes hacia la esclavitud como sistema o hacia el estatus y el papel de la mujer eran básicamente singulares; nadie denunció la esclavitud como un mal, y las mujeres fueron constantemente consideradas como inferiores a los hombres por los filósofos. Los escritores del Nuevo Testamento tampoco denuncian la esclavitud como un mal, aunque la socavan instando a que el patrón y sus esclavos sean hermanos y hermanas en Cristo (ver Flm 16; cp. Ef 6:9). Por otro lado, generalmente van mucho más allá de las actitudes corrientes hacia las mujeres sostenidas por sus contemporáneos. Pero, en cualquier caso, en la medida en que reflejan las actitudes culturales prevalentes en estos asuntos, están reflejando así la única opción cultural en el mundo que los rodea.

6. Hay que estar atentos a posibles diferencias culturales entre los siglos I y XXI que a veces no son inmediatamente obvias. Por ejemplo, para determinar el papel de la mujer en la iglesia del siglo XXI, uno debe tener en cuenta que hubo pocas oportunidades educativas para las mujeres en el primer siglo, mientras que tal educación es la norma esperada en nuestra sociedad. Esto podría afectar nuestro entendimiento de momentos tales como el del vestido y el comportamiento de las mujeres en la primera carta de Pablo a Timoteo (2:9-15). Asimismo, una democracia participativa es radicalmente diferente del gobierno del que Pablo habla en su amonestación a los creyentes en Roma (13:1-7). Se espera que en una democracia participativa se cambien las leyes malas y se destituyan a los malos funcionarios. Estas diferencias deberían con

toda seguridad afectar la forma en que uno trae un momento de este tipo al Estados Unidos de habla inglesa del siglo XXI.

7. Uno finalmente debería ejercer la caridad cristiana en este punto. Los cristianos necesitan reconocer las dificultades, abrir las líneas de comunicación entre nosotros, empezar por tratar de definir algunos principios y, sobre todo, tener amor y la disposición para pedir perdón a aquellos con quienes difieren.

Antes de concluir esta discusión, podría ser útil ver cómo se aplican estos lineamientos a dos situaciones actuales: el ministerio de la mujer y la actividad homosexual, especialmente porque algunos que abogan por los ministerios de la mujer están utilizando algunos de estos argumentos para apoyar las asociaciones entre personas del mismo sexo como una alternativa cristiana válida.

Empezamos con el tema del papel de la mujer en la iglesia como maestras o proclamadoras de la Palabra. Este tema se ha centrado básicamente en dos pasajes no relacionados (1 Co 14:34-35 y 1 Ti 2:11-12). Pero el primer pasaje es altamente sospechoso como algo que Pablo haya escrito, dado que es el único lugar en toda la transmisión de la Escritura que un pasaje como este ocurre en dos lugares diferentes en los manuscritos griegos, y muy probablemente fue traído como una explicación al margen de alguien que no estaba del todo satisfecho con la afirmación de Pablo de que las mujeres estén tanto orando como profetizando en la adoración (como en 11:2-5). En el segundo caso se imponen el silencio y la sumisión o un comportamiento tranquilo —aunque en ninguno de los dos casos es necesariamente la sumisión a su esposo— y en 1 Timoteo 2 no se le permite a la mujer enseñar al hombre o «ejerza autoridad sobre él». El pleno cumplimiento de este texto en el siglo XXI parecería descartar no solo la predicación y enseñanza de una mujer en la iglesia local, sino que también parecería prohibir sus libros sobre temas bíblicos que los hombres podrían leer, enseñar Biblia o temas relacionados (incluida la educación religiosa) en colegios cristianos o institutos bíblicos donde hombres estén en sus clases y enseñar a hombres en situaciones misioneras. Pero aquellos que argumentan en contra de las mujeres que enseñan en la iglesia contemporánea rara vez llevan la interpretación tan lejos. Casi siempre hacen de los temas sobre la ropa en el versículo anterior (1 Ti 2:9) culturalmente relativos.

Por otro lado, que el pasaje de 1 Timoteo podría ser culturalmente relativo puede apoyarse, en primer lugar, por toda la exégesis de las tres epístolas pastorales. Algunas mujeres eran problemáticas en la iglesia de Éfeso (1 Ti 5:11-15; 2 Ti 3:6-9), y parecen haber sido una parte importante de la razón por la que los falsos maestros se abrían paso en esa iglesia. Dado que las mujeres se encuentran enseñando (Hch 18:26) y profetizando (Hch 21:9; 1 Co 11:5) en otras partes del Nuevo Testamento, es muy probable que el pasaje de 1 Timoteo hablara de un problema local. En cualquier caso, los lineamientos anteriores respaldan la posibilidad de que esta prohibición singular (incierta) sea culturalmente relativa.

Sin embargo, el tema de la homosexualidad es diferente de forma considerable. En este caso, los lineamientos se oponen a que sea culturalmente relativo. Toda la Biblia tiene un testimonio consistente contra la actividad homosexual como moralmente incorrecta.

En los últimos años, algunas personas han argumentado que la homosexualidad contra la que habla el Nuevo Testamento es aquella en la que algunos abusan de otros, y que la homosexualidad monógama privada consentida entre adultos es un asunto diferente. Alegan que no puede probarse por motivos exegéticos que dicha actividad homosexual esté prohibida. También se argumenta que se trata de opciones culturales del siglo XXI que no estaban disponibles en el primer siglo. Por lo tanto, proponen que algunos de nuestros lineamientos (por ejemplo, 5 y 6) abren la posibilidad de que las prohibiciones del Nuevo Testamento contra la homosexualidad también sean culturalmente relativas, y argumentan que algunos de los lineamientos no son verdaderos o relevantes.

Sin embargo, el problema con este argumento es que no se sostiene ni exegética ni históricamente. La homosexualidad que Pablo tiene en mente desde el principio en su carta a los creyentes en Roma (1:24-28) *claramente no* es del tipo «abusivo»; es la homosexualidad por elección entre hombres o mujeres. Además, la palabra que Pablo usa para «homosexual» en 1 Corintios 6:9 significa literalmente homosexualidad genital entre varones. Dado que la Biblia en su conjunto testifica contra la homosexualidad e invariablemente la incluye en contextos morales, y dado que no se ha demostrado que las opciones para la práctica homosexual difieren hoy en día de las del primer siglo, no parece haber motivos válidos para verla como un asunto culturalmente relativo para Pablo. A uno no podría gustarle lo que dice Pablo, pero recrearlo para hacer que él se adapte a la cultura actual es una infracción del grado más alto.

EL PROBLEMA DE LA TEOLOGÍA PRÁCTICA

Observamos en el último capítulo que gran parte de la teología en las epístolas está orientada a la práctica y, por lo tanto, no se presenta de forma sistemática. Sin embargo, esto no debe considerarse en el sentido de que se pueda presentar de forma sistemática la teología que se expresa o deriva de las declaraciones en las epístolas. Por el contrario, esta es una de las tareas obligatorias del estudiante bíblico. Uno siempre debe estar formando —y «reformando»— una teología bíblica sobre la base de una exégesis sólida. Muy a menudo reconocemos fácilmente que la teología de un escritor bíblico determinado se encuentra en sus presuposiciones e implicaciones, así como en sus declaraciones explícitas. Lo único que queremos hacer aquí es plantear algunas precauciones a medida que se realiza la tarea teológica, advertencias que son el resultado directo de la naturaleza ocasional de las epístolas.

1. Dado que las epístolas son «provocadas» u «ocasionadas» ya sea por el autor o los destinatarios, a veces debemos contentarnos con algunas limitaciones a nuestra comprensión teológica. Por ejemplo, para que los corintios vean cuán absurdo era para ellos tener dos hermanos yendo a la corte pagana para una sentencia, Pablo afirma que los cristianos algún día juzgarán tanto al mundo como a los ángeles (1 Co 6:2-3). Pero más allá de esto, los textos no dicen nada. De este modo podemos afirmar como parte de la escatología cristiana (nuestro entendimiento de los acontecimientos finales) que los cristianos de hecho ejercerán juicios en el *eschatón* (el tiempo final). Pero sabemos muy poco en cuanto a lo que esto significa o cómo se va a resolver. *Todo más allá de la afirmación misma es mera especulación.*

Del mismo modo, Pablo argumenta desde la naturaleza de la propia participación de los corintios en la Cena del Señor que ellos no podrían participar igualmente en las comidas en el templo del ídolo (1 Co 10:16-21). Lo que Pablo dice sobre esa participación parece ir más allá de la teología de la Santa Cena que se encuentra en la mayor parte del protestantismo evangélico. Aquí no se trata de una mera conmemoración, sino la participación real en el Señor mismo. De otros textos del Nuevo Testamento podemos argumentar además que la participación era por medio del Espíritu y que los beneficios vienen por fe. Pero incluso aquí estamos saliendo de los textos inmediatos para expresar el entendimiento de Pablo de una manera teológica, y muchos probablemente no estarán de acuerdo con nuestra elección de textos externos. Pero nuestro punto es que no se nos dice cuál es la naturaleza precisa de esta participación o cómo los beneficios llegan al creyente. Puede que todos *queramos* saberlo, pero nuestro conocimiento es deficiente precisamente por la naturaleza ocasional de las declaraciones. Lo que se dice más allá de lo que los propios textos revelan no puede tener la misma importancia bíblica o hermenéutica que lo que se puede decir sobre la base de una exégesis sólida. Por lo tanto, simplemente estamos afirmando que Dios nos ha dado todo lo que *necesitamos* en las Escrituras, pero no necesariamente todo lo que *queremos*.

2. A veces nuestros problemas teológicos con las epístolas se derivan de que estamos haciendo *nuestras* preguntas de textos que, por su naturaleza ocasional, solo están respondiendo a *sus* preguntas. Cuando

le pedimos a los textos que hablen directamente sobre el tema del aborto, de volver a casarse o del bautismo infantil, queremos que respondan a las preguntas de un tiempo posterior. A veces pueden hacerlo, incluso si a veces es de forma indirecta, pero a menudo no lo harán porque la pregunta simplemente no se había planteado en ese momento. Hay un claro ejemplo de esto en el Nuevo Testamento. Sobre el tema del divorcio, Pablo dice: «no yo, sino el Señor» (1 Co 7:10), dando a entender que Jesús mismo habló de este tema. Pero a la pregunta planteada en un ambiente griego sobre si un creyente debe divorciarse de una pareja pagana, Jesús aparentemente no tuvo ocasión de hablar. El problema estaba fuera de su propia cultura judía. Pero Pablo sintió la necesidad de hablar de ello, por lo que dijo «yo (no es mandamiento del Señor)» (v. 12). Por supuesto, uno de los problemas es que nosotros mismos no poseemos ni la autoridad apostólica de Pablo ni su inspiración. La única manera en que podemos hablar de tales temas es sobre la base de toda una teología bíblica que incluye nuestro entendimiento de la creación, caída, redención y la consumación final. Es decir, debemos intentar traer una cosmovisión bíblica al problema. ¡Pero no hay prueba textual cuando no hay textos relevantes directos!

Entonces, estas son algunas de nuestras sugerencias hermenéuticas para leer e interpretar las epístolas. Nuestro objetivo inmediato es una mayor precisión y consistencia; nuestro objetivo más amplio es llamarnos a todos a una mayor obediencia a lo que escuchamos y entendemos, y a una apertura y amor hacia los demás cuando difieren con nosotros. Es posible que, si realmente lo hiciéramos, el mundo podría prestar más atención a nuestro Salvador.

CAPÍTULO 5

La narrativa del Antiguo Testamento: Su uso adecuado

El tipo de literatura más común en la Biblia es la narrativa. De hecho, más del 40 por ciento del Antiguo Testamento es narrativo. El Antiguo Testamento por sí solo constituye las tres cuartas partes de la Biblia. Los siguientes libros del Antiguo Testamento están compuestos en gran parte o en su totalidad de material narrativo (relatos): Génesis, Josué, Jueces, Rut, 1 y 2 Samuel, 1 y 2 Reyes, 1 y 2 Crónicas, Esdras, Nehemías, Daniel, Jonás y Hageo. Además, Éxodo, Números, Jeremías, Ezequiel, Isaías y Job también contienen porciones narrativas sustanciales. Aunque una buena parte del Nuevo Testamento también es narrativa (los Evangelios, Hechos de los Apóstoles), nuestro interés en este capítulo es específicamente con la narrativa hebrea, la manera especial en que el pueblo del Antiguo Testamento fue inspirado por el Espíritu Santo para contar su historia.

Nuestra preocupación en este capítulo es guiarlos hacia una adecuada comprensión de cómo «funciona» la narrativa hebrea, para que puedan leer sus Biblias de una manera más informada y con un mayor aprecio por la historia de Dios. Desafortunadamente, no entender tanto la razón como el carácter de la narrativa hebrea ha hecho que muchos cristianos en el pasado lean de forma deficiente la historia del Antiguo Testamento. Si eres cristiano, el Antiguo Testamento es *tu* historia espiritual. Las promesas y el llamado de Dios a Israel son *tus* promesas y llamado históricos. Sin embargo, en nuestra experiencia, las personas fuerzan interpretaciones y aplicaciones incorrectas sobre porciones narrativas de la Biblia más que en cualquier otra parte. Su valor y signifi-cado previstos son reemplazados por ideas leídas entre líneas o inferidas, en lugar de las que salen del texto mismo. Así que prestaremos más atención en este capítulo a describir la naturaleza literaria de la narrativa en general, así como señalar los obstáculos más peligrosos que debes evitar mientras lees.

LA NATURALEZA DE LA NARRATIVA
Qué es la narrativa

La narrativa o relatos son historias, historias intencionales que vuel-ven a contar los *acontecimientos históricos* del pasado con el fin de dar sentido y dirección a un pueblo determinado en *el presente*. Esto siempre ha sido así para todos los pueblos de todas las culturas. En este sentido, la narrativa o relatos bíblicos no son diferentes de otras historias de este tipo. Sin embargo, hay una diferencia crucial entre los relatos bíblicos y todas las demás porque, al ser inspirados por el Espíritu Santo, la his-toria que cuentan no es tanto nuestra historia como la historia de Dios y se convierte en nuestra cuando Él nos «escribe» en ella. Entonces, la narrativa bíblica cuenta la historia definitiva o suprema, una historia que, aunque a menudo compleja, es totalmente verdadera y crucialmente importante. De hecho, es una historia magnífica, más grandiosa que la gesta más grande, más rica en su trama y más valiosa en sus personajes y descripciones de lo que podría ser cualquier historia humana. Pero para apreciar esta historia necesitarás saber algunas cosas básicas sobre la narrativa o relatos bíblicos, qué son y cómo funcionan.

En su nivel básico, la narrativa o relatos bíblicos nos hablan de las cosas que sucedieron en el pasado. Toda narrativa tiene tres partes básicas: personajes, trama y resolución de tramas. Es decir, la mayoría de los relatos presuponen algún tipo de conflicto o tensión que necesita ser resuelto. En términos literarios tradicionales, los personajes son el «protagonista» (la persona principal de la historia), el «antagonista» (la persona que provoca el conflicto o la tensión), y (a veces) los «agonis-tas» (los otros personajes principales de la historia que se involucran en el conflicto).

Dios es el protagonista en la historia bíblica, Satanás (o personas/pueblos/poderes opuestos) son los antagonistas, y el pueblo de Dios son los agonistas. La «trama» básica de la historia bíblica es que el Creador Dios ha creado un pueblo para su nombre —a su propia «ima-gen»— quienes, como portadores de su imagen debían ser sus mayordo-mos sobre la tierra que creó para su beneficio. Pero un enemigo entró en escena y persuadió al pueblo a portar *su* «imagen» en lugar de la de Dios, y así se convirtieron en enemigos de Él. La resolución de la trama es la historia larga de «redención», la forma en que Dios rescata a su pueblo de las garras del enemigo los restaura de nuevo a su imagen y (finalmente) los restaurará «en el cielo nuevo y tierra nueva».

Tres niveles de narrativa

Mientras lees y estudias los relatos del Antiguo Testamento, esto debería ayudarte para que te des cuenta de que la historia está siendo contada, en efecto, en tres niveles. El nivel superior («tercero») es el nivel que acabamos de describir. Conocido a menudo como «metanarrativo», este nivel tiene que ver con todo el plan universal de Dios elaborado a través de su creación y que se centra en su pueblo escogido. Los aspectos clave de la trama en este nivel superior son la creación inicial misma, la caída de la humanidad, el poder y la presencia generalizada del pecado, la necesidad de redención y la encarnación y sacrificio de Cristo. A veces, este nivel superior también se conoce como la «historia de redención» o «historia redentora».

El «segundo» nivel es la historia de Dios redimiendo a un pueblo por amor de su nombre. Estas personas se constituyen dos veces: mediante un pacto anterior y un «nuevo» pacto (ver capítulo 9). Nuestro interés en este capítulo es con la historia del primer pacto, la historia del pueblo de Israel: el llamado de Abraham; el establecimiento de un linaje abrahámico a través de los patriarcas; la esclavitud de los israelitas en Egipto; la liberación por parte de Dios de la esclavitud; la celebración del pacto de Dios con ellos en el Sinaí, seguido por la conquista de la tierra prometida de Canaán; los pecados frecuentes de los israelitas y la deslealtad creciente; la protección paciente y suplicante de Dios; la destrucción definitiva Israel del norte y luego de Judá en el sur; y la restauración del pueblo santo después del exilio.

Por último, está el «primer» nivel. Aquí se encuentran todos los cientos de relatos individuales que componen los otros dos niveles. Este incluye tanto los relatos compuestos —por ejemplo, los relatos del Génesis de Abraham, Isaac, Jacob o José, como un todo— y las unidades más pequeñas que componen la narrativa más grande. Nuestro interés en este capítulo es principalmente en ayudarte a leer y entender esta narrativa de primer nivel. Pero es especialmente importante que siempre te preguntes cómo encajan estos relatos de primer nivel en el segundo y tercer nivel de la historia bíblica.

El conocimiento de esta «jerarquía narrativa» debería ayudarte en tu comprensión y aplicación de la narrativa del Antiguo Testamento.

Por lo tanto, cuando Jesús enseñó que las Escrituras «dan testimonio de mí» (Jn 5:39, NBLA), estaba hablando del nivel superior y definitivo de la narrativa, en el que su expiación era el acto central, y la sujeción de toda creación a Él es el clímax de esta trama. Él obviamente *no* estaba hablando de cada pasaje breve e individual del Antiguo Testamento. Es cierto que los pasajes individuales, incluidos los relatos, que son mesiánicos o que se identifican de otro modo en el Nuevo Testamento como tipológicos de Cristo (cp. 1 Co 10:4) son una parte importante del Antiguo Testamento, pero estos constituyen solo una pequeña porción de su revelación total. Lo que Jesús estaba diciendo era que las Escrituras en su totalidad dan testimonio de Él y se centran en su amoroso señorío.

Lo que no son la narrativa o los relatos

Debido a que la narrativa del Antiguo Testamento se ha utilizado con frecuencia de manera desafortunada en la iglesia, necesitamos recordarles cómo *no* deben entenderse los relatos del Antiguo Testamento.

1. Los relatos del Antiguo Testamento no son *alegorías o historias llenas de significados ocultos*. Aunque podría haber aspectos que no son fáciles de entender, siempre debes asumir que tenían significado para sus oyentes originales. Pero más allá de todo eso, no son alegorías. El relato de Moisés subiendo y bajando el monte Sinaí en Éxodo 19-34 no es una alegoría del descenso y ascenso del alma a Dios. La batalla del profeta Elías con los sacerdotes de Baal en el monte Carmelo (1 R 18) no es una alegoría del triunfo de Jesús sobre los malos espíritus en el Nuevo Testamento. La historia de Abraham asegurando una novia para Isaac (Gn 24) no es una alegoría sobre Cristo (Isaac) asegurando una novia (la iglesia/ Rebeca) a través del Espíritu Santo (el siervo).

2. Los relatos individuales del Antiguo Testamento no están *destinados a enseñar lecciones morales*. El propósito de los diversos relatos individuales es contar lo que Dios hizo en la historia de Israel, no ofrecer ejemplos morales de comportamiento correcto o incorrecto. Muy a menudo se oye a la gente decir: «Lo que podemos aprender de esta historia es que no debemos hacer [o decir]...». Pero a menos que el narrador bíblico haga esa observación, ¿por qué razón la hacemos? Podríamos reconocer con razón los resultados negativos del favoritismo paterno en la historia de Jacob y Esaú. Pero esta no es la razón para la presencia de este relato en Génesis. Más bien, sirve para decirnos por qué la línea familiar de Abraham fue llevada a través de Jacob y no de Esaú; es una ilustración más de que Dios no lo está haciendo de forma «correcta», de acuerdo con las normas culturales prevalentes, al no elegir al primogénito para continuar con la línea familiar. Si bien el relato puede ilustrar incidentalmente el resultado de la rivalidad de los padres, esto tiene poco que ver con la intención de la narrativa misma.

3. Sin embargo, aunque los relatos del Antiguo Testamento no enseñan necesariamente valores morales de forma directa, a menudo

ilustran lo que se enseña explícita y categóricamente en otros lugares. Esto representa un tipo implícito de enseñanza al ilustrar las enseñanzas *explícitas* correspondientes de las Escrituras. Por ejemplo, en el relato del adulterio de David con Betsabé (2 S 11), no encontrarás ninguna declaración como esta: «David hizo mal al cometer...». Se espera que sepas que el adulterio está mal porque esto ya se enseña de forma explícita en los Diez Mandamientos (Éx 20:14), algo que David debió haber conocido muy bien. El relato ilustra las consecuencias dañinas de su adulterio para la vida personal del rey David y para su capacidad de gobernar. El relato no enseña de forma sistemática sobre el adulterio y no podría utilizarse como única base para dicha enseñanza. Pero como una ilustración de los efectos del adulterio en un caso particular, el relato transmite un poderoso mensaje que queda impreso en la mente del lector cuidadoso de una forma que la enseñanza directa y categórica podría no hacerlo.

LAS CARACTERÍSTICAS DE LA NARRATIVA HEBREA

Los relatos hebreos tienen algunas características distintivas que, si se buscan y reconocen, pueden mejorar mucho la capacidad para escuchar la historia desde la perspectiva del narrador divinamente inspirado. Ilustraremos estas características utilizando la historia de José, la cual fue narrada hábilmente por Moisés (Gn 37-50). Esto, de hecho, excepto por las inserciones de la historia de Judá y Tamar (cap. 38), de la genealogía (46:8-27), y de la bendición de Jacob a sus hijos (49:1-28), es el relato centrado individual más largo de la Biblia. En su forma actual en Génesis, los elementos «insertados» son especialmente significativos para todo el relato. Para un excelente comentario sobre Génesis que toma todas estas características narrativas como una parte esencial del «comentar» sobre el texto, recomendamos mucho *Genesis a Commentary* (*Génesis: Un comentario)* de Bruce K. Waltke (Grand Rapids: Zondervan, 2001).

El narrador

Empezamos prestando atención al único partícipe que no se menciona directamente en el desarrollo de la narración: el propio narrador. Para que entiendas cómo funciona el relato, debes ser consciente de dos aspectos importantes sobre el papel del narrador en el desarrollo de la historia.

En primer lugar, dado que él es quien elige qué incluir en la historia, es comparativamente «omnisciente», es decir, está en todas partes y sabe todo sobre lo que relata. Pero nunca comparte todo lo que sabe, ni suele comentar, explicar o evaluar durante el desarrollo del relato mismo. Su papel es contar la historia de tal manera que seas atraído al relato para que veas las cosas por ti mismo.

En segundo lugar, el narrador es responsable del «punto de vista» de la historia, es decir, de la perspectiva desde la cual se cuenta la historia. Al final, por supuesto, él presenta el punto de vista divino. A veces, el punto de vista de Dios se revela directamente, como en el repetido «el SEÑOR estaba con José» (Gn 39:2, 3, 21, 23). Nota cómo esta repetición cuádruple ocurre al principio de la narración cuando José está primero en Egipto. Muy a menudo el punto de vista viene a través de uno de los personajes. Por lo tanto, observa cómo al final de la narración (50:20) es José quien le dice al lector la perspectiva divina de todo el relato: «Ustedes pensaron hacerme mal, pero Dios transformó este mal en bien para lograr lo que hoy estamos viendo: salvar la vida de mucha gente».

Mientras lees los diversos relatos, debes estar constantemente atento a cómo el narrador inspirado revela el punto de vista desde el que se debe entender la historia.

La(s) escena(s)

En lugar de construir la historia en torno al «carácter» de cualquiera de los personajes, el modo predominante del relato en la narrativa hebrea es «escénico». La acción se mueve a lo largo de una serie de escenas que juntas conforman el todo. Esto se ha comparado con la forma en que una película o un drama televisivo cuenta una historia a través de una sucesión de escenas. Cada escena tiene su propia integridad, sin embargo, es la combinación progresiva de escenas lo que conforma la historia como un todo.

Por ejemplo, considera cómo sucede esto en el episodio inicial narrado en Génesis 37. En la escena de apertura, José delata a sus hermanos (v. 2), después de lo cual se te informa de la razón básica del odio de ellos: el favoritismo paterno, ¡otra vez (vv. 3-4)! La escena cambia rápidamente a dos escenas en las que José relata dos sueños (vv. 5-11), lo que te prepara para la escena siguiente (vv. 12-17), donde José busca a sus hermanos, pero no los encuentra. Esta escena sirve como una especie de pausa en la historia para asegurarse de que entiendes que el «momento» de la escena crucial —la llegada de José, el complot para matarlo y la llegada de los madianitas— es divinamente ordenado. Las siguientes tres escenas (el complot para matarlo y la intercesión de Rubén, el papel de Judá en la idea de «rescatar» a José vendiéndolo, el dolor de Rubén y Jacob) están entrelazadas con una habilidad consumada; pero el punto viene en el último versículo, donde José termina en Egipto como siervo de un funcionario egipcio bien posicionado (v. 36).

Son las «escenas», por separado y juntas, las que hacen que el relato funcione. Otra característica de la naturaleza escénica de la narración es que en la mayoría de las escenas solo dos o tres personajes (o grupos) están en su lugar. Más que eso se inmiscuiría en la trama principal de la historia.

Los personajes

En la naturaleza escénica de la narrativa hebrea, los personajes son un elemento absolutamente central. Pero también notarás que la «caracterización» tiene muy poco que ver con la apariencia física, en tal grado, que si algo así apareciera alguna vez (por ejemplo, Aod era «zurdo», Jue 3:15), siempre tienes que preguntarte la razón. La narrativa hebrea simplemente no está interesada en crear una «imagen visual» de los personajes. Mucho más importantes son los temas de estatus (sabio, rico, etc.) o profesión («capitán de guardia», Gn 37:36; «Esposa», «copero», «panadero» caps. 39-40) o designación tribal («Madianitas», 37:36).

Destacan dos rasgos de caracterización: (1) Los personajes a menudo aparecen en contraste o en paralelo. Cuando se contrastan, lo que es más recurrente, deben entenderse en la relación que existe entre ellos. En nuestro relato, el contraste entre José y sus hermanos que comienza en el capítulo 37 está en el centro de la narrativa subsiguiente que se desarrolla en los capítulos 42-45 (especialmente los «cambios» que han tenido lugar tanto en José como en Judá) y un poco más tarde (50:15-21). Los personajes en paralelo suelen ocurrir en el segundo nivel de la narrativa; por ejemplo, Juan el Bautista es una «recreación» de Elías, y la historia de María (Lc 1-2) es un claro eco de la historia de Ana (1 S 1-2).

(2) El modo predominante de caracterización se produce en las palabras y acciones de los personajes, no en las propias descripciones del narrador. En nuestro relato esto sucede especialmente con el personaje principal, José, y con el personaje secundario más significativo, Judá. En particular, la forma en que el carácter moral de José se desarrolla de negativo a positivo es un tema principal. Al principio, José, como parte de una familia notablemente disfuncional, es representado como «mocoso mimado, chismoso, fanfarrón» (Waltke, p. 498). Su carácter moral cobra vida en el incidente con la esposa de Potifar, hecho explícito por el diálogo (ver más adelante), y su fidelidad a la moralidad sexual lo lleva a prisión (cap. 39). Pero el asunto crucial es la manera amorosa pero firme en que maneja a sus hermanos en los capítulos 42-45; llora por ellos, pero no se les revelará hasta que sean probados y demuestren que han cambiado.

Del mismo modo, el narrador muestra un interés especial en Judá. Judá es quien aboga por vender en lugar de matar a José (37:26-27);

sin embargo, su propia vida moral es altamente cuestionable (cap. 38, una historia que también se cuenta en parte porque Judá asumirá los «derechos de primogenitura» por medio de quien vendrá el eventual rey de Israel [49:10], y debido a que su descendencia continuará el motivo de la elección del hijo menor [38:27-30]). Pero el interés principal del narrador en Judá está en el cambio radical de carácter que surge un poco más tarde en la historia (42-45).

Diálogo

El diálogo es una característica crucial de la narrativa hebrea y uno de los principales métodos de caracterización. De hecho, una parte significativamente grande de todos los relatos se lleva a cabo por medio del «ritmo» entre la narrativa y el diálogo. Hay tres aspectos que buscar aquí:

En primer lugar, *el primer punto de diálogo es a menudo una pista significativa tanto de la trama de la historia como del carácter del orador.* Mira, por ejemplo, cómo pasa esto en las escenas breves al comienzo de la historia de José (Gn 37:5-11). Cuando José relata sus sueños está reflejando una arrogancia directa (vv. 6-7); la respuesta de sus hermanos (y su padre) pone en marcha la trama misma («¿Acaso reinarás sobre nosotros?»), y se concluye expresamente por medio del relato al final (50:18). Pero en contraste con el odio de sus hermanos, su padre «reflexionaba» (37:11, una pista narrativa para que el lector haga lo mismo).

En segundo lugar, *el diálogo contrastante a menudo funciona también como una forma de caracterización.* Observa la duración de la respuesta de José (39:8-9) a la brevísima invitación de la esposa de Potifar (v. 7). Verás un tipo diferente de diálogo contrastante con los discursos finales de Judá y José (44:18-34 y 45:4-13), mediante los cuales se logra la primera resolución de la trama.

En tercer lugar, *con frecuencia el narrador hará hincapié en las partes cruciales de la narración al hacer que uno de los personajes repita o resuma el relato en un discurso.* Esto sucede de forma particular en los discursos de los hermanos (42:30-34) y de Judá (44:18-34). Así que no cedas a la tentación de acelerar la lectura a través de estas repeticiones; con frecuencia te dicen cosas muy importantes sobre el punto de vista del relato.

Trama

Un relato no puede funcionar sin una resolución de trama a trama. Esto significa, por supuesto, que la narrativa debe tener un principio, medio y fin, y que juntos se centran en una acumulación de tensión dramática que finalmente se libera. Por lo general, la trama es movida por algún tipo de conflicto que genera interés en la resolución. Las tramas pueden ser simples (como la historia insertada de Judá y Tamar en Gn 38) o complejas, como lo es todo el relato de José, donde varias subtramas compiten por la atención durante el desarrollo de la trama principal: cómo el conflicto entre José y sus hermanos llevó a Israel a Egipto, que a su vez prepara el camino para la siguiente gran parte de la historia de Israel (el éxodo de Egipto).

Encontrarás que la trama en la narrativa hebrea se mueve a un ritmo mucho más rápido que la narración más moderna, incluso la del género de «cuento». Entonces, mientras buscas la trama principal y su resolución en cualquier narrativa, mantente alerta a los diversos dispositivos que el narrador utiliza para disminuir el ritmo de su historia. Esto suele ocurrir por medio del diálogo, la repentina elaboración de los detalles o por otras formas de repetición. Muy a menudo, un ritmo reducido es una señal que apunta al enfoque o punto de vista del narrador, por lo que, de nuevo, no cedas a la tentación de leer a la ligera.

Características de la estructura

De maneras en que la mayoría de nosotros en entornos modernos apenas apreciamos, la narrativa hebrea utiliza toda una serie de características estructurales para captar la atención del oyente y lo mantiene sujeto a la narrativa. La razón de estas características es algo que a menudo se nos escapa y, por lo tanto, hace que las pasemos por alto, a saber, que estas narrativas, incluso cuando se escribieron, fueron diseñadas principalmente para *oyentes, no para lectores*. En un tiempo en que nuestros sentidos son bombardeados por docenas de imágenes en un comercial de televisión breve de treinta segundos, tomar el tiempo para «oír» un texto leído es prácticamente un arte perdido. Sin embargo, estos textos fueron compuestos por completo con el oyente en mente y, por lo tanto, contienen características estructurales diseñadas para hacer el relato fácil de recordar. Ya hemos notado algunos de estos. Aquí los aislamos y añadimos otros para que estés constantemente atento a ellos.

Repetición. La repetición que impregna la narrativa hebrea puede tomar varias formas. Solo señalaremos algunas. La primera y probablemente la más importante, es la repetición de palabras *clave*. Por ejemplo, ¿te has dado cuenta del énfasis de «hermano» en el capítulo 37, una palabra que ocurre quince veces en el relato? Observa también cómo la dimensión de conflicto de la trama se lleva adelante con la repetición de «odiaban» (37:4, 5, 8; cp. «envidia» en 37:11).

La repetición también ocurre como una forma de *reanudar* la narración después de una interrupción o desvío; nota, por ejemplo, cómo el momento concluyente cuando José es vendido por sus hermanos

(37:36) se repite durante la reanudación del relato de José (39:1). En otras ocasiones, la repetición adopta la forma de *patrones estereotipados,* como en los ciclos de los jueces o en las introducciones y conclusiones de las historias de cada uno de los reyes de Israel.

Inclusión. «Inclusión» es un término técnico para la forma de repetición donde comienza un relato y se concluye en la misma nota o de la misma manera. Ya lo hemos señalado en el tema de la inclinación ante José de sus hermanos (37:6-8 y 50:18). Una forma frecuente y especial de inclusión se conoce como *quiasmo,* en la que libros completos o relatos más pequeños se estructuran en alguna forma de acuerdo con un patrón A B C B A. Todo el libro de Deuteronomio está estructurado de esta manera. Otra forma en que esto sucede se llama *prefiguración,* donde algo que se señaló brevemente en una parte al inicio de un relato se recoge en mayor detalle más adelante (p. ej., los nacimientos de Fares y Zara en 38:27-30 anticipan su aparición en la genealogía en 46:12, y especialmente el papel de Fares como el «primogénito» más adelante en la historia del Antiguo Testamento).

Además de las características de la narrativa bíblica que hemos incluido aquí, encontrarás todavía otras características retóricas, a veces más complejas, señaladas en los mejores comentarios. Para algunos de ellos, ver *Génesis* de Waltke (31-43). Pero estos son suficientes para darte mucho en qué pensar mientras lees cualquier narrativa hebrea, ya sea breve o extensa.

Una última palabra

Como nuestra propia forma de inclusión, concluimos esta sección recordándoles que el único elemento crucial a tener en cuenta al leer cualquier narrativa hebrea es la presencia de Dios en el relato. Dios es el personaje *definitivo,* el héroe supremo de la historia en cualquier narrativa bíblica. A veces esto se indica en términos muy claros: «el SEÑOR estaba con José» (39:2; etc.); «pertenecen a Dios las interpretaciones» (40:8; etc.); «Dios me envió delante de ustedes para preservarles un remanente en la tierra y para guardarlos con vida mediante una gran liberación» (45:7, NBLA); «Dios lo cambió en bien» (50:20, NBLA). Así, toda la historia culmina con la profecía de José: «Dios ciertamente cuidará de ustedes y los hará subir de esta tierra» (50:24, observa la repetición en el versículo 25, que luego presagia Éx 13:19 y Jos 24:32).

Perder esta dimensión de la narrativa es perder la perspectiva del relato por completo; precisamente debido a estas declaraciones explícitas sobre la presencia de Dios en la narración, uno debería tener en cuenta de forma constante la presencia de Dios de maneras más implícitas (p. ej., la fuente de los sueños de José en el cap. 37; el momento en la narrativa que unió a José, sus hermanos y los madianitas en 37:25-28; etc.).

SOBRE LEER «ENTRE LÍNEAS»

Vamos al libro de Rut para encontrar otro relato que ilustre aún más cuánto se puede aprender de lo que está *implícito* en la narrativa, considerando las partes que el narrador ha incrustado en la historia que podrías perder de vista en una primera lectura o durante una lectura casual del libro. El relato de Rut es un buen candidato para esta tarea ya que es breve y autocontenido. Una lectura inicial y cuidadosa del texto señalará sus características esenciales con respecto a que es una expresión maravillosa de la narrativa hebrea. Por lo demás, el libro de Rut no es una «historia de amor»; más bien, es la historia de la «bondad» de Dios (1:8 —primer punto de diálogo; 2:20; 3:10) que se lleva a cabo en la vida de tres personas que son los personajes centrales de la trama; y también está lleno de varias subtramas (por ejemplo, el extranjero que mostró bondad asume un lugar en el linaje real del rey David).

Para que lo recuerdes una vez más: la enseñanza implícita es lo que está claramente presente en la historia, pero no se establece con muchas palabras. Lo que examinamos aquí es que el narrador y sus oyentes/lectores implícitos comparten las mismas presuposiciones y, por lo tanto, no hace explícitos muchos aspectos que asume que se conocerán simplemente por la forma en que se cuenta la historia. En lugar de buscar significados ocultos, debes tratar de descubrir estas suposiciones compartidas que hacen que la historia funcione fácilmente para ellos, pero que, de otra manera, pueden dejarnos fuera del relato. Entonces, lo que querrás encontrar es lo que está *implícito* en la historia, lo que no se puede leer directamente de la página. Ser capaz de distinguir lo que se enseña de forma explícita puede ser muy fácil. Ser capaz de distinguir lo que se enseña de forma implícita puede ser más difícil porque requiere habilidad, trabajo duro, precaución y un respeto piadoso por el cuidado del Espíritu Santo al inspirar el texto. Después de todo, quieres leer las cosas que *salen* de la narrativa en lugar *de introducir* cosas *en* ella.

La historia de Rut puede resumirse de la siguiente manera. La viuda Rut, una moabita, emigra de Moab a Belén con su suegra israelita, Noemí, quien también es viuda (Rut 1). Rut recoge el grano sobrante en el campo de Booz, quien se hace amigo de ella, habiendo oído hablar de su fe y de su bondad para con Noemí, quien es su pariente (Rut 2). A sugerencia de Noemí, Rut le hace saber a Booz que ella tiene la esperanza de que él estuviera dispuesto a casarse con ella (Rut 3). Booz lleva a cabo los procedimientos legales necesarios para casarse con Rut y proteger los derechos de propiedad familiar de su difunto esposo, Mahlón. El nacimiento del primer hijo de Rut y Booz, Obed, es un gran consuelo para Noemí. Finalmente, el nieto de Obed resultó ser el rey David (Rut 4).

Si no estás familiarizado con el relato de Rut, te sugerimos que leas el libro al menos dos veces. Luego, vuelve atrás y toma nota particular de los siguientes puntos *implícitos* que hace la narración.

1. El relato nos dice que *Rut se convirtió* a la fe en el Señor, el Dios de Israel. Esto lo hace reportando las palabras de Rut a Noemí: «Tu pueblo será mi pueblo, y tu Dios será mi Dios» (1:16) en lugar de decirnos «Rut se convirtió». Se espera que podamos reconocerlo por el contenido de esta primera pieza de diálogo pronunciada por Rut (el v. 10 es hablado por ambas nueras). Además, la autenticidad de su conversión se confirma implícitamente con sus siguientes palabras: «Así haga el Señor conmigo, y aun peor, si...» (1:17, NBLA), un juramento tomado en el nombre del Dios de Israel. Puedes estar seguro de que los oyentes/lectores originales entendieron esto muy bien.

2. El relato nos dice implícitamente que *Booz era un israelita justo* que guardaba la ley mosaica, aunque muchos otros israelitas no lo hacían. Una vez más, a través del diálogo, el narrador deja en claro a sus lectores que Booz es fiel al Señor porque guarda la ley. Al igual que con Booz, conocerían la ley del recojo de las espigas establecida en Levítico (19:9-10). En este caso podrías observar que Rut se ajusta a ambas categorías de esta ley: ella es pobre *y* extranjera, sin mencionar que es viuda. Los lectores originales también conocerían la ley de redención decretada un poco después en Levítico (25:23-24). También se da a entender que no todos los israelitas eran tan leales a la ley, de hecho, era peligroso espigar en los campos de personas que no obedecían las obligaciones de la ley con respecto al recojo de las espigas (2:22). Una vez más, obtenemos mucha información importante del relato de forma *implícita*, lo cual no se da de forma *explícita*.

3. El relato nos dice implícitamente que *una mujer extranjera pertenece a la ascendencia del rey David*, y por extensión, por lo tanto, a Jesucristo. Observa cómo se desarrolla esto al final del relato (4:17-21). La breve genealogía con la que comienza (v. 17) y la genealogía más completa que sigue (vv. 18-21) terminan con el nombre de David. Este David es obviamente el foco —el punto final— de esta parte del relato. Sabemos por varias otras listas genealógicas en la Biblia que este David es el rey David, el fundador de Israel como nación en la escena política más amplia y, por lo tanto, el primer gran rey israelita. También sabemos por las genealogías del Nuevo Testamento que Jesús, desde el punto de vista humano, descendió de David. ¡Rut, entonces, era la tatarabuela de David y un antepasado de Jesús! Esta es una parte importante de

la enseñanza de toda la narrativa. No solo es una historia sobre Rut y Booz en términos de su fidelidad a Yahvé, sino también en términos de su lugar en la historia de Israel. No tenían forma de saberlo, pero eran personas a las que Dios usaría en la ascendencia de David y de Jesús, el «Hijo de David».

4. El relato nos dice implícitamente que *Belén era un pueblo excepcional* durante el período de los jueces por la fe de su ciudadanía. Detectar este impulso implícito en el relato no es fácil ni automático. Requiere una lectura cuidadosa de toda la narración, con especial atención a las palabras y acciones de todos los participantes en la historia. También requiere conocimiento de cómo estaban las cosas en general en otras partes de Israel en esos días, en contraste con la situación específica en Belén. Este último conocimiento depende de una familiaridad con los principales acontecimientos y temas del libro de Jueces, dado que el narrador relaciona directamente a Rut con ese período de tiempo (1:1).

Si has tenido la oportunidad de leer Jueces con cuidado, habrás notado que dicho período (alrededor de 1240-1030 a. C.) estuvo generalmente marcado por prácticas tales como una idolatría generalizada, sincretismo (mezcla de características de las religiones paganas con las de la verdadera fe de Israel), injusticia social, agitación social, rivalidades entre las tribus, inmoralidad sexual y otros indicativos de infidelidad a Yahvé. De hecho, la imagen que se nos presenta en el libro de Jueces no es feliz, aunque hay casos individuales en los que Dios en su misericordia beneficia a Israel o tribus dentro de Israel, a pesar del patrón general de rebelión contra Él.

¿Qué parte en el libro de Rut nos dice que Belén es una excepción a esta imagen general de infidelidad? Prácticamente todo, excepto una frase en el relato (2:22), e incluso esa frase le da al lector una pista sobre la naturaleza problemática de la época. Lo que está implícito es que no todos los habitantes de Belén estaban practicando como deberían las leyes de recojo de espigas. De lo contrario, la imagen es notablemente consistente. Las palabras de los propios personajes muestran con cuánta conciencia la gente de este pueblo manifiesta su lealtad al Señor.

Recuerda que todos los personajes mencionados en la narración, excepto Rut y su cuñada Orfa, son ciudadanos de Belén. Consideren a Noemí: ya sea en tiempos de gran amargura (1:8-9, 13, 20-21) o en tiempos de felicidad (1:6; 2:19-20), ella reconoce y se somete a la voluntad del Señor. Además, Booz se muestra de forma consistente como adorador y seguidor de Yahvé por medio de sus palabras (2:11-12; 3:10, 13), y sus acciones también confirman por completo sus dichos.

Cómo las personas se saludan muestra un alto grado de lealtad consciente a su Dios (2:4). Asimismo, los ancianos de la ciudad en sus bendiciones sobre el matrimonio y su descendencia (4:11-12) y las mujeres de la ciudad en su bendición sobre Noemí (4:14) muestran su fe. Su aceptación de Rut, la moabita convertida, es un testimonio adicional e implícito de su fe.

El punto es que uno no puede leer la narrativa con cuidado (y comparándolo con los Jueces) y no observar una y otra vez ¡cuán excepcional era Belén! En ninguna parte la narración dice: «Belén era un pueblo notable por su piedad en aquellos días». Pero eso es exactamente lo que el relato nos dice, de forma tan contundente y convincente como si lo dijera de forma explícita.

Esperamos que estos ejemplos demostrarán que se debe prestar una atención cuidadosa a los detalles y al movimiento general de un relato y su contexto si se quiere obtener su significado completo. Lo que está implícito puede ser tan significativo como lo explícito.

¡Advertencia! Implícito no significa secreto. Te meterás en todo tipo de problemas si tratas de encontrar significados que piensas que Dios tiene «ocultos» en el relato. Esto de ninguna manera es lo que se entiende por implícito. «Implícito» significa que una dimensión del mensaje es posible de ser entendida a partir de lo que se dice, aunque no se dice con tantas palabras. Tu tarea no es descubrir cosas que no pueden ser entendidas por todos. Tu tarea, más bien, es tomar nota de todo lo que la narrativa realmente te dice, directa e indirectamente, pero *nunca* de forma mística o privada. Si no eres capaz de expresar con confianza a los demás algo enseñado de forma implícita para que ellos también puedan entenderlo y obtener el punto, probablemente estés malinterpretando el texto. Lo que el Espíritu Santo ha inspirado es de beneficio para todos los creyentes. Discierne y transmite lo que la historia tiene de forma reconocible en ella; no inventes una historia nueva (2 P 2:3).

ALGUNAS PRECAUCIONES FINALES

Es nuestra convicción que la razón principal por la que los cristianos leen con frecuencia tan mal la narrativa del Antiguo Testamento y encuentran cosas que realmente no están allí, es la que mencionamos al principio de este libro: la tendencia a «aplanar» todo porque asumen que todo lo que Dios ha dicho en su Palabra es, por ende, una palabra directa para ellos. Por lo tanto, esperan erróneamente que todo en la Biblia sea aplicado directamente como instrucción para sus propias vidas. La Biblia, por supuesto, *es* un gran recurso. Contiene todo lo que un creyente realmente necesita en términos de guía de Dios para la vida. Hemos asumido por completo que las narrativas del Antiguo Testamento son ciertamente una fuente rica para que escuchemos de Dios. Pero esto no significa que cada relato individual, de alguna manera, deba entenderse como una palabra directa de Dios para cada uno de nosotros por separado, o como una enseñanza de lecciones morales a través de ejemplos.

Para evitar esta tendencia, enumeramos aquí los errores de interpretación más comunes que se cometen al leer la narrativa bíblica, aunque muchos de estos errores no se limitan a la narrativa.

Alegorizar. En lugar de concentrarse en el significado claro de la narración, algunos relegan el texto para simplemente reflexionar en otro significado que está más allá del texto. Hay porciones alegóricas de las Escrituras (p. ej., Ezequiel 23 y partes del Apocalipsis), pero ningún relato histórico está destinado para que sea al mismo tiempo una alegoría.

Descontextualizar. Al ignorar todos los textos históricos y literarios y con frecuencia hasta al relato individual, algunas personas se concentran solo en unidades pequeñas y, por lo tanto, echan de menos las pistas que ayudan en la interpretación. Si sacas las cosas de contexto lo suficiente, puedes hacer que casi cualquier parte de las Escrituras diga lo que quieras. Pero en ese momento ya no estás *leyendo* la Biblia, sino que estás abusando de ella.

Selectividad. Esto es similar a descontextualizar. Implica elegir palabras y frases específicas en las que uno se concentra mientras ignora las demás e ignora la extensión general del relato que se está estudiando. En lugar de escucharlo todo para ver cómo Dios estaba obrando en la historia de Israel, se ignoran algunas de las partes y el todo por completo.

Moralizar. Esta es la suposición de que los principios para la vida pueden derivarse de todos los pasajes. El lector moralizador, en efecto, hace la siguiente pregunta al final de cada relato individual, ¿cuál es el aspecto moral de esta historia? Un ejemplo sería: ¿qué podemos aprender sobre enfrentar la adversidad de cómo los israelitas soportaron sus años como esclavos en Egipto? La falacia de este enfoque es que ignora que los relatos fueron escritos para mostrar el progreso de la historia de redención de Dios, no para ilustrar principios. Son relatos históricos, no relatos ilustrativos.

Personalizar. También conocido como individualización, esto se refiere a la lectura de las Escrituras de la manera sugerida anteriormente, suponiendo que una o todas las partes se aplican a ti o a tu grupo de una manera que no se aplican a nadie más. Esta es, de hecho, una lectura egocéntrica de la Biblia. Ejemplos de personalización serían: «La historia del burro que habla de Balaam me recuerda que hablo demasiado» o «La historia de la edificación del templo es la manera de Dios de decirnos que tenemos que construir un nuevo edificio para la iglesia».

Apropiación indebida. Esto está estrechamente relacionado con la personalización. Se trata de apropiarse de un relato con fines que son ajenos a la razón por la que está allí. Esto es lo que está sucediendo cuando, sobre la base de la narrativa de Gedeón (Jue 6:36-40), la gente «prueban con un vellón» a Dios como una forma para encontrar la voluntad de Dios. Esto, por supuesto, es tanto apropiación indebida como descontextualización, ya que el narrador está señalando que Dios salvó a Israel a través de Gedeón a pesar de su falta de confianza en la Palabra de Dios. ¡Es otro relato de la misericordia de Dios, no un método para encontrar la voluntad de Dios!

Apropiación falsa. Esta es otra forma de descontextualización. Es introducir en el relato bíblico sugerencias o ideas que provienen de la cultura contemporánea que son simultáneamente ajenas al propósito del narrador y contradictorias con su punto de vista. Un buen ejemplo es encontrar la «pista» de una relación homosexual entre David y Jonatán en la expresión, «[Jonatán] pues lo amaba como a sí mismo» (1 S 20:17), seguido de «se besaron el uno al otro» (v. 41), que por supuesto en esa cultura ¡no era en los labios! Pero tal «insinuación» no solo no está en el texto, sino que está completamente fuera del punto de vista del narrador: Su «amor» es debido al pacto y se compara con el amor de Dios (vv. 14 y 42); además, el autor está narrando la historia del rey más grande de Israel, y él presupone la ley de Israel, que prohíbe tal comportamiento.

Combinación falsa. Este enfoque combina elementos de aquí y de allá en un pasaje y establece un punto fuera de su combinación, a pesar de que los elementos mismos no están conectados directamente en el propio pasaje. Un ejemplo de este error interpretativo demasiado común es la conclusión de que el relato de la captura de Jerusalén por David (2 S 5:6-7) debe haber sido una *recaptura* de esa ciudad, ya que Jueces 1:8, una parte anterior de la misma gran narrativa que va desde Josué hasta 2 Reyes, dice que los israelitas ya la habían capturado. Lo que necesitas saber (es decir, lo que sabían el narrador y su público original) es que había dos Jerusalén, una Jerusalén «más grande» y, dentro de ella, la ciudad amurallada de Jerusalén (también conocida como Sión). El relato en Jueces se refiere a la captura de la primera; David capturó la última, completando finalmente la conquista cientos de años después de que comenzara y luego flaqueara, cumpliendo finalmente las promesas que se remontan a Abraham (Gn 15:18-21).

Redefinición. Es cuando el significado llano del texto deja a la gente fría, no produce deleite espiritual inmediato o dice algo distinto de lo que desearían que dijera, por lo que, a menudo, se sienten tentados a redefinirlo para que signifique algo más. Un ejemplo es el uso que a menudo se hace de la promesa de Dios a Salomón tal como se narra en Crónicas (2 Cr 7:14-15). El contexto de este relato relaciona claramente la promesa con «este lugar» (el templo en Jerusalén) y «su tierra» (Israel, la tierra de Salomón y los israelitas). Es comprensible que muchos cristianos modernos anhelan que sea verdad para *su* tierra dondequiera que vivan en el mundo moderno, por lo que tienden a ignorar que cuando Dios promete que «Yo oiré desde los cielos, perdonaré su pecado y sanaré su tierra» era sobre la única tierra terrenal que el pueblo de Dios podría reclamar como «suya», la tierra de Israel del Antiguo Testamento. En el nuevo pacto, el pueblo de Dios no tiene un país terrenal que sea «su tierra», a pesar de la tendencia de algunos cristianos estadounidenses que piensan lo contrario sobre el mundo. El país al que realmente pertenecen ahora todos los creyentes es celestial (He 11:16).

Quizás la mejor advertencia que podemos darte sobre la lectura y el aprendizaje de la narrativa es la siguiente: no seas un lector de la Biblia «mono-ve-mono-hace». Ninguna narrativa bíblica fue escrita específicamente sobre *ti*. El relato de José es sobre José y específicamente sobre cómo Dios llevó a cabo sus propósitos divinos a través de él, no es un relato directamente sobre nosotros. El relato de Rut glorifica a Dios por su protección y el beneficio para Rut y los habitantes de Belén, no para nosotros. Siempre puedes aprender mucho de estos relatos y de toda la narrativa de la Biblia, pero nunca puedes asumir que Dios espera que hagas exactamente lo mismo que hicieron los personajes bíblicos o que te ocurran las mismas cosas que a ellos. Para una discusión nueva sobre este punto, ver el capítulo 6.

Los personajes bíblicos a veces son buenos y a veces malvados, algunas veces sabios y a veces necios. A veces son castigados y a veces se les muestra misericordia, a veces tienen recursos y a veces tienen muy poco. Nuestra tarea es aprender la Palabra de Dios de los relatos sobre ellos, no tratar de hacer todo lo que se hizo en la Biblia. Solo porque alguien en una historia bíblica hizo algo, no significa que también un lector moderno tenga permiso o la obligación de hacerlo.

Lo que podemos y debemos hacer es obedecer lo que Dios en las Escrituras realmente manda hacer a los creyentes cristianos. Los relatos son preciosos para nosotros porque *demuestran* de forma vívida la participación de Dios en el mundo e *ilustran* sus principios y llamados. Por lo tanto, nos enseñan mucho, pero lo que nos enseñan directamente no incluye la sistematización de una ética personal. Para esta área de la vida, debemos dirigirnos a otra parte de las Escrituras, a los diversos lugares donde la ética personal se enseña de forma categórica y explícita. La riqueza y variedad de las Escrituras deben entenderse como un aliado personal: un recurso bienvenido y nunca una carga complicada.

PRINCIPIOS PARA INTERPRETAR LA NARRATIVA

Concluimos este capítulo separando diez principios concluyentes para interpretar la narrativa del Antiguo Testamento y que también deberían ayudar al lector a evitar ciertos riesgos mientras lee.

1. Un relato del Antiguo Testamento, en general, no enseña directamente una doctrina.

2. Un relato del Antiguo Testamento, en general, ilustra una doctrina o doctrinas que se enseñan de forma proposicional en otros lugares.

3. Los relatos registran lo que sucedió, no necesariamente lo que debería haber sucedido o lo que debería suceder en cada oportunidad. Por lo tanto, no todos los relatos tienen una aplicación moral individual identificable.

4. Lo que la gente hace en los relatos no es necesariamente un buen ejemplo para nosotros. Con frecuencia, es justo lo contrario.

5. Muchos (si no la mayoría) de los personajes de los relatos del Antiguo Testamento están lejos de ser perfectos, al igual que sus acciones.

6. No siempre se nos dice al final de un relato si lo que sucedió era bueno o malo. Se espera que podamos juzgarlo sobre la base de lo que Dios nos ha enseñado directa y de forma categórica en otras partes de la Escritura.

7. Todos los relatos son selectivos e incompletos. No se entregan siempre todos los detalles relevantes (cp. Jn 21:25). Lo que sí aparece en el relato es todo lo que el autor inspirado consideró importante que supiéramos.

8. Los relatos no están escritos para responder a todas nuestras preguntas teológicas. Tienen propósitos particulares, específicos y limitados y tratan ciertos asuntos, dejando otros para ser tratados en otros lugares y de otras maneras.

9. Los relatos podrían enseñar de forma explícita (indicando claramente algo) o de forma implícita (implicando de manera clara algo sin decirlo realmente).

10. En última instancia, Dios es el héroe de toda la narrativa bíblica.

CAPÍTULO 6

Hechos: La pregunta del precedente histórico

En cierto sentido, un capítulo separado sobre los Hechos de los Apóstoles es un poco redundante, ya que casi todo lo que se dijo en el último capítulo también se aplica aquí. Sin embargo, por una razón hermenéutica muy práctica, Hechos requiere de un capítulo propio. La razón es simple: la mayoría de los cristianos no leen Hechos de la misma manera que leen Jueces o 2 Samuel, aunque no sean plenamente conscientes de ello.

Cuando leemos la narrativa del Antiguo Testamento, tendemos a hacer las cosas mencionadas en el último capítulo: moralizar, alegorizar, personalizar, etc. Rara vez pensamos que estos relatos sirven como patrones para el comportamiento cristiano o la vida de la iglesia. Incluso en el caso de algunos pocos que tratamos de esta manera —por ejemplo, poner un vellón para encontrar la voluntad de Dios— nunca hacemos exactamente lo que ellos hicieron. Es decir, nunca sacamos un vellón real para que Dios lo moje o seque. Más bien *«velloneamos»* a Dios estableciendo un conjunto o varios grupos de circunstancias. «Si alguien de California nos llama esta semana, entonces dejaremos que esa sea la manera de Dios de decirnos que quiere que nos traslademos a California». Ni una sola vez en el uso de este «patrón» consideramos que la acción de Gedeón no era realmente buena ya que, en primer lugar, demostró su falta de confianza en la Palabra de Dios que ya se le había dado.

Por lo tanto, rara vez pensamos que las historias del Antiguo Testamento establecen precedentes bíblicos para nuestras propias vidas. Por otro lado, esta ha sido la forma habitual en que los cristianos leen

Hechos. No solo nos cuenta la historia de la Iglesia primitiva, sino que también sirve como modelo normativo para la iglesia de todos los tiempos. Esa es precisamente nuestra dificultad hermenéutica.

Muchos sectores del protestantismo evangélico tienen una mentalidad de «restauración». Regularmente miramos hacia atrás a la iglesia y la experiencia cristiana en el siglo I como la norma que debe restaurarse o el ideal al que aproximarse. Por lo tanto, a menudo decimos cosas como: «Los Hechos claramente nos enseñan que...». Sin embargo, parece obvio que no toda la «enseñanza clara» es igualmente clara para todos.

De hecho, es nuestra falta de precisión hermenéutica en cuanto a lo que Hechos está tratando de enseñar lo que ha llevado a gran parte de la división que se encuentra en la iglesia. Prácticas tan diversas como el bautismo de infantes o solo de creyentes, el gobierno eclesiástico congregacional y episcopal, la necesidad de observar la Cena del Señor todos los domingos, la elección de diáconos por voto congregacional, la venta de posesiones y tener todas las cosas en común, e incluso el manejo ritual de serpientes han sido apoyados de forma total o parcial sobre la base de los Hechos.

El propósito principal de este capítulo es ofrecer algunas sugerencias hermenéuticas para el problema del precedente bíblico. Por lo tanto, lo que se señala aquí también se aplicará a toda la narrativa histórica de las Escrituras, incluyendo parte del material de los Evangelios. Sin embargo, antes tenemos que abordar cómo leer y estudiar los Hechos en sí.

En la discusión que sigue, tendremos la oportunidad de referirnos ocasionalmente a la intención o propósito de Lucas al escribir Hechos. Hay que enfatizar que siempre afirmamos que el Espíritu Santo está detrás de la intención de Lucas. De la misma manera que «Dios es quien obra en [nosotros]» mientras nos ocupamos «en [nuestra] salvación» (Fil 2:12-13). Entonces, Lucas tenía ciertos intereses y preocupaciones al escribir Lucas-Hechos. Sin embargo, creemos que detrás de todo esto estaba la obra especial de dirección del Espíritu Santo.

LA EXÉGESIS DE HECHOS

Aunque Hechos es un libro fácil de leer, también es un libro difícil para el estudio bíblico grupal. La razón se debe a que la gente va al libro y, por lo tanto, a su estudio, por una variedad de razones. Algunos están muy interesados en los detalles históricos, es decir, lo que los Hechos pueden proporcionar sobre la historia de la Iglesia primitiva. El interés de otros en la historia es apologético, demostrando que la Biblia es verdad al mostrar la exactitud de Lucas como historiador. Sin embargo, la mayoría viene al libro por razones puramente religiosas o devocionales, queriendo saber cómo eran los primeros cristianos para que ellos puedan inspirarnos o servir como modelos.

Por lo tanto, el interés que lleva a las personas a los Hechos hace que un alto grado de selectividad se lleve a cabo a medida que leen o estudian. Por ejemplo, para la persona que viene con intereses devocionales, el discurso de Gamaliel (Hch 5:35-39) tiene mucho menos interés que la conversión de Pablo un poco después (9:1-19) o la huida milagrosa de Pedro de la cárcel (12:1-19). Tal lectura o estudio generalmente hace que las personas se salten las preguntas cronológicas o históricas. Mientras lees los primeros once capítulos, por ejemplo, es difícil imaginar que lo que Lucas incluye en realidad tuvo lugar durante un período de tiempo de diez a quince años.

Por lo tanto, nuestro interés actual es ayudarte a leer y estudiar el libro con atención, para ayudarte a observar el libro en términos de los intereses de *Lucas* y para estimularte a hacer tipos nuevos de preguntas mientras lees.

Hechos como historia

La mayoría de las sugerencias exegéticas dadas en el capítulo anterior son válidas para Hechos. Lo importante es que Lucas era gentil y su relato inspirado es al mismo tiempo un excelente ejemplo de historiografía helenística, una especie de escritura histórica que tuvo sus raíces en Tucídides (ca. 460-400 a. C.) y floreció durante el período helenístico (ca. 300 a. C.–200 d. C.). Tal historia no era escrita simplemente para llevar registros o para narrar el pasado. Más bien, era escrito tanto para alentar y/o entretener (es decir, para ser una buena lectura) como para informar, moralizar u ofrecer una apología. Al mismo tiempo, por supuesto, Lucas había sido muy influenciado por su lectura y la influencia de los relatos del Antiguo Testamento, por lo que este tipo de historia divinamente inspirada y motivada religiosamente también es evidente en su relato de la historia cristiana inicial.

Entonces, los dos volúmenes de Lucas (Lucas y Hechos) encajan en ambos tipos de historia. Por un lado, son ante todo buenas lecturas; por otro lado, manteniendo lo mejor de las historias del Antiguo Testamento y la historiografía helenística, Lucas, al mismo tiempo, tiene intereses que van mucho más allá de simplemente informar o entretener. Hay una actividad divina sucediendo en esta historia y Lucas está especialmente interesado de que sus lectores entiendan esto. Para él, la actividad divina que comenzó con Jesús y continúa a través del ministerio del Espíritu Santo en la iglesia es una continuación de la historia que Dios comenzó en el Antiguo Testamento. Por lo tanto, tomar nota de los propios intereses teológicos de Lucas es de especial importancia a medida que lees o estudias Hechos. En ese sentido, la exégesis de

Hechos incluye no solo las preguntas puramente históricas sobre lo que sucedió, sino también las preguntas teológicas tales como, ¿cuál era el propósito de Lucas en la selección y la conformación particular del material?

La pregunta de la intención de Lucas es, al mismo tiempo, la más importante y la más difícil. Es la más importante porque es crucial para nuestra hermenéutica. Si se puede demostrar que la intención de Lucas en Hechos había sido establecer un modelo para la iglesia de todos los tiempos, entonces ese patrón con seguridad se vuelve normativo, es decir, se trata de lo que Dios requiere de todos los cristianos bajo todas y cada una de las condiciones. Pero si su intención es otra, entonces tenemos que hacer las preguntas hermenéuticas de otra manera. Sin embargo, encontrar la intención de Lucas también puede ser difícil, en parte, porque no sabemos quién era Teófilo o por qué Lucas le habría escrito y, en parte, porque Lucas mismo pareciera tener intereses diferentes.

Sin embargo, debido a la importancia del propósito de Lucas para la hermenéutica, es muy importante que mantengas esta pregunta frente a ti mientras lees o estudias a nivel exegético. En cierto modo, esto es muy parecido a pensar en párrafos mientras se hace exégesis de las epístolas. Pero en este caso va más allá de los párrafos a los relatos y secciones completos del libro.

Por lo tanto, nuestro interés exegético está tanto en el *qué* como el *porqué*. Como ya hemos aprendido, uno debe comenzar con *qué* antes de preguntar *por qué*.

El primer paso

Como siempre, el primer paso consiste en leer, preferiblemente todo el libro en una sola ocasión. Mientras lees vas aprendiendo a hacer observaciones y preguntas. Por supuesto, el problema con hacer observaciones y preguntas mientras lees Hechos es que el relato es tan fascinante que con frecuencia uno se olvida de hacer las preguntas exegéticas.

Como antes, si te diéramos una asignación, la tarea luciría así: (1) Leer Hechos hasta el final en una o dos sesiones. (2) Al leer, toma notas mentales de cosas tales como personas y lugares clave, motivos recurrentes (¿qué es lo que realmente le interesa a Lucas?) y divisiones naturales del libro. (3) Ahora vuelve, dale una lectura rápida y anota con referencias tus observaciones anteriores. (4) Pregúntate, ¿por qué escribió Lucas este libro? Considera por qué *este* relato en particular ha sido incluido.

Dado que Hechos es el único de su clase en el Nuevo Testamento, seremos más específicos al guiarte en su lectura y estudio.

Hechos: Una visión general

Comencemos nuestra búsqueda del *qué* señalando las divisiones naturales tal como Lucas las entrega. Los Hechos se han dividido con frecuencia sobre la base del interés de Lucas en Pedro (caps. 1-12) y Pablo (caps. 13-28), o en la expansión geográfica del Evangelio sugerida al principio (1:8 = caps. 1-7, Jerusalén; 8-10, Samaria y Judea; 11-28, hasta los confines de la tierra). Aunque ambas divisiones son reconocibles en términos de contenido concreto, existe otra pista dada por el propio Lucas y que parece unir todo el libro mucho mejor.

Mientras lees observa las diferentes declaraciones breves resumidas, cuyo primer ejemplo dice: «Y la palabra de Dios se difundía: el número de los discípulos aumentaba considerablemente en Jerusalén, e incluso muchos de los sacerdotes obedecían a la fe» (6:7; cp. 9:31; 12:24; 16:4; y 19:20). En cada caso, la narración parece detenerse momentáneamente antes de despegar en una nueva dirección de algún tipo. Sobre la base de esta pista, se puede ver que los Hechos están compuestos por seis secciones (o paneles) que le dan a la narración un movimiento continuo hacia adelante desde su entorno judío basado en Jerusalén, con Pedro como su figura principal, hacia una iglesia predominantemente gentil, con Pablo como figura principal, y con Roma, la capital del mundo gentil, como meta. Una vez que Pablo llega a Roma, donde una vez más se vuelve a los gentiles porque «ellos sí escucharán» (28:28), el relato llega a su fin.

Mientras lees podrás darte cuenta de cómo cada sección contribuye a este «movimiento». Quizás te convenga describir cada panel en tus propias palabras, tanto con relación a su contenido como con su contribución al movimiento hacia adelante. ¿Cuál parece ser la clave de cada nuevo impulso hacia adelante? Este es nuestro propio intento de hacerlo:

1:1-6:7. Una descripción de la Iglesia primitiva en Jerusalén, su predicación inicial, su vida en común, su propagación y la oposición inicial. Lo que es especialmente notable es cuán judío es todo, incluyendo los sermones, la oposición y que los primeros creyentes continúan teniendo relaciones con el templo y las sinagogas. Este panel introductorio concluye con un relato que indica que había comenzado una división entre los creyentes de habla griega y de habla aramea.

6:8-9:31. Una descripción de la primera expansión geográfica, llevada a cabo por los «helenistas» (judíos cristianos de habla griega), a judíos de habla griega en la diáspora o «casi judíos» (samaritanos y un prosélito). Lucas también incluye la conversión de Pablo, quien era (1) helenista, (2) un opositor judío del evangelio, y (3) quien iba a ser utilizado para poner en marcha la expansión gentil de forma específica. El martirio de Esteban es la clave de esta expansión inicial.

9:32-12:24. Una descripción de la primera expansión a los gentiles. El momento clave es la conversión de Cornelio, puesta de manifiesto porque su historia se cuenta dos veces, una a través de la visión de Pedro y luego seguida de una explicación completa. La importancia de Cornelio radica en que su conversión era un acto directo de Dios, quien lo llevó a cabo a través de Pedro, el líder reconocido de la misión judeocristiana (si Dios hubiera utilizado a los helenistas, el evento habría sido aún más sospechoso en Jerusalén). También se incluye la historia de la iglesia en Antioquía, cuya importancia radica en que la conversión gentil ahora es llevada a cabo por los helenistas de manera deliberada.

12:25-1 6:5. Una descripción de la primera expansión geográfica en el mundo gentil, ahora con Pablo como personaje principal en la narrativa. Los judíos rechazan con regularidad el evangelio porque incluye a los gentiles. La iglesia se reúne en el concilio y no rechaza a sus conversos gentiles ni les pone requisitos religiosos judíos. Esto último sirve como clave para la expansión total en el mundo gentil.

16:6-19:20. Una descripción de la expansión más lejana, más hacia el oeste, dentro del mundo gentil, ahora en Europa. El motivo único que se repite es que los judíos de la diáspora rechazan y los gentiles acogen el evangelio.

19:21-28:30. Una descripción de los acontecimientos que trasladan a Pablo y el evangelio a Roma, con mucho interés en los juicios de Pablo, en los que tres veces es declarado inocente de cualquier acto ilícito.

Cuando intentas leer Hechos considerando este esquema, este sentido del movimiento, podrás ver tú mismo que esto parece capturar lo que está sucediendo. Mientras lees también debes notar que nuestra descripción del contenido omite un factor crucial —de hecho, *el* factor crucial— es decir, el papel del Espíritu Santo en todo esto. Mientras lees te darás cuenta de que, en cada coyuntura clave, en cada personaje clave, el Espíritu Santo desempeña un papel absolutamente principal. Todo este movimiento hacia adelante no fue producto del diseño humano según Lucas; todo pasó porque Dios lo deseó y el Espíritu Santo lo llevó a cabo.

El propósito de Lucas

Debemos tener cuidado de no pasar, con demasiada ligereza, de esta visión general de lo que Lucas hizo, a una expresión fácil o dogmática de cuál es el propósito inspirado de Lucas en todo esto. Algunas observaciones están en orden en este caso, en parte basadas también en lo que Lucas *no* hizo.

1. La clave para entender los Hechos parece estar en el interés de Lucas en este movimiento del Evangelio, orquestado por el Espíritu

Santo, desde sus comienzos orientados al judaísmo en la base de Jerusalén hasta llegar a ser un fenómeno mundial y predominantemente gentil. Una vez que el principal defensor de la conversión gentil llega a la capital del mundo gentil (Roma), Lucas lleva con rapidez su narrativa a una conclusión. Por lo tanto, sobre la base solo de la estructura y el contenido, es bastante seguro que cualquier declaración de propósito que no incluya la misión gentil y el papel del Espíritu Santo en esa misión habrá perdido el punto central del libro.

2. Este interés en el «movimiento» se justifica aún más por lo que Lucas *no* nos dice. En primer lugar, no tiene ningún interés en las «vidas», es decir, las biografías de los apóstoles. En efecto, Santiago (hijo de Zebedeo) es el único del que conocemos su muerte (12:2). Una vez que el movimiento a los gentiles se pone en marcha, Pedro desaparece de la vista excepto en el capítulo 15, donde aparece para certificar la misión gentil. Aparte de Juan, ni siquiera se mencionan los otros apóstoles y el interés de Lucas en Pablo es casi por completo en términos de la misión gentil.

En segundo lugar, tiene poco o ningún interés en la organización o gobierno de la iglesia. Los «siete» del capítulo seis no se llaman diáconos y en cualquier caso pronto salen de Jerusalén. Lucas nunca nos dice por qué o cómo la iglesia en Jerusalén pasó del liderazgo de Pedro y los apóstoles a Santiago, el hermano de Jesús (12:17; 15:13; 21:18); tampoco explica nunca cómo era organizada cada iglesia local en términos de gobierno o liderazgo, excepto para decir que se nombró ancianos (14:23).

En tercer lugar, no hay una sola palabra sobre otra expansión geográfica excepto en la única línea directa de Jerusalén a Roma. No se menciona a Creta (Tito 1:5), Ilírico (Ro 15:19 —la moderna Croacia, Bosnia y Herzegovina, Macedonia, Montenegro y Serbia), Ponto, Capadocia y Bitinia (1 P 1:1), ni tampoco habla de la expansión de la iglesia al este hacia Mesopotamia o al sur hacia Egipto.

Todo esto indica que la historia de la iglesia *per se* simplemente no fue la razón principal de Lucas para escribir.

3. El interés de Lucas tampoco pareciera estar en estandarizar las cosas, llevando todo a la uniformidad. Cuando registra conversiones individuales, generalmente hay dos elementos incluidos: el don del Espíritu y el bautismo en agua. Pero estos pueden observarse en orden inverso, con o sin imposición de manos, con o sin la mención de lenguas y apenas con una mención específica de arrepentimiento, incluso después de lo que Pedro dice en su discurso de apertura en el libro (2:38-39). Del mismo modo, Lucas nunca dice ni implica que las iglesias gentiles experimentaron una vida comunitaria similar a la de Jerusalén, de la cual habla dos veces (2:42-47 y 4:32-35). Es casi

seguro que tal diversidad debería ser entendida como la afirmación de que no se está presentando ningún ejemplo específico como *el* modelo de la experiencia cristiana o de vida de iglesia.

¿Es decir que Lucas no está tratando de decirnos algo a través de estos diversos relatos específicos? No necesariamente. La verdadera pregunta es, entonces, ¿qué estaba tratando de decirles a sus primeros lectores?

4. No obstante, creemos que gran parte de los Hechos está destinado por Lucas a servir como un modelo. Pero el modelo no está tanto en los detalles específicos, sino en el panorama general. De la misma forma en que el Espíritu Santo lo ha movido a estructurar y narrar esta historia, podría parecer probable que debamos ver esta expansión triunfal, gozosa y progresiva del evangelio hacia el mundo gentil, bajo el poder del Espíritu Santo que resulta en vidas y comunidades locales transformadas, como la intención de Dios para la iglesia que vendría a continuación. Precisamente porque esa es la intención de Dios para la iglesia nada puede obstaculizarla, ni el Sanedrín ni la sinagoga, ni la disensión ni mentalidad estrecha, ni la prisión ni el complot. Por lo tanto, es probable que Lucas tenía la intención de que la iglesia en desarrollo fuera «como ellos», pero en el sentido más amplio de proclamar las buenas noticias al mundo entero, no modelándose a sí misma con algún ejemplo específico.

Una muestra exegética

Con esta visión general del contenido y una mirada provisional a la intención delante nuestro, examinemos dos relatos (6:1-7 y 8:1-25) y tomemos nota de los tipos de preguntas exegéticas que se necesita aprender a hacer del texto de Hechos.

Como siempre, se comienza leyendo una y otra vez la parte seleccionada y su contexto inmediato. Al igual que con las epístolas, las preguntas de contexto que uno debe hacer repetidamente en Hechos incluyen: ¿Cuál es el punto central de esta narrativa o discurso? ¿Cómo funciona en la narrativa total de Lucas? ¿Por qué ha incluido esto aquí? Por lo general, puedes responder a estas preguntas de forma provisional después de una o dos lecturas cuidadosas. Sin embargo, a veces, especialmente en Hechos, tendrás que hacer algunas lecturas externas para responder las preguntas de *contenido* antes de poder sentirte seguro de que estás en el camino correcto.

Comencemos con el relato sobre la elección de los siete (6:1-7). ¿Cómo funciona esta sección en el cuadro general? Dos cosas se pueden decir de inmediato. En primer lugar, sirve para concluir el primer panel (1:1-6:7). En segundo lugar, también sirve como transición al segundo panel (6:8-9:31). Ten en cuenta cómo Lucas hace cato. Su interés desde el principio (1:1-6:7) es darnos una imagen tanto de la vida de la comunidad primitiva como de su expansión dentro de *Jerusalén*. El momento final de este relato (6:1-7) incluye ambas características. Al mismo tiempo, también insinúa la primera tensión dentro de la misma comunidad, una tensión basada en las líneas tradicionales dentro del judaísmo entre los judíos de Jerusalén (de habla aramea) y los judíos de la diáspora (de habla griega). En la iglesia, esta tensión fue superada a través de un reconocimiento oficial del liderazgo que había comenzado a surgir entre los cristianos judíos de habla griega.

Hemos puesto la última frase de esa manera en particular porque en este punto también hay que hacer algún trabajo externo sobre el contexto histórico. Indagando un poco (artículos en diccionarios bíblicos sobre «diáconos» y «helenistas», comentarios y libros de contexto como Joachim Jeremias, Jerusalén en el tiempo de Jesús [Madrid: Ediciones Cristiandad, 2017]), puedes descubrir los siguientes hechos importantes:

1. Los helenistas eran casi con toda seguridad judíos de habla griega, es decir, judíos de la diáspora (descendientes de los exiliados señalados en el Antiguo Testamento) que habían regresado a vivir a Jerusalén.

2. Muchos helenistas regresaron a Jerusalén en sus últimos años para morir allí y así ser enterrados cerca del monte Sión. Como no eran nativos de Jerusalén, cuando un hombre moría, su viuda no tenía medios regulares de sustento.

3. Por lo tanto, estas viudas fueron atendidas por medio de subsidios diarios, asistencia que causó una considerable tensión económica en Jerusalén.

4. De la narración de Esteban (6:8-15) se desprende claramente que los helenistas tenían su propia sinagoga de habla griega de la que tanto Esteban como Saulo, que era de Tarso (situado en Cilicia de habla griega, v. 9), eran miembros.

5. La evidencia del relato de Hechos 6 es que la Iglesia primitiva había hecho considerables avances en la sinagoga, ten en cuenta la mención de «sus viudas» (v. 1), que los siete elegidos para manejar este asunto tienen nombres griegos y que la intensa oposición a la iglesia proviene de la sinagoga de la diáspora.

6. Por último, también es importante considerar que los siete hombres nunca se llaman diáconos. Son simplemente «los siete» (21:8) que, sin duda, debían supervisar los subsidios alimentarios diarios para las viudas de habla griega, pero que también son claramente ministros de la Palabra (Esteban, Felipe).

Este conocimiento del contenido ayudará especialmente a dar sentido a lo que sigue a continuación. Porque Lucas se centra, en la narrativa que continúa (6:8-8:1), en uno de los siete hombres como la figura clave en la primera expansión fuera de Jerusalén. Nos dice explícitamente que el martirio de Esteban tiene ese resultado (8:1-4). También este último pasaje señala la importancia de esta comunidad de cristianos de habla griega en Jerusalén para el plan más amplio de Dios. Se ven obligados a abandonar Jerusalén debido a la persecución, pero como no eran nativos de ese lugar, simplemente salen y comparten la Palabra «por las regiones de Judea y Samaria» (8:1).

Por lo tanto, el relato inicial (6:1-7) no se da para contarnos sobre la primera organización de la iglesia ni tampoco hablarnos especialmente sobre el clero y los diáconos laicos. Funciona para establecer el escenario para la primera expansión de la iglesia fuera de su base en Jerusalén.

El siguiente relato (8:5-25) es de otro tipo. Aquí tenemos la historia propiamente tal de la primera expansión conocida de la Iglesia primitiva. Este relato es especialmente importante para nuestras preocupaciones actuales porque (1) contiene varias dificultades exegéticas y (2) con frecuencia ha servido como una especie de campo de batalla hermenéutico en la iglesia posterior.

Como siempre, debemos comenzar tratando de hacer nuestra exégesis con cuidado y, de nuevo, no hay sustituto para la lectura del texto una y otra vez, haciendo observaciones y tomando notas. En este caso, para llegar al *qué* del relato, podrías tratar de establecerlo en tus propias palabras. Nuestras observaciones resumidas son las siguientes:

La historia es bastante clara. Nos habla del ministerio inicial de Felipe en Samaria, el que estuvo acompañado por sanidades y liberaciones de demonios (8:5-7). Al parecer, muchos samaritanos se convirtieron en los «del camino», dado que creían y eran bautizados. En efecto, los milagros fueron tan poderosos que incluso Simón, un notorio proveedor de magia negra, llegó a creer (8:9-13). Cuando la iglesia de Jerusalén escuchó de este fenómeno, enviaron a Pedro y a Juan. Solo entonces los samaritanos recibieron el Espíritu Santo (8:14-17). Luego Simón quiso tener este poder comprando lo que aparentemente Pedro y Juan tenían. Pedro reprendió a Simón, pero de su respuesta final (8:24) no está claro si se arrepintió o sería el receptor de la sentencia que Pedro lanzó sobre él (8:20-23).

La forma en que Lucas ha tejido toda esta narrativa deja en claro que dos intereses predominan claramente: la conversión de los samaritanos y el asunto de Simón. La mayoría de nuestros problemas exegéticos posteriores con estos dos asuntos provienen básicamente del conocimiento y las convicciones personales previas. Tendemos a pensar que las cosas no deben suceder de esa manera. Debido a que Pablo ha dicho en su carta a los creyentes en Roma (cap. 8) que sin el Espíritu no se puede ser cristiano, ¿cómo es que esos creyentes aún no habían recibido el Espíritu? ¿Qué hay de Simón? ¿Era realmente un creyente que «se apartó» o simplemente hizo una profesión sin tener fe salvadora? Pero lo más probable es que el verdadero problema para los lectores de un tiempo bastante posterior se deriva de que el propio Lucas no hace ningún intento de armonizar todo para nosotros. Es difícil escuchar un pasaje como este sin que nuestras inclinaciones anteriores se interpongan en el camino. Aun los autores de este libro no son inmunes. Sin embargo, trataremos de escucharlo desde el punto de vista de Lucas. ¿Qué le interesa a *Lucas* al presentar esta historia? ¿Cómo funciona en *su* interés general?

En primer lugar, sobre las conversiones samaritanas, dos asuntos parecen ser significativos para él: (1) La misión a Samaria, que fue la primera expansión geográfica del evangelio, fue llevada a cabo por uno de los siete hombres, un helenista, muy aparte de cualquier diseño o programa por parte de los apóstoles en Jerusalén. (2) Sin embargo, es importante que los lectores de Lucas sepan que la misión tenía aprobación divina y apostólica, como lo demuestra la retención del Espíritu hasta la imposición de manos de los apóstoles. Esto está en consonancia con el interés general de Lucas de demostrar que la obra misional de los helenistas no fue un movimiento inconformista, aunque sucedió muy aparte de cualquier conferencia apostólica sobre crecimiento de la iglesia.

En segundo lugar, aunque no podemos probar esto —porque el texto no nos lo dice y se encuentra fuera de las preocupaciones de Lucas— es probable que lo que se retuvo hasta la venida de Pedro y Juan era la evidencia visible y carismática de la presencia del Espíritu. Nuestras razones para sugerir esto son tres: (1) Todo lo que se dice sobre los samaritanos antes de la venida de Pedro y Juan se dice en otras partes de Hechos para describir una experiencia cristiana genuina. Por lo tanto, deben haber comenzado, de hecho, la vida cristiana. (2) En otras partes de Hechos, la presencia del Espíritu —como aquí— es el elemento crucial en la vida cristiana. ¿Cómo pudieron entonces haber comenzado la vida cristiana sin el elemento crucial? (3) Para Lucas, en Hechos, la presencia del Espíritu significa poder (1:8; 6:8; 10:38), que generalmente se manifiesta a través de alguna evidencia visible. Por lo tanto, probablemente esta manifestación poderosa y visible de la presencia del Espíritu es la que aún no había ocurrido en Samaria, algo que Lucas equipara con la «venida» o «recepción» del Espíritu.

El papel de Simón en este relato es igualmente complejo. Sin embargo, hay muchas pruebas externas de que este Simón llegó a ser un conocido oponente de los primeros cristianos. Por lo tanto, es probable que Lucas incluya este material para explicar la escasa relación de Simón con la comunidad cristiana e indicar a sus lectores que Simón no tenía aprobación divina o apostólica. La última palabra de Simón parece ambigua solo si uno está interesado en las primeras historias de conversión. Toda la narrativa de Lucas, de hecho, tiene una actitud negativa hacia Simón. Si realmente se salvó o no, no es de interés final para el relato. Sí interesa que haya tenido un corto tiempo de contacto con la iglesia, al menos como un creyente profeso. Pero el discurso de Pedro parece reflejar el propio juicio de Lucas sobre el cristianismo de Simón, ¡era falso!

Reconocemos que una exégesis de este tipo, que busca el *qué* y el *porqué* del relato de Lucas, no es necesariamente emocionante desde el punto de vista devocional, pero argumentaríamos que es el primer paso obligatorio para oír Hechos de forma apropiada como Palabra de Dios. No todas las frases de todos los relatos o discursos están tratando necesariamente de *decirnos* algo. Pero cada frase en cada relato o discurso contribuye a lo que Dios está tratando de decir en su conjunto a través de Hechos. En el proceso podemos aprender de los relatos individuales sobre la variedad de formas y personas que Dios utiliza para lograr su tarea.

LA HERMENÉUTICA DE HECHOS

Como se señaló anteriormente, nuestra preocupación aquí es con una pregunta: ¿Cómo funcionan los relatos individuales en Hechos o, en realidad, ante cualquier otra narrativa bíblica, como precedentes para la iglesia que vendría después? Dicho de otra manera, ¿proporciona el libro de Hechos información que no solo *describe* la Iglesia primitiva, sino que habla como *norma* a la iglesia de todos los tiempos? Si es así, ¿cómo se descubre o se establecen principios para ayudar a entenderlo? Si no es así, ¿qué hacemos con el concepto de precedente? En resumen, ¿exactamente qué papel desempeña el precedente histórico en la doctrina cristiana o en la comprensión de la experiencia cristiana?

Debe señalarse desde el principio que casi todos los cristianos bíblicos tienden a tratar el precedente poseedor de autoridad normativa en cierto grado u otro. Pero rara vez se hace con consistencia. Por un lado, las personas tienden a seguir algunos relatos como si estuvieran estableciendo patrones obligatorios mientras descuidan otros relatos; por otro lado, a veces tienden a hacer obligatorio un patrón cuando existe una complejidad de patrones en Hechos como tal.

Las siguientes sugerencias no se proponen como algo absoluto, pero esperamos que te ayudarán a enfrentarte a este problema hermenéutico.

ALGUNOS PRINCIPIOS GENERALES

La pregunta hermenéutica crucial es si las narrativas bíblicas que describen *lo que pasó* en la Iglesia primitiva también funcionan como normas destinadas a delinear *lo que tiene o debe pasar* en la iglesia actual. ¿Hay casos en Hechos de los cuales uno pueda decir con propiedad: *«Debemos hacer eso»*, o lo correcto es decir *«Podríamos hacer eso»*?

Nuestro supuesto, compartido por muchos, es el siguiente: *A menos que las Escrituras nos digan explícitamente que debemos hacer algo, lo que solo está narrado o descrito no opera de forma normativa (es decir, obligatoria), a menos que pueda demostrarse con otros fundamentos que el autor pretendía que funcionara de esa manera.* Hay buenas razones para hacer esta suposición.

En general, las declaraciones doctrinales derivadas de las Escrituras se dividen en tres (o cuatro) categorías: 1) teología cristiana (lo que los cristianos *creen*), 2) ética cristiana (cómo los cristianos deben *vivir* en relación con Dios y los demás), 3) experiencia y práctica cristiana (lo que los cristianos *hacen* como personas religiosas/espirituales). Dentro de estas categorías se distinguen además dos niveles de declaraciones, que llamaremos primarios y secundarios. En el nivel primario están aquellas declaraciones doctrinales derivadas de las proposiciones explícitas o imperativos de las Escrituras (es decir, lo que la Escritura *tiene como propósito* enseñar). En el nivel secundario están las declaraciones derivadas solo de forma incidental, por implicación o por precedente.

Por ejemplo, en la categoría de teología cristiana, declaraciones como Dios es uno, Dios es amor, todos han pecado, Cristo murió por nuestros pecados, la salvación es por gracia y Jesucristo es divino se derivan de pasajes donde se enseñan por propósito e intención y, por lo tanto, son primarios. En el nivel secundario están aquellas declaraciones que son la salida lógica de las declaraciones principales o se derivan por implicación de las Escrituras. Por lo tanto, la deidad de Cristo es primario; *cómo* las dos naturalezas (divina y humana) concuerdan en la unidad es secundaria.

Se puede hacer una distinción similar con respecto a la doctrina de las Escrituras. Que es la Palabra inspirada por Dios es primario, basado en una variedad de afirmaciones dentro de la Escritura misma; la naturaleza precisa de esta inspiración es secundaria. Esto no quiere decir que las instrucciones secundarias no sean importantes. A menudo tendrán una influencia significativa en la fe personal con respecto a las declaraciones primarias. De hecho, su valor teológico final puede estar relacionado con lo bien que preservan la integridad de las declaraciones primarias.

Es importante considerar que casi todo lo que los cristianos derivan de las Escrituras a manera de precedente está en nuestra tercera categoría —experiencia o práctica cristiana— y siempre en el nivel secundario. Por ejemplo, que la Cena del Señor sea una práctica continua en la iglesia es una declaración de nivel primario porque Jesús mismo lo ordena y las epístolas y los Hechos dan testimonio de ello. Pero la frecuencia de su observancia —un punto en que los cristianos difieren— se basa en la tradición y el precedente; seguramente no es vinculante. La Escritura misma no habla directamente de esta pregunta. Diríamos que este también es el caso de la necesidad del bautismo (primaria) y su modo (secundario), o la práctica de los cristianos de «congregarse» (primaria) y la frecuencia o el día de la semana (secundaria). Una vez más, esto no quiere decir que las instrucciones secundarias no sean importantes. Por ejemplo, seguramente es difícil probar si el día en que los cristianos se reúnen para adorar debe ser sábado o domingo, pero, en cualquier caso, se está diciendo algo de importancia teológica a través de la práctica personal.

Estrechamente relacionado con esta discusión está el concepto de intencionalidad. Es común entre nosotros decir: «Las Escrituras nos enseñan eso...». Por lo general, lo que se quiere decir con esto es que algo es «enseñado» mediante declaraciones explícitas. Los problemas surgen cuando las personas se mudan al área de historia bíblica. ¿Se enseña algo simplemente porque está registrado, incluso cuando se registra de manera favorable?

Es una máxima general de la hermenéutica que la Palabra de Dios debe encontrarse en la *intención* de la Escritura. Este es un asunto particularmente crucial para la hermenéutica de la narrativa histórica. Una cosa es que el historiador incluya un evento porque sirve para el propósito mayor de su obra, pero otra cosa es que el intérprete tome ese incidente y le conceda un valor didáctico que va más allá de la intención más amplia del historiador.

Aunque la intención inspirada más amplia de Lucas puede ser un punto discutible para algunos, es nuestra hipótesis, basada en la exége-sis anterior, que él estaba tratando de mostrar cómo la iglesia emergió como un fenómeno mundial principalmente gentil desde sus orígenes como una secta Jerusalén orientada al judaísmo de creyentes judíos, y cómo el Espíritu Santo fue directamente responsable de este fenómeno de salvación universal basado únicamente en la gracia. El motivo recu-rrente de que nada puede obstaculizar el avance de este movimiento de la iglesia que ha recibido poder del Espíritu Santo, nos hace pensar que Lucas también pretendía que sus lectores vieran esto como un modelo para su propia existencia. Además, que Hechos esté en el canon nos hace pensar que, seguramente, esta es la forma en que la iglesia siempre estaba destinada a ser —evangelista, comunitaria, gozosa—, empode-rada por el Espíritu Santo.

Pero ¿qué hay de los detalles específicos de estos relatos, que solo cuando se toman todos juntos nos ayudan a ver el propósito más amplio de Lucas? ¿Estos detalles tienen el mismo valor didáctico? ¿También sirven como modelos normativos? Pensamos que no, básicamente porque la mayoría de estos detalles son *incidentales* al punto principal del relato y debido a la *ambigüedad* de los detalles de relato en relato, Por lo tanto, cuando examinamos el relato de Hechos 6:1-7, vimos cómo funcionaba en el plan general de Lucas como conclusión de su primera sección principal, que al mismo tiempo sirvió para presentar a los helenistas. También podría haber sido parte de su propósito mostrar la resolución amistosa de la primera tensión dentro de la comunidad cristiana; en cualquier caso, es fácil para nosotros leerlo de esa manera. De este relato también podríamos aprender de forma incidental varias otras cosas. Por ejemplo, que una buena manera de ayudar a un grupo minoritario en la iglesia es dejar que ese grupo tenga su propio liderazgo, seleccionado de entre ellos. Esto es, de hecho, lo que ellos hicieron. *¿Debemos* hacerlo? No necesariamente, ya que Lucas no nos lo dice, ni hay razón para creer que tenía esto en mente cuando registró el relato. Por otro lado, tal procedimiento tiene tanto sentido que uno se pregunta por qué alguien se le opondría.

Nuestro punto es que cualquier otra cosa que alguien extrae de tal historia, tales extracciones son incidentales al propósito de Lucas. Esto no significa que lo que es incidental no tenga valor teológico; significa que la Palabra de Dios *para nosotros* en esa narrativa está relacionada principalmente con lo que estaba *destinado* a enseñar.

Sobre la base de esta discusión surgen los siguientes principios con respecto a la hermenéutica de la narrativa histórica:

1. La Palabra de Dios en Hechos, que podría considerarse normativa para los cristianos, está relacionada principalmente con lo que cualquier relato dado tenía *el propósito* de enseñar.

2. Lo que es incidental a la intención primaria del relato puede reflejar de forma efectiva una comprensión del autor inspirado, pero no tiene el mismo valor didáctico que lo que la narrativa estaba destinada a enseñar. Esto no niega lo que es incidental o implica que no tiene relevancia para nosotros. Lo que sí sugiere es que no debe convertirse en primario, aunque siempre puede servir como apoyo adicional a lo que se enseña de forma inequívoca en otros lugares.

3. El precedente histórico, para tener valor normativo, debe estar relacionado con el propósito. Es decir, si se puede demostrar que el propósito de un relato determinado es *establecer* precedentes, entonces ese precedente debe considerarse normativo. Por ejemplo, si se demostrara con fundamentos exegéticos que el propósito de Lucas en Hechos 6:1–7 era dar a la iglesia un precedente para la selección de sus líderes, entonces tal proceso de selección debería ser seguido por los cristianos que vendrían después. Pero si el establecimiento del precedente no era el propósito del relato, entonces su valor como precedente

para los cristianos posteriores debería ser tratado de acuerdo con los principios específicos sugeridos en nuestra siguiente sección.

Por supuesto, el problema con todo esto es que tiende a dejarnos con poco que sea normativo para dos áreas amplias de interés: la experiencia y la práctica cristianas. No hay enseñanza expresa sobre asuntos tales como el *modo* del bautismo, la *edad* para los que deben bautizarse, qué fenómeno carismático debe ser evidenciado cuando uno recibe el Espíritu o la frecuencia de la Cena del Señor, solo por citar algunos ejemplos. Sin embargo, estas son precisamente las áreas donde hay mucha división entre los cristianos. En tales casos, la gente argumenta que esto es lo que hicieron *los primeros creyentes,* ya sea que tales prácticas sean descritas simplemente en los relatos de los Hechos o se encuentren por implicación de lo que se dice en las epístolas.

Las Escrituras no ordenan expresamente que el bautismo debe ser por inmersión, que los bebés deben ser bautizados, que todas las conversiones genuinas deben ser tan dramáticas como la de Pablo, que los cristianos deben ser bautizados en el Espíritu y que debe ser evidenciado por las lenguas como una segunda obra de gracia, o que la Cena del Señor debe celebrarse todos los domingos. Entonces, ¿qué hacemos con algo como el bautismo por inmersión? ¿*Qué* dice la Escritura? En este caso se puede argumentar desde el significado de la palabra misma, también desde la única descripción del bautismo en Hechos de ir «al agua» y «salir... del agua» (8:38-39) y de la analogía de Pablo del bautismo como muerte, *entierro,* y resurrección (Ro 6:1-3) que la inmersión era la *presuposición* del bautismo en la Iglesia primitiva. No estaba en ninguna parte ordenado, precisamente porque se suponía la práctica de esa manera.

Por otro lado, se puede señalar que sin un tanque bautismal en la iglesia local en Samaria, las personas que fueron bautizadas habrían tenido bastantes dificultades para ser sumergidas. Simplemente, desde el punto de vista geográfico no existe un suministro conocido de agua allí que haya hecho de la inmersión una opción viable. ¿Vertieron agua sobre ellos, como un manual temprano de la iglesia, la *Didaché* (cp. 100 d. C.), sugiere que se debe hacer donde no hay suficiente agua corriente fría o tibia, empozada para la inmersión? Es evidente que no lo sabemos. El *Didaché* deja muy en claro que la inmersión era la norma, pero también deja en claro que el acto en sí es mucho más importante que la forma. Aunque el *Didaché* no es un documento bíblico, sí es un documento cristiano ortodoxo muy temprano que puede ayudarnos al mostrar cómo la Iglesia primitiva hizo ajustes pragmáticos en esta área donde la Escritura no es explícita. La práctica normal (regular) sirvió como norma. Pero debido a que era solo *normal,* no se convirtió en *normativo.* Haríamos bien en seguir este ejemplo y no confundir la normalidad con la normatividad, en el sentido de que todos los cristianos deben hacer una cosa dada o de lo contrario son desobedientes a la Palabra de Dios.

Algunos principios específicos

Con estas observaciones y principios generales a la vista, ofrecemos las siguientes sugerencias en cuanto a la hermenéutica de los precedentes bíblicos:

1. Probablemente nunca sea válido utilizar una analogía basada en un precedente bíblico que otorgue autoridad bíblica para acciones actuales. Por ejemplo, el vellón de Gedeón se ha utilizado repetidamente como analogía para encontrar la voluntad de Dios. Dado que Dios condesciende amablemente con la falta de confianza de Gedeón, él también puede hacerlo con los demás, pero no hay autoridad bíblica ni estímulo para tales acciones.

Asimismo, sobre la base de la narración de la recepción del Espíritu por parte de Jesús en su bautismo, se han trazado dos analogías diferentes que se mueven en direcciones muy diferentes. Algunos ven esto como evidencia de la recepción del Espíritu por parte del creyente en el bautismo y, por lo tanto, como apoyo a través de la analogía para la regeneración bautismal. Por el contrario, otros lo ven como evidencia de un bautismo del Espíritu Santo posterior a la salvación (ya que Jesús había nacido antes del Espíritu).

No puede haber duda de que Lucas vio el acontecimiento como el momento de la entrega de poder o habilitación para el ministerio público de Jesús (cp. Lc 4:1, 14, 18; con Hch 10:38). Pero es poco probable que el relato también funcione como una analogía para cualquiera de las posiciones teológicas posteriores, especialmente cuando se lleva más allá de la mera analogía para convertirse en apoyo bíblico para cualquiera de las dos doctrinas. Aunque la vida de Jesús es, en muchos sentidos, ejemplar para los creyentes posteriores, no todo en su vida puede ser normativo para nosotros. Por lo tanto, aunque se espera que vivamos tomando una cruz, no se espera que muramos por crucifixión y seamos resucitados tres días después.

2. Aunque es posible que no haya sido el propósito principal del autor, los relatos bíblicos tienen un valor ilustrativo y (a veces) un valor como «patrón». De hecho, así es como el pueblo del Nuevo Testamento utilizó ciertos precedentes históricos del Antiguo Testamento. Pablo, por ejemplo, utilizó algunos ejemplos del Antiguo Testamento como advertencias a aquellos que tenían una falsa seguridad en su elección divina (1 Co 10:1-13) y Jesús utilizó el ejemplo de David como precedente histórico para justificar las acciones de sus discípulos en el día de reposo (Mt 12:1-8, Mr 2:23-28, y Lc 6:1-5).

Pero ninguno de nosotros tiene la autoridad de Dios para reproducir el tipo de exégesis y análisis analógicos que los autores del Nuevo Testamento aplicaron ocasionalmente al Antiguo Testamento. Cabe señalar, especialmente en los casos en que el precedente justifica una acción actual, que *el precedente no establece una norma para una acción específica*. La gente no debe comer regularmente del pan consagrado a Dios o arrancar granos el día de reposo para mostrar que el día de reposo fue hecho para la gente. Más bien, el precedente ilustra un principio con respecto al día de reposo.

Aquí conviene una advertencia. Si se desea utilizar un precedente bíblico para justificar alguna acción presente, se está en un terreno más seguro si el principio de la acción se enseña en otras partes donde es el propósito principal de la enseñanza. Por ejemplo, utilizar la limpieza del templo por parte de Jesús para justificar la llamada «indignación justa» —generalmente un eufemismo para la ira egoísta— es abusar de ese principio. Por otro lado, se puede basar de forma adecuada la experiencia actual de hablar en lenguas no solo en el precedente de los acontecimientos repetidos (en Hechos), sino también en la enseñanza sobre los dones espirituales en 1 Corintios 12-14.

3. En los temas de experiencia cristiana y, más aún, de la práctica cristiana, los precedentes bíblicos suelen considerarse como *patrones repetibles*, incluso si no se entienden como normativos. Es decir, para muchas prácticas parece haber una justificación completa para la repetición posterior de los patrones bíblicos por parte de la iglesia. Sin embargo, es discutible argumentar que todos los cristianos en cada lugar y oportunidad *deben* repetir el patrón o serán desobedientes a la Palabra de Dios. Esto es especialmente cierto cuando la práctica en sí es obligatoria, pero la forma no lo es (cabe señalar que no todos los cristianos estarían totalmente de acuerdo con esta forma de decir las cosas. Algunos movimientos y denominaciones se basaron, en parte, bajo la premisa de que prácticamente todos los patrones del Nuevo Testamento deben ser restaurados lo más plenamente posible en los tiempos modernos. A lo largo de los años han desarrollado una hermenéutica considerable de la naturaleza obligatoria de mucho que solo se narra en Hechos. Otros, del mismo modo, argumentarían que Lucas mismo tenía la intención, por ejemplo, de que la recepción del Espíritu se evidenciara en el don de lenguas que lo acompañaba. Pero en ambos casos, la pregunta no se basa tanto en lo correcto o equivocado del principio actual, sino en la interpretación de Hechos y del propósito general, y específico, de Lucas al contar su historia).

La decisión sobre si ciertas prácticas o patrones son repetibles debe guiarse por las siguientes consideraciones. En primer lugar, el caso más fuerte posible se puede hacer solo cuando se encuentra un patrón (aunque uno debe tener cuidado de no conseguir mucho del silencio) y cuando este patrón se repite dentro del propio Nuevo Testamento. En segundo lugar, cuando hay una ambigüedad de patrones o cuando se produce un patrón solo una vez, es repetible para los cristianos posteriores solo si parece tener aprobación divina o está en armonía con lo que se enseña en otras partes de las Escrituras. En tercer lugar, lo que está culturalmente condicionado no es repetible en absoluto o debe traducirse en la cultura nueva o diferente.

Por lo tanto, sobre la base de estos principios, se puede presentar un argumento muy fuerte para la inmersión como el modo para el bautismo, un caso más débil para la observancia de la Cena del Señor cada domingo, pero casi ningún caso para el bautismo infantil (esto puede, por supuesto, argumentarse desde el precedente histórico en la iglesia, pero no tan fácilmente desde el precedente bíblico, que es el tema aquí). Del mismo modo, la función del ministro cristiano como sacerdote (¡sobre la base de la analogía del Antiguo Testamento!) se equivoca en todos los aspectos en términos de su base bíblica.

No imaginamos que hayamos resuelto todos los problemas, pero pensamos que estas son sugerencias viables, y esperamos que te hagan pensar exegéticamente y con mayor precisión hermenéutica al leer la narrativa bíblica.

CAPÍTULO 7

Los evangelios: Una historia, muchas dimensiones

Al igual que con las epístolas y los Hechos, los evangelios parecen a primera vista bastante fáciles de interpretar. Dado que los materiales de los evangelios pueden dividirse aproximadamente en dichos y narrativas, es decir, enseñanzas *de* Jesús e historias *sobre* Jesús, teóricamente uno debería ser capaz de seguir los principios para interpretar las epístolas para la primera y los principios para la narrativa histórica para la segunda.

En cierto sentido, esto es cierto. Sin embargo, no es tan fácil. Los cuatro evangelios forman un género literario único para el que hay pocas analogías reales. Su singularidad, que examinaremos en seguida, es lo que presenta la mayoría de nuestros problemas exegéticos. Pero también hay algunas dificultades hermenéuticas. Algunas de ellas, por supuesto, toman la forma de esos diferentes «dichos duros» en los evangelios. Pero la mayor dificultad hermenéutica radica en entender «el reino de Dios», un término que es absolutamente crucial para todo el ministerio de Jesús, pero, al mismo tiempo, se presenta en el lenguaje y los conceptos del judaísmo del primer siglo. El problema es cómo traducir estas ideas a contextos culturales más contemporáneos.

LA NATURALEZA DE LOS EVANGELIOS

Casi todas las dificultades que se encuentran para interpretar los evangelios provienen de dos hechos obvios: (1) Jesús mismo no escribió un solo evangelio; fueron escritos por otros y, por lo tanto, no provienen directamente de Él. (2) Hay cuatro evangelios, tres de los cuales tienen similitudes notables, mientras que el de Juan cuenta la historia de una manera muy diferente.

1. Que los cuatro evangelios no provengan de Jesús es una consideración muy importante. Por supuesto, si hubiera escrito algo probablemente se habría parecido menos a nuestros evangelios y más a los libros proféticos del Antiguo Testamento, como Amós, por ejemplo, una colección de oráculos y dichos hablados, además de algunos relatos personales breves (Am 7:10-17). Nuestros evangelios contienen, de hecho, colecciones de dichos, pero siempre se tejen, como parte integral, dentro de un relato histórico de la vida y el ministerio de Jesús. Por lo tanto, no son libros *de* Jesús, sino libros *sobre* Jesús, que al mismo tiempo contienen una gran colección de diversos dichos y enseñanzas.

La dificultad que esto nos presenta no debe exagerarse, pero existe y necesita ser abordada. La naturaleza de esta dificultad podría verse mejor al señalar una analogía de Pablo en Hechos y sus epístolas. Si no tuviéramos Hechos, por ejemplo, podríamos reunir algunos de los elementos de la vida de Pablo de las epístolas, pero tal presentación sería escasa. Del mismo modo, si no tuviéramos sus epístolas, nuestro entendimiento de la teología de Pablo basada únicamente en sus discursos en Hechos también sería escasa y algo desbalanceada. Por lo tanto, para los elementos clave de la vida de Pablo, leemos Hechos e incorporamos la información que se encuentra en sus epístolas. Para sus enseñanzas no vamos primero a Hechos, sino a las epístolas, y vamos a Hechos como fuente adicional.

Pero los evangelios *no* son como Hechos, porque aquí tenemos tanto un relato de la vida de Jesús y grandes bloques de sus dichos (enseñanzas) como una parte absolutamente elemental de esa vida. Pero los dichos no fueron *escritos* por Él, como lo fueron las epístolas de Pablo. La lengua nativa de Jesús era el arameo, que aparece solo una vez cuando clama en la cruz. Por lo tanto, sus enseñanzas vienen a nosotros solo en griego. Además, el mismo dicho ocurre con frecuencia en dos o tres de los evangelios, e incluso cuando ocurre en la secuencia cronológica exacta o en el contexto histórico, rara vez se encuentra la misma redacción exacta en cada uno.

Para algunos esta realidad puede ser amenazante, pero no tiene por qué serlo. Es verdad, por supuesto, que ciertos tipos de estudios han distorsionado esto hasta el punto de sugerir que nada en los cuatro evangelios es confiable. Pero esta es una conclusión problemática desde el punto de vista histórico. Igualmente podemos decir que buenos estudios han demostrado la confiabilidad histórica de los materiales del evangelio.

Nuestro punto es simple: Dios nos dio lo que sabemos sobre el ministerio terrenal de Jesús de *esa manera*, no del modo que mejor se adapte a la mentalidad mecanicista y registradora tipo computadora de alguien. En cualquier caso, que los evangelios no hayan sido escritos por Jesús, sino sobre Él, incluyendo muchas cosas dichas por Él, es parte de su genialidad, diríamos, no de su debilidad.

2. Entonces hay cuatro de ellos. ¿Cómo sucedió esto y por qué? Después de todo, no tenemos cuatro Hechos de los Apóstoles. Además, los materiales en los tres primeros evangelios son con mucha frecuencia tan similares que los llamamos evangelios sinópticos («visión común»). De hecho, uno podría preguntarse por qué tener a Marcos en absoluto, ya que la cantidad de material encontrado exclusivamente en su Evangelio apenas llenaría dos páginas impresas. Pero una vez más, creemos que el que haya cuatro es parte de su genialidad.

Entonces, ¿cuál es la naturaleza de los evangelios y por qué su naturaleza única es parte de su genialidad? Esto se puede responder primero respondiendo a la pregunta: ¿por qué cuatro? Desde la distancia en que nos encontramos es muy difícil dar una respuesta absolutamente segura sobre esto, pero al menos una de las razones es simple y pragmática: cada una de las diferentes comunidades cristianas tenía la necesidad de un libro sobre Jesús. Por razones diferentes, el evangelio escrito para una comunidad o grupo de creyentes no necesariamente satisfacía todas las necesidades de otra comunidad. Así que uno fue escrito primero (Marcos es la postura más ampliamente aceptada) y ese evangelio fue «reescrito» dos veces (Mateo y Lucas) por razones muy diferentes, para satisfacer necesidades considerablemente diferentes. Más allá de ellos (de nuevo, en la postura más ampliamente aceptada) Juan escribió un evangelio de otro tipo por otra serie de razones. Todo esto, creemos, fue orquestado por el Espíritu Santo.

Para la iglesia posterior, ninguno de los cuatro evangelios reemplaza al otro, pero cada uno está al lado de los demás como igualmente valioso y autoritativo. ¿Cómo es eso? Porque en cada caso *el interés por Jesús está en dos niveles.* Primero, estaba la preocupación puramente histórica de que allí está quien era Jesús y allí está lo que dijo e hizo; y *este* es el Jesús —crucificado y levantado de entre los muertos— a quien ahora adoramos como el Señor resucitado y exaltado. En segundo lugar, estaba la preocupación existencial de volver a contar esta historia para las necesidades de comunidades posteriores que no hablaban arameo, sino griego y que no vivían en un entorno básicamente rural, agrícola y judío, sino en Roma, Éfeso o Antioquía, donde el evangelio se encontraba en un ambiente urbano y pagano.

Por lo tanto, en cierto sentido, los cuatro evangelios ya están funcionando como modelos hermenéuticos para nosotros, insistiendo, por su propia naturaleza, en que nosotros también contemos la misma historia en nuestros propios contextos del siglo XXI.

En consecuencia, estos libros, que nos dicen prácticamente todo lo que sabemos sobre Jesús, no son biografías, aunque en parte son biográficas. Tampoco son como las vidas de grandes hombres contemporáneos, aunque registran la vida del hombre más grande de todos los tiempos. Ellos son, para usar la frase del padre de la iglesia del siglo II Justino Mártir, «las memorias de los apóstoles». Cuatro biografías no podrían estar lado a lado como de igual valor; estos libros están uno al lado del otro porque al mismo tiempo registran los hechos *sobre* Jesús, recuerdan la enseñanza *de* Jesús y dan testimonio *de* Jesús. Esta es su naturaleza y genialidad, y esto es importante tanto para la exégesis como para la hermenéutica.

Por lo tanto, la exégesis de los cuatro evangelios nos obliga a pensar tanto en términos del entorno histórico de Jesús como en el de los autores.

EL CONTEXTO HISTÓRICO

Recordarán que la primera tarea de la exégesis es tener conciencia del contexto histórico. Esto significa no solo conocer el contexto histórico en general, sino también formular una reconstrucción tentativa, pero informada, de la situación que el autor está abordando. Esto podría llegar a ser a veces complejo debido a la naturaleza de los evangelios como documentos de dos niveles. En primer lugar, el contexto histórico tiene que ver con Jesús mismo. Esto incluye tanto un conocimiento de la cultura y la religión del siglo I, el judaísmo palestino, en el que vivió y enseñó, así como un intento de entender el contexto particular de un dicho o parábola particular. Pero el contexto histórico también tiene que ver con los autores individuales (los evangelistas) y sus razones para escribir.

Somos conscientes de que tratar de pensar en estos diferentes contextos puede ser una tarea incómoda para el lector ordinario. Además, somos conscientes de que probablemente hay una erudición más especulativa aquí que en cualquier otro lugar en los estudios del Nuevo Testamento. Sin embargo, la *naturaleza* de los evangelios es algo seguro; son documentos de dos niveles, ya sea que nos guste o no. No estamos pensando que podemos convertirte en un experto en estos asuntos. Nuestra esperanza es simplemente elevar tu nivel de conocimiento para que tengas un mayor aprecio por lo que son los evangelios, así como una buena comprensión de los tipos de preguntas que debes hacerte al leerlos.

El contexto histórico de Jesús — en general

Es imperativo que un lector se sumerja en el judaísmo del siglo I del que Jesús formó parte para obtener una buena comprensión de Jesús. Esto significa mucho más que saber que los saduceos no creían en la resurrección (y por eso estaban «tristes, como ves»). Uno necesita saber *por qué* no creyeron y por *que* Jesús tuvo tan poco contacto con ellos.

Para este tipo de información de trasfondo no hay otra alternativa más que alguna buena lectura externa. Uno o ambos de los siguientes libros serían de gran utilidad en este sentido: Everett Ferguson, *Background of Early Christianity* [Trasfondo del cristianismo temprano, 2a. edición (Grand Rapids: Eerdmans, 1993), pp. 373-546]; Joachim Jeremias, *Jerusalén en los tiempos de Jesús* (Madrid: Cristiandad, 2017).

Una característica importante de esta dimensión del contexto histórico, pero que a menudo es pasada por alto, tiene que ver con la *forma* de la enseñanza de Jesús. Todo el mundo sabe que Jesús enseñaba con frecuencia en parábolas. De lo que la gente es menos consciente con respecto a esto es que utilizó toda una variedad de tales formas. Por ejemplo, era un maestro de la exageración intencional (hipérbole). Así, en un momento dado Jesús les dice a sus discípulos que se saquen el ojo ofensor o que corten la mano que les hace pecar (Mt 5:29-30, Mr 9:43-48). Ahora todos sabemos que Jesús «no quiso decir eso». Lo que quiso decir es que la gente debe hacer «cirugía» sobre sí misma con respecto a cualquier cosa que los haga pecar. Pero ¿cómo sabemos que no quiso decir realmente lo que dijo? Lo sabemos porque todos podemos reconocer la exageración como una técnica de enseñanza muy eficaz en la que debemos tomar al maestro por lo que quiere decir, ¡no por lo que dice!

Jesús también hizo un uso muy efectivo de proverbios (p. ej., Mt 6:21; Mr 3:24), símiles y metáforas (p. ej., Mt 10:16; 5:13), poesía (p. ej., Mt 7:6-8; Lc 6:27-28), preguntas (p. ej., Mt 17:25) e ironía (p. ej., Mt 16:2-3), por nombrar algunos. Para obtener más información sobre esto, así como otros asuntos en este capítulo, sería bueno leer *The Method and Message of Jesus' Teachings* de Robert H. Stein [El método y mensaje de las enseñanzas de Jesús (Louisville, KY.: Westminster John Knox, 1994)].

El contexto histórico de Jesús — en particular

Este es un aspecto más difícil cuando se intenta reconstruir el contexto histórico de Jesús, sobre todo porque muchas de sus enseñanzas se presentan en los cuatro evangelios con muy poco contexto.

Esto se debe a que las palabras y los actos de Jesús fueron entregados oralmente durante un período de tal vez unos treinta años o más, durante el cual los evangelios completos aún no existían. Más bien, el contenido de los evangelios se transmitía en historias y dichos individuales (llamadas «perícopas»). Muchos de los dichos de Jesús también fueron transmitidos junto con sus contextos originales. Los estudiosos han llegado a llamar a tales perícopas «historias de pronunciamientos», porque el relato en sí existe solo por el bien del dicho que lo concluye. En una historia de pronunciamiento típica (Mr 12:13-17) el contexto es una pregunta sobre el pago de impuestos a los romanos. Concluye con el famoso pronunciamiento de Jesús: «denle al César lo que es del César y a Dios lo que es de Dios». ¿Qué podríamos haber hecho al reconstruir un contexto original para ese dicho si no se hubiera transmitido con su contexto original?

Por supuesto, la verdadera dificultad viene con que muchos de los dichos y enseñanzas de Jesús fueron transmitidos sin sus contextos. Pablo mismo da testimonio de esta realidad. Tres veces cita los dichos de Jesús (1 Co 7:10; 9:14; Hch 20:35) sin aludir a sus contextos históricos originales, ni deberíamos haberlos tampoco esperado. De estos dichos, los dos de 1 Corintios también se encuentran en los evangelios. El dicho del divorcio se encuentra en dos contextos diferentes (uno de enseñanza a los discípulos en Mt 5:31-32, y el otro en la controversia en Mt 10:1-19 y Mr 10:1-12). El dicho del «derecho al sustento» se encuentra en Mt 10:10 y su paralelo en Lc 10:7 en el contexto del envío de los doce (Mateo) y los setenta y dos (Lucas). Pero el dicho en Hechos no se encuentra en ninguno de los evangelios, por lo que para nosotros carece totalmente de contexto original.

Por lo tanto, no debería sorprendernos saber que muchos de esos dichos (sin contextos) estaban a disposición de los evangelistas y que fueron ellos, bajo la guía del Espíritu, quienes pusieron los dichos en sus contextos actuales. Esta es una de las razones por las que a menudo encontramos el mismo dicho o enseñanza en diferentes contextos en los cuatro evangelios y también por qué los dichos con temas similares o el mismo tema a menudo se agrupan de manera tópica.

Por ejemplo, Mateo tiene cinco grandes colecciones tópicas (cada una concluye con algo como: «Cuando Jesús terminó de decir estas cosas...» 7:28): vida en el reino (el llamado Sermón del Monte, caps. 5-7); instrucciones para los ministros del reino (10:5-42); parábolas del reino obrando en el mundo (13:1-52); enseñanza sobre las relaciones y la disciplina en el reino (18:1-35); y escatología o la consumación del reino (caps. 23-25).

Que estas son colecciones mateanas se puede ilustrar de dos maneras de la colección en el capítulo 10. (1) El contexto es la misión histórica de los doce y las instrucciones de Jesús a ellos mientras los envía (vv. 5-12). Sin embargo, las instrucciones que siguen un poco más tarde (vv. 16-20) son para un tiempo bastante posterior, ya que al principio se les había dicho que solo fueran a las ovejas perdidas de Israel (vv. 5-6), mientras que más tarde Jesús habla que ellos serían llevados ante «gobernadores y reyes» y «los gentiles», y ninguno fue incluido en la misión original de los doce. (2) Estos dichos bien dispuestos en Mateo se encuentran esparcidos por todo el evangelio de Lucas en el siguiente orden: 9:2-5; 10:3; 21:12-17; 12:11-12; 6:40; 12:2-9; 12:51-53; 14:25-27; 17:33; 10:16. Esto sugiere que Lucas también tuvo acceso a la mayoría de estos dichos como unidades separadas, que luego puso en diferentes contextos, ya que también estaba siendo dirigido por el Espíritu.

Entonces, al leer los cuatro evangelios, una de las preguntas que querrás hacer, aunque no pueda ser respondida con certeza, es si la audiencia de Jesús para una enseñanza determinada eran sus discípulos cercanos, las multitudes más grandes o sus oponentes. Descubrir el contexto histórico de Jesús, o quién era su audiencia, no afectará necesariamente el significado básico de un dicho dado, pero ampliará tu perspectiva y, a menudo, te ayudará a entender *el punto* de lo que Jesús dijo.

El contexto histórico del evangelista

En este punto no estamos hablando del contexto literario en el que cada evangelista ha colocado sus materiales de Jesús, sino del contexto histórico de cada autor que, en un principio, lo llevó a escribir un evangelio. Una vez más estamos involucrados en una cierta cantidad de conjeturas académicas, ya que los evangelios mismos son anónimos (en el sentido de que sus autores no están identificados por nombre) y no podemos estar seguros de sus lugares de origen. Pero podemos estar bastante seguros del interés y las preocupaciones de cada evangelista por la forma en que seleccionó, conformó y dispuso sus materiales.

Por ejemplo, el Evangelio de Marcos está especialmente interesado en explicar la naturaleza del mesianismo de Jesús a la luz del motivo del «segundo éxodo» de Isaías. Aunque Marcos sabe que el Mesías es el Hijo fuerte de Dios (1:1), que se mueve por Galilea con poder y compasión (1:1-8:26), también sabe que repetidamente Jesús mantuvo su mesianismo oculto (p. ej., 1:34; 1:43; 3:12; 4:11; 5:43; 7:24; 7:36; 8:26; 8:30). La razón para este silencio es que solo Jesús entiende la verdadera naturaleza de su destino mesiánico, el del «Siervo sufriente» de Isaías que conquista a través de la muerte. Aunque esto se explica tres veces a los discípulos, ellos tampoco entienden (8:27-33; 9:30-32; 10:32-45). Al igual que el hombre dos veces tocado por Jesús (8:22-26), ellos necesitan un segundo toque —la resurrección— para que vean con claridad.

Que la preocupación de Marcos es la naturaleza de siervo sufriente del mesianismo de Jesús es aún más evidente porque no incluye ninguna de las enseñanzas de Jesús sobre el discipulado hasta después de la primera explicación de su propio sufrimiento (8:31-33). La implicación, así como la enseñanza explícita, es clara: la cruz y el servicio que Jesús experimentó son también las marcas del discipulado genuino. Como dice el himno de Horacio Bonar: «Por ese camino fue el Maestro; ¿no debería todavía andarlo el siervo?».

Todo esto puede observarse mediante una lectura cuidadosa del Evangelio de Marcos. Este es su contexto histórico en general. Colocarlo específicamente es más conjetural, pero no vemos ninguna razón para no seguir la tradición bastante antigua que dice que el Evangelio de Marcos refleja las «memorias» de Pedro y que apareció en Roma poco después del martirio de este último, en un momento de gran sufrimiento entre los cristianos en Roma. En cualquier caso, esa lectura y estudio contextual es tan importante para los evangelios como lo es para las epístolas.

EL CONTEXTO LITERARIO

Ya hemos tocado un poco el contexto literario en la sección «El contexto histórico de Jesús, en particular». El contexto literario tiene que ver con el lugar de una perícopa dada en el contexto de cualquiera de los evangelios, es decir, donde los evangelistas eligieron poner las obras y la enseñanza. Hasta cierto punto, es probable que este contexto ya estaba fijado por su contexto histórico original, que pudo haber sido conocido por el evangelista. Pero como ya hemos visto, muchos de los materiales de los cuatro evangelios deben su contexto actual a los propios evangelistas, de acuerdo con su propia inspiración por el Espíritu.

Nuestra preocupación es doble: 1) ayudarte a leer (o realizar la exégesis) con entendimiento de un dicho o relato dado en su contexto actual, y 2) ayudarte a entender la naturaleza de la composición de los evangelios en su conjunto, y así interpretar cualquiera de los evangelios, no solo hechos aislados sobre la vida de Jesús.

Interpretación de los perícopas Individuales

Al discutir cómo interpretar las epístolas, observamos que hay que aprender a «pensar en párrafos». Esto no es tan importante con los evangelios, aunque seguirá siendo cierto de vez en cuando, especialmente con los grandes bloques de enseñanzas. Como señalamos desde el principio, estas secciones de enseñanza tendrán algunas similitudes con nuestro enfoque con las epístolas. Sin embargo, debido a la naturaleza única de los evangelios, debes hacer dos cosas: pensar horizontalmente y pensar verticalmente.

Esta es nuestra manera de decir que, al interpretar o leer uno de los evangelios, hay que tener en cuenta las dos realidades mencionadas anteriormente: que hay cuatro de ellos y que son documentos de «dos niveles».

Piensa horizontalmente

Pensar horizontalmente significa que cuando estudias una perícopa en cualquier evangelio, por lo general es útil estar al tanto de los paralelismos en los otros evangelios. Sin duda, este punto no debe ser usado en demasía, ya que ninguno de los evangelistas pretendía que su evangelio se leyera en paralelo con los demás. Sin embargo, que Dios haya proporcionado cuatro evangelios en el canon significa que no se pueden leer totalmente aislados unos de otros.

Nuestra primera palabra aquí es de precaución. El propósito al estudiar los evangelios en paralelo no es llenar la historia de un evangelio con detalles de los demás. Por lo general, tal lectura de los evangelios tiende a armonizar todos los detalles y así oscurecer o desdibujar los distintivos de cada evangelio que inspiró el Espíritu Santo. Tal «relleno» podría interesarnos a nivel del Jesús histórico, pero ese *no* es el nivel canónico, el cual debe ser nuestra primera preocupación. Una vez más, nuestro interés descansa en dos niveles: el de Jesús en su propio contexto y el del autor del evangelio, escrito teniendo en cuenta a sus lectores originales.

Las razones básicas para pensar horizontalmente son dos. En primer lugar, los paralelismos a menudo nos permitirán apreciar las peculiaridades de cada evangelio. Después de todo, son precisamente sus características distintivas la razón principal para tener cuatro. En segundo lugar, los paralelismos nos ayudarán a ser conscientes de los diferentes tipos de contextos en los que vivían los mismos materiales o similares en la iglesia en desarrollo. Ilustraremos cada uno de ellos, pero primero consideraremos algunas palabras importantes sobre las presuposiciones.

Es imposible leer los cuatro evangelios sin tener algún tipo de presuposición sobre sus relaciones entre sí, incluso si nunca has pensado al respecto. La presuposición más común, pero la menos probable de ser cierta, es que cada evangelio fue escrito independiente de los demás. Hay demasiada evidencia en contra de esto como para que sea una opción real para ti mientras lees.

Tomemos, por ejemplo, que hay un alto grado de similitud verbal entre Mateo, Marcos y Lucas en sus *relatos,* así como en su registro de los dichos de Jesús. Las notables similitudes verbales sobre los *dichos* de aquel que habló como nadie lo hizo jamás no deben sorprendernos (Jn 7:46). Pero que esto se traslade a los relatos es otra cosa, especialmente cuando uno considera 1) que estas historias fueron contadas por primera vez en arameo, sin embargo, estamos hablando del uso de palabras griegas; 2) que el orden de las palabras en griego es extremadamente libre, pero a menudo las similitudes se extienden incluso al orden preciso de las palabras; y 3) que es muy poco probable que tres personas en tres partes diferentes del Imperio Romano cuenten la misma historia con las mismas palabras, incluso en aspectos tan sutiles de estilo individual como preposiciones y conjunciones. Sin embargo, esto es lo que sucede una y otra vez en los tres primeros evangelios.

Esto puede ilustrarse fácilmente a partir del relato de la alimentación de los cinco mil, que es una de las pocas historias que se encuentra en los cuatro evangelios. Ten en cuenta las siguientes estadísticas:

1. Número de palabras utilizadas para contar la historia:
   Mateo: 157
   Marcos: 194
   Lucas: 153
   Juan: 199
2. Número de palabras comunes a *todos* los tres primeros evangelios: 53
3. Número de palabras que Juan tiene en común con los otros evangelios: 8 (cinco, dos, cinco mil, tomó los panes, doce canastas).
4. Porcentajes de acuerdo:
   Mateo con Marcos: 59 por ciento
   Mateo con Lucas: 44 por ciento
   Lucas con Marcos: 40 por ciento
   Juan con Mateo: 8.5 por ciento
   Juan con Marcos: 8.5 por ciento
   Juan con Lucas: 6.5 por ciento

Las siguientes conclusiones parecen inevitables: Juan representa una narración claramente *independiente* de la historia. Él utiliza solo esas palabras estrictamente necesarias para contar la misma historia, e ¡incluso incorpora una palabra griega diferente para «peces»! Los otros tres son también claramente *interdependientes*. Aquellos que conocen el griego reconocen lo improbable que es para dos personas contar de forma independiente la misma historia en forma narrativa y tener un 60 por ciento de acuerdo en las palabras utilizadas y en el orden exacto.

Tomemos como ejemplo adicional las palabras de Marcos 13:14 y el paralelo de Mateo 24:15. («el que lee, que lo entienda»). Es bastante difícil que estas palabras hayan sido parte de la tradición *oral* (dice «el que lee», no «el que oye», y dado que en su forma más temprana [que es el relato de Marcos] no hay mención de Daniel, es poco probable que Jesús mencionara a Daniel). Por lo tanto, las palabras fueron insertadas en el dicho de Jesús por uno de los evangelistas (Mateo) por el bien de sus lectores. Parece altamente improbable que exactamente el mismo paréntesis hubiera sido insertado, en el mismo punto, por dos autores que escriben de forma independiente.

La mejor explicación con toda esta información es la que sugerimos anteriormente: que Marcos escribió su evangelio primero, en parte, a través de sus recuerdos de la predicación y la enseñanza de Pedro. Lucas y Mateo tuvieron acceso al Evangelio de Marcos y lo usaron de forma independiente como fuente básica para escribir los suyos. Pero también tenían acceso a todo tipo de otros materiales sobre Jesús, algunos de los cuales tenían en común. Sin embargo, este material común apenas se presenta en el mismo orden en los dos evangelios, un hecho que sugiere que ninguno de los dos tuvo acceso a la escritura del otro. Finalmente, Juan escribió independientemente de los otros tres y, por lo tanto, su evangelio tiene poco material en común con ellos. Entonces quisiéramos señalar que así es *la forma* en que el Espíritu Santo inspiró la escritura de los evangelios.

Que esto te ayudará a interpretar los evangelios puede observarse en la siguiente muestra breve de la NVI. Observa cómo el dicho de Jesús sobre «el horrible sacrilegio» aparece cuando se lee en columnas paralelas:

Mateo 24:15-16	Marcos 13:14	Lucas 21:20-21
Así que cuando vean en el lugar santo	Ahora bien, cuando vean	Ahora bien, cuando vean a Jerusalén rodeada de ejércitos, sepan que
«el horrible sacrilegio» de la que habló el profeta Daniel	«el horrible sacrilegio» donde no debe estar	su desolación está cerca
(el que lee, que lo entienda)	(el que lee, que lo entienda)	
Los que estén en Judea huyan	entonces los que estén en Judea huyan	los que estén en Judea huyan
a las montañas	a las montañas	a las montañas

En primer lugar, es importante señalar que este dicho está en el Sermón del Monte, exactamente en la misma secuencia en los tres evangelios. Cuando Marcos registró estas palabras, él estaba llamando a sus lectores a una reflexión considerada sobre lo que Jesús quiso decir con «el horrible sacrilegio donde no debe estar». Mateo, también inspirado por el Espíritu, ayudó a sus lectores al hacer que el dicho sea un poco más explícito. Él les recuerda que el «horrible sacrilegio» fue expresado por Daniel, y que aquello que Jesús quiso decir con «donde no debe estar» era «el lugar santo» (el templo en Jerusalén). Lucas, igualmente inspirado por el Espíritu, interpretó todo el dicho por el bien de sus lectores gentiles. ¡Les hace entender! Lo que Jesús quiso decir con todo esto fue: «cuando vean a Jerusalén rodeada de ejércitos, sepan que su desolación está cerca».

En consecuencia, se puede ver cómo pensar horizontalmente y saber que Mateo y Lucas usaron a Marcos, puede ayudarte a interpretar cualquiera de los evangelios al leerlo. Del mismo modo, el conocimiento de los paralelismos del evangelio también te ayuda a ver cómo los mismos materiales a veces llegaban a ser utilizados en nuevos contextos en la iglesia en desarrollo.

Por ejemplo, toma el lamento de Jesús sobre Jerusalén, que es uno de esos dichos que Mateo y Lucas tienen en común y que no se encuentra en Marcos. El dicho aparece casi palabra por palabra en ambos evangelios, pero en entornos muy diferentes en cada uno. En Lucas aparece (13:34-35) en una larga colección de relatos y enseñanzas mientras Jesús se dirige a Jerusalén (9:51-19:44). Inmediatamente sigue la advertencia sobre Herodes, que Jesús ha concluido con esta respuesta: «porque no puede ser que muera un profeta fuera de Jerusalén». El rechazo del mensajero de Dios lleva al juicio sobre Israel.

En Mateo aparece como un lamento (23:37-39) con el que concluye una colección de siete ayes que Jesús pronunció sobre los fariseos (23:13-39), el último de los cuales refleja el tema de los profetas que fueron asesinados en Jerusalén. Debes tener en cuenta que el dicho tiene el mismo punto en ambos evangelios, a pesar de que se ubica en diferentes escenarios.

Lo mismo es cierto también con muchos otros dichos. La oración del Señor está en ambos evangelios (Mt 6:7-13; Lc 11:2-4) en contextos de enseñanza sobre la oración, aunque el impulso principal de cada sección es considerablemente diferente. Ten en cuenta también que en Mateo sirve como modelo, «Ustedes deben orar así»; en Lucas se anima la repetición, «Cuando oren, digan...». De la misma manera, observa las Bienaventuranzas (Mt 5:3-11; Lc 6:20-23). En Mateo «los pobres» son «los pobres en espíritu» (5:3); en Lucas son simplemente «ustedes los pobres» (6:20) en contraste con «ustedes los ricos» (6:24). En estos puntos la mayoría de la gente tiende a tener solo medio canon. Los evangélicos tradicionales tienden a leer solo «los pobres en espíritu»; los activistas sociales tienden a leer solo «ustedes los pobres». Insistimos en que *ambos* son canónicos y nos sirven como Palabra de Dios. En un sentido realmente profundo, los verdaderos pobres son aquellos que se reconocen como empobrecidos delante de Dios. Pero el Dios de la Biblia, quien se encarnó y vino a ser Jesús de Nazaret, es un Dios que aboga por la causa de los oprimidos y los marginados. Difícilmente se puede leer el Evangelio de Lucas sin reconocer su interés en este aspecto de la revelación divina (ver 14:12-14; cp. 12:33-34 con el paralelo en Mateo 6:19- 21).

Finalmente, si están interesados en un estudio serio de los evangelios, tendrán que referirse a una sinopsis (una presentación de los evangelios en columnas paralelas). El mejor de ellos es editado por Kurt Aland, titulado *Synopsis of the Four Gospels* [Sinopsis de los Cuatro Evangelios (Nueva York: Sociedades Bíblicas Unidas, 1975)].

Piensa verticalmente

Pensar verticalmente significa que se lee o estudia un relato o una enseñanza en los evangelios, tratando de ser consciente de ambos contextos históricos: el de Jesús y el del evangelista.

Una vez más, nuestra primera palabra es de precaución. El propósito de pensar verticalmente no es principalmente estudiar la vida del Jesús histórico. Ese debería interesarnos siempre. Pero los *evangelios en su forma actual* son Palabra de Dios para nosotros; nuestras propias *reconstrucciones* de la vida de Jesús no lo son. De nuevo, no se debe exagerar este tipo de pensamiento. Es solo un llamado a que seamos conscientes de que muchos de los materiales del evangelio deben su contexto actual a los evangelistas, y que una buena interpretación podría requerir apreciar un dicho dado primero en su contexto histórico original como preludio adecuado para entender esa misma palabra en su contexto canónico actual.

Podemos ilustrar esto con un pasaje como Mateo 20:1-16, la parábola de Jesús de los obreros de la viña. Nuestra preocupación es, ¿cuál es su significado en su contexto actual en Mateo? Si primero pensamos horizontalmente, observaremos que Mateo tiene a ambos lados de la parábola largas secciones de material en las que sigue muy de cerca a Marcos (Mt 19:1-30; 20:17-34 paralelismos Mr 10:1-52). En 10:31, Marcos tenía el dicho: «muchos de los primeros son últimos, y los últimos, primeros», que Mateo mantuvo intacto en 19:30. Pero justo en ese momento insertó esta parábola, que concluyó con una repetición de este dicho en particular (20:16), ahora en orden inverso. Por lo tanto, en el Evangelio de Mateo, el contexto inmediato de la parábola es el dicho sobre la inversión del orden entre el primero y el último.

Cuando observas la misma parábola (20:1-15), notarás que concluye con la justificación del dueño de su propia generosidad. ¡Pagar en el reino, dice Jesús, no se basa en lo que es justo, sino en la gracia de Dios! Es probable que, en su contexto original, esta parábola sirvió para justificar la aceptación de los pecadores por parte de Jesús a la luz de las críticas de los fariseos por ese tema. Se consideran a sí mismos como quienes han «soportado el peso del trabajo» y, por lo tanto, son dignos de un mayor pago. Pero Dios es generoso y misericordioso, y acepta libremente a los pecadores tal como lo hace con los «justos».

Dado esto como su contexto original más probable, ¿cómo funciona ahora la parábola en el Evangelio de Mateo? El punto de la parábola, la generosidad misericordiosa de Dios para con los que no lo merecen, ciertamente sigue siendo el mismo. Pero ese punto ya no es un problema para justificar las acciones mismas de Jesús. El Evangelio de Mateo lo hace en otras partes de otras maneras. Aquí la parábola funciona en un contexto de discipulado, donde aquellos que han abandonado todo para seguir a Jesús son los últimos que se han convertido en los primeros (tal vez en contraste con los líderes judíos, un punto que Mateo repite).

Muchas veces, pensar verticalmente revelará que el mismo punto se está haciendo en ambos niveles. Pero la ilustración recién dada muestra lo fructífero que puede ser tal pensamiento para la exégesis.

Interpretar los evangelios como completos

Una parte importante del contexto literario es aprender a ver los tipos de inquietudes que se han incluido en la composición de los evangelios, que hacen que cada uno de ellos sea único.

Hemos observado a lo largo de este capítulo que al leer y estudiar los evangelios hay que tomar con seriedad no solo el interés de los evangelistas por Jesús *per se* —lo que hizo y dijo— sino también sus razones para volver a contar esa única historia para sus propios lectores. Hemos señalado que los evangelistas eran autores, no meros compiladores. Pero ser autores no significa que fueran creadores del material; todo lo contrario. Varios factores prohíben una mayor creatividad, incluyendo que estas eran *las palabras de Jesús,* por quien habían renunciado a todo para seguirlo, y la naturaleza algo fija del material en el proceso de transmisión. Por lo tanto, fueron autores en el sentido de que, con la ayuda del Espíritu, estructuraron creativamente y reescribieron el material para satisfacer las necesidades de sus lectores. Lo que nos preocupa con respecto a esto es ayudarles a estar al tanto de las inquietudes de las técnicas compositivas del evangelista mientras lees o estudias.

Había tres principios en juego en la composición de los evangelios: selectividad, arreglo y adaptación. Por un lado, los evangelistas *seleccionaron* aquellos relatos y enseñanzas que se adaptaban a sus propósitos. Es cierto que la simple preocupación por la preservación de lo que estaba a su disposición puede haber sido uno de esos propósitos. Sin embargo, Juan, que tiene menos relatos y discursos, pero que son considerablemente más extensos, nos dice de forma específica que ha sido muy selectivo (20:30-31; 21:25). Sus últimas palabras en su evangelio, pronunciadas en hipérbole («pienso que los libros escritos no cabrían en el mundo entero»), probablemente también expresan el caso de los demás. Lucas, por ejemplo, prefirió no incluir una sección considerable de Marcos (6:45-8:26).

Al mismo tiempo, los evangelistas y sus iglesias tenían intereses especiales que también les hacían *organizar* y *adaptar* lo que fue seleccionado. Juan, por ejemplo, nos dice claramente que su propósito era evidentemente teológico: «que ustedes crean que Jesús es el Cristo, el Hijo de Dios» (20:31). Este interés en Jesús como el Mesías judío es probablemente la razón principal por la que la gran mayoría de su material tiene que ver con el ministerio de Jesús en Judea y Jerusalén, en contraposición con el ministerio casi total en Galilea en los sinópticos. Para los judíos, el verdadero hogar del Mesías era Jerusalén. Por lo tanto, Juan sabe que Jesús había dicho que un profeta no tiene honor en su propio hogar o país. Esto fue dicho originalmente en el momento del rechazo de Jesús en Nazaret (Mt 13:57; Mr 6:4; Lc 4:24). En el Evangelio de Juan, este dicho se conoce como una explicación para el rechazo del Mesías en Jerusalén (4:44), una profunda visión teológica del ministerio de Jesús.

El principio de adaptación es también lo que explica la mayoría de las supuestas discrepancias entre los evangelios. Uno de los más señalados, por ejemplo, es la maldición de la higuera (Mr 11:12-14, 20-25; Mt 21:18-22). En el Evangelio de Marcos, la historia se cuenta por su importancia teológica simbólica. Ten en cuenta que, entre la maldición y el marchitamiento, Jesús pronuncia un juicio similar sobre el judaísmo a través de su limpieza del templo. Sin embargo, la historia de la higuera tenía también un gran significado para la Iglesia primitiva debido a la lección sobre la fe con la que concluye. En el Evangelio de Mateo, la lección sobre la fe es el único interés de la historia, por lo que relata la maldición y el marchitamiento juntos para enfatizar ese punto. Recuerda, en cada caso, esta narración de la historia es obra del Espíritu Santo, quien inspiró a *ambos* evangelistas.

Para ilustrar este proceso de composición a una escala algo mayor, echemos un vistazo a los capítulos iniciales de Marcos (1:14-3:6). Estos capítulos son una obra maestra artística, tan bien construida que muchos lectores probablemente obtendrán el punto de Marcos a pesar de no reconocer cómo lo ha hecho.

Hay tres hilos en el ministerio público de Jesús que son de especial interés para Marcos: la popularidad entre las multitudes, el discipulado para unos pocos y la oposición de las autoridades. Puedes darte cuenta cuán hábilmente, al seleccionar y organizar los relatos, Marcos los pone delante nuestro. Después del anuncio del ministerio público de Jesús (1:14-15), el relato inicial registra el llamado de los primeros discípulos. Este motivo se elaborará en las siguientes secciones (3:13-19; 4:10-12; 4:34-41; *et al.*); su mayor preocupación en estos dos primeros capítulos es con los otros dos puntos. Comenzando con el versículo 21, Marcos tiene solo cuatro perícopas: un día en Capernaum (1:21-28 y 29-34), un breve recorrido de predicación al día siguiente (1:35-39) y la historia de la sanidad del leproso (1:40-45). El motivo común a lo largo de todo es la rápida propagación de la fama y popularidad de Jesús (ver vv. 27-28, 32-33, 37, 45), que culmina con Jesús siendo incapaz de «entrar en ningún pueblo abiertamente... Aun así, gente de todas partes seguía acudiendo a él». Todo parece impresionante; sin embargo, Marcos ha pintado este cuadro con solo cuatro relatos, más su frase repetida «en seguida» (o variaciones como «tan pronto», «inmediatamente» o «al instante», NBLA) y su inicio de casi todas las frases con «y» (ten en cuenta que para los efectos de un buen español ambas características están oscurecidas en las traducciones contemporáneas, incluyendo la NVI).

Con esta imagen delante nuestro, Marcos selecciona a continuación cinco tipos diferentes de relatos que, todos juntos, pintan el cuadro de la oposición y da las razones para eso. Observa que el denominador común de las primeras cuatro perícopas es la pregunta *¿por qué?* (2:7, 16, 18, 24). La oposición viene porque Jesús perdona el pecado, come con pecadores, descuida la tradición del ayuno y «quebranta» el día de reposo. Que este último elemento fuera considerado por los contemporáneos de Jesús como el último insulto a su tradición queda claro cuando Marcos anexa una segunda narración de este tipo (3:1-6).

No intentamos sugerir que en todas las secciones de los cuatro evangelios se será capaz de rastrear tan fácilmente las preocupaciones compositivas del evangelista. Pero sugerimos que este es el tipo de mirada a los evangelios que se necesita para un entendimiento más exhaustivo.

ALGUNAS OBSERVACIONES HERMENÉUTICAS

En su mayor parte, los principios hermenéuticos de los evangelios son una combinación de lo que se ha dicho en capítulos anteriores sobre las epístolas y las narrativas históricas.

Las enseñanzas y los imperativos

Dado que la exégesis se ha hecho con cuidado, las enseñanzas e imperativos de Jesús en los evangelios deben ser llevados al siglo XXI de la misma manera que lo hacemos con Pablo —o Pedro o Santiago— en las epístolas. Incluso los asuntos de la relatividad cultural deben plantearse de la misma manera. El divorcio es apenas una opción válida para las parejas, que serían ambos seguidores de Jesús, un punto repetido por Pablo (1 Co 7:10-11). Pero en una cultura como la norteamericana y posmoderna, donde uno de cada dos conversos adultos se habrá divorciado, es probable que el tema del nuevo matrimonio no debe decidirse de forma negligente y sin una preocupación redentora por los nuevos conversos. Las primeras suposiciones sobre el significado de las palabras de Jesús pronunciadas en un contexto cultural completamente diferente deben ser examinadas con mucho cuidado. Del mismo modo, es muy poco probable que tengamos a un soldado romano obligándonos a recorrer una milla (Mt 5:41). Pero en este caso, el punto de Jesús, lo que uno podría llamar el «extra cristiano», es seguramente aplicable en cualquier número de situaciones comparables.

Es importante decir algo en este momento. Debido a que muchos de los imperativos de Jesús se establecen en el contexto de exponer la ley del Antiguo Testamento y debido a que para muchas personas se les presenta como un ideal imposible, se ha ofrecido una variedad de estratagemas hermenéuticas para «sortearlos» como autoridad normativa para la iglesia. No podemos tomarnos el tiempo aquí para esbozar y refutar estos diversos intentos, pero algunas palabras son necesarias. (Se ofrece un excelente panorama general en el capítulo 6 del libro de Stein *The Method and Message of Jesus' Teachings* [El método y mensaje de las enseñanzas de Jesús]).

La mayoría de estas artimañas hermenéuticas surgieron porque los imperativos parecen ley, ¡y cuán imposible es la ley! Y la vida cristiana de acuerdo con el Nuevo Testamento se basa en la gracia de Dios, no en la obediencia a la ley. Pero ver los imperativos como ley es malinterpretarlos. *No* son ley en el sentido de que uno debe obedecerlos *para* llegar a ser o seguir siendo cristianos; nuestra salvación no depende de obedecerlos a la perfección. Más bien, son descripciones, por medio de imperativos, sobre cómo debería ser nuestra vida cristiana *debido a* la aceptación previa de Dios. Una ética no vengativa (Mt 5:38-42) es, de hecho, la ética del reino, para esta era actual. Pero se basa en el amor no vengativo de Dios por nosotros; y en el reino debe ser «a tal padre, tal hijo» (ver Mt 5:48). Es nuestra experiencia del perdón incondicional e ilimitado de Dios que vino primero, pero debe ser seguida por un perdón incondicional e ilimitado de los demás. Alguien ha dicho que, en el cristianismo, la religión es gracia; la ética es gratitud. Por lo tanto, los imperativos de Jesús son Palabra para nosotros, pero no son como la ley del Antiguo Testamento. Describen el amor vivido en nuestra nueva vida como hijos amados y redimidos de Dios, ¡un amor que, por supuesto, no es opcional!

Los relatos

La narrativa tiende a funcionar de más de una manera en los evangelios. Por ejemplo, las historias milagrosas no están registradas para ofrecer enseñanzas morales o para servir como precedentes. Más bien, funcionan como ilustraciones vitales del poder del reino que irrumpe a través del propio ministerio de Jesús. De una manera indirecta podrían ilustrar la fe, el miedo o el fracaso, pero esa no es su función principal. Sin embargo, historias como el hombre rico (Mt 19:16-22, Mr 10:17-22, Lc 18:18-23) y el pedido de sentarse a los lados de Jesús (Mt 20:20-28, Mr 10:35-45, Lc 22:24-27), se colocan en un contexto de enseñanza, donde la historia en sí sirve como una ilustración de lo que se está enseñando. Nos parece que es la práctica hermenéutica adecuada utilizar estos relatos exactamente de la misma manera.

Por lo tanto, el punto del relato del hombre rico no es que todos los discípulos de Jesús deben vender todas sus posesiones para seguirlo. Hay ejemplos claros en los evangelios donde ese no era el caso (cp. Lc 5:27-30; 8:3; Mr 14:3-9). La historia, en cambio, ilustra precisamente el punto de lo difícil que es para los ricos entrar en el reino porque tienen compromisos previos con la riqueza como tal y están tratando de asegurar sus vidas con ella. Pero el amor misericordioso de Dios también puede hacer milagros a los ricos, continúa diciendo Jesús. La historia de Zaqueo (Lc 19:1-10) lo ilustra.

Una vez más, se puede ver la importancia de una buena exégesis para que el punto que hacemos de tales relatos sea, de hecho, el punto que se hace en cada uno de los evangelios.

Una palabra final, muy importante

Nuestra preocupación final también se aplica a la discusión previa del contexto histórico de Jesús, pero se incluye aquí porque es crucial para el tema hermenéutico. El mensaje es el siguiente: *Uno no se atreve a pensar que puede interpretar adecuadamente los evangelios sin un claro entendimiento del concepto del reino de Dios en el ministerio de Jesús.* Para una breve, pero buena, introducción a este asunto, examina el capítulo 4 de Stein en *The Method and Message of Jesus' Teachings* [El método y el mensaje de las enseñanzas de Jesús]. Aquí solo daremos un breve esbozo, junto con algunas palabras sobre cómo afecta a la hermenéutica.

En primer lugar, debes saber que el marco teológico básico del Nuevo Testamento es escatológico. La escatología tiene que ver con el fin, cuando Dios pone fin a esta era. La mayoría de los judíos en la época de Jesús eran escatológicos en su pensamiento. Es decir, pensaron que vivían al borde de los tiempos, cuando Dios entraría en la historia y pondría fin a esta era y marcaría el comienzo de la era venidera. La palabra griega para el «fin» que buscaban es *eschatós*. Por lo tanto, ser escatológico en el pensamiento es estar buscando el fin.

La esperanza escatológica judía
El Escatón

Esta Era	La Era por venir
El tiempo de Satanás	El tiempo del gobierno de Dios
Caracterizada por:	Caracterizada por:
El pecado	La presencia del Espíritu
La enfermedad	La justicia
La posesión demoníaca	La salud
El triunfo de los impíos	La paz

Por supuesto, los primeros cristianos comprendieron bien esta forma escatológica de mirar la vida. Ellos entendían que todos los acontecimientos de la venida de Jesús, su muerte, resurrección y el derramamiento del Espíritu estaban relacionados con sus expectativas sobre la venida del fin. Y así sucedió.

La llegada del fin también significó para ellos un nuevo comienzo: el comienzo de la nueva era de Dios, la era mesiánica. Esta también se conoce como el reino de Dios, que significaba «el tiempo del gobierno de Dios». El cual sería un tiempo de justicia (p. ej., Is 11:4-5) y las personas vivirían en paz (p. ej., Is 2:2-4). Sería un tiempo de plenitud del Espíritu (Jl 2:28-30) en el que se realizaría el nuevo pacto del que habló Jeremías (Jr 31:31-34; 32:38-40). El pecado y la enfermedad se eliminarían (p. ej., Zac 13:1; Is 53:5). Incluso la creación material sentiría los efectos gozosos de esta nueva era (p. ej., Is 11:6-9).

Entonces, cuando Juan el Bautista anunció la cercanía del fin y bautizó al Mesías de Dios, el fervor escatológico alcanzó su punto culminante. El Mesías estaba cerca, aquel marcaría el comienzo de la nueva era del Espíritu (Lc 3:7-17).

Jesús vino y anunció con su ministerio que el reino venidero estaba cerca (p. ej., Mr 1:14-15; Lc 17:20-21). Expulsó demonios, hizo milagros y aceptó libremente a los marginados y pecadores, todo indica que el fin había comenzado (p. ej., Mt 11:2-6; Lc 11:20; 14:21; 15:1-2). Todo el mundo lo miraba para ver si realmente *era* «el que ha de venir». ¿Realmente traería la era mesiánica con todo su esplendor? Entonces, de repente, fue crucificado, y las luces se apagaron.

¡Pero no! Hubo una gloriosa secuela. El tercer día fue levantado de entre los muertos y se apareció a muchos de sus seguidores. Ciertamente *ahora* iba a «restablecer el reino de Israel» (Hch 1:6). Pero, en vez de eso, regresó al Padre y derramó el Espíritu prometido. Aquí es donde aparecen los problemas para la Iglesia primitiva y para nosotros. Jesús anunció que el reino venidero había llegado con su propia venida. La llegada del Espíritu en plenitud, con poder, señales y maravillas y la llegada del nuevo pacto eran evidencia de que la nueva era había llegado. Sin embargo, era aparente que el final de *esta* era aún no había tenido lugar. ¿Cómo iban a entender esto?

Desde muy temprano, comenzando con el discurso de Pedro a los observadores asombrados en Hechos 3, los primeros cristianos se dieron cuenta de que Jesús, por así decirlo, no había llegado para marcar el inicio del fin «final», sino el «comienzo» del fin. Así llegaron a ver que, con la muerte y resurrección de Jesús, y con la venida del Espíritu, ya habían llegado las bendiciones y beneficios del futuro. Por lo tanto, en cierto sentido, el final ya había llegado. Pero en otro sentido el fin aún no había llegado del todo. Entonces, *estamos* hablando del *ya*, pero *todavía no*.

Por lo tanto, los primeros creyentes aprendieron a ser un pueblo verdaderamente escatológico. Vivieron entre tiempos, es decir, entre el *principio* del fin y la *consumación* del fin. Durante la Cena del Señor celebraron su existencia escatológica proclamando «muerte del Señor hasta que él venga» (1 Co 11:26). *Ya* conocían el perdón libre y pleno de Dios, pero todavía *no* habían sido perfeccionados (Fil 3:10-14). *Ya* la victoria sobre la muerte era de ellos (1 Co 3:22), pero *todavía* morirían (Fil 3:20-21). *Ya* vivían en el Espíritu, pero *todavía* vivían en el mundo donde Satanás podía atacar (p. ej., Ef 6:10-17). *Ya* habían sido justificados y no enfrentaban ninguna condenación (Ro 8:1), pero *todavía* quedaba un juicio futuro (2 Co 5:10). Eran el pueblo futuro de Dios. Habían sido condicionados por el futuro. Ellos conocían sus beneficios y vivían a la luz de sus valores, pero ellos, al igual que nosotros, *todavía* tenían que vivir estos beneficios y valores en el mundo actual. Por lo tanto, el marco teológico esencial para entender el Nuevo Testamento tiene este aspecto:

La visión escatológica del Nuevo Testamento

El Escatón

	Iniciada	Consumada
ESTA ERA	(está pasando)	
		LA ERA POR VENIR (no termina)

La Cruz y la Resurrección   La Segunda Venida
Ya   Todavía no

Justicia	Justicia consumada
Paz	Paz plena
Salud	Ni enfermedad ni muerte
Espíritu	En su completa plenitud

La clave hermenéutica para mucho del Nuevo Testamento y especialmente para el ministerio y las enseñanzas de Jesús, se encuentra en este tipo de «tensión». Precisamente porque el reino, el tiempo del gobierno de Dios, ha sido inaugurado con la venida de Jesús, estamos llamados a la *vida* en el reino, lo que significa vivir bajo su señorío, libremente aceptado y perdonado, pero comprometido con la ética de la nueva era obrando en nuestras propias vidas y mundo actual.

Entonces, cuando oramos: «Venga tu reino», oramos, en primer lugar, por la consumación. Pero debido a que el reino —el tiempo del gobierno de Dios— que anhelamos ver consumado ya ha comenzado, la misma oración está llena de implicaciones para el presente. Por supuesto, esto, por ende, significa que por el Espíritu ahora debemos vivir la vida y los valores de la «era venidera» que ya se ha puesto en marcha a través de la resurrección.

CAPÍTULO 8

Las parábolas:
¿Entiendes el punto central?

Debemos señalar desde el principio que todo lo que se dice en el capítulo anterior sobre la enseñanza de Jesús en los evangelios es válido para las parábolas. ¿Por qué, entonces, las parábolas necesitarían un capítulo propio en este libro? ¿Cómo podrían esas pequeñas historias sencillas y directas que Jesús contó plantear problemas para el lector o el intérprete? Parece que se tendría que ser demasiado necio para perder el punto del buen samaritano o del hijo pródigo. La lectura de estas historias compunge el corazón o lo consuela. Sin embargo, es necesario un capítulo especial porque, con todo su encanto y sencillez, las parábolas han sufrido un destino de mala interpretación en la iglesia que solo ha sido superado por el libro de Apocalipsis.

LAS PARÁBOLAS DE LA HISTORIA

La causa de esa larga historia de interpretación errónea de las parábolas se remonta a algo que Jesús mismo dijo, tal como se registra en Marcos 4:10-12 (Mateo 13:10-13, Lucas 8:9-10). Cuando se le pregunta sobre el propósito de las parábolas, pareciera sugerir que contenían misterios para los que estaban en el interior, mientras endurecían a los del exterior. Debido a que luego procedió a «interpretar» la parábola del sembrador de una manera semialegórica, esto se vio como una licencia a la teoría del endurecimiento y una larga lista de interpretaciones alegóricas sin fin. Las parábolas se consideraban historias simples para aquellos en el exterior a quienes se ocultaban los «significados reales» o los «misterios».

Estos pertenecían solo a la iglesia y podían ser descubiertos por medio de la alegoría.

Por lo tanto, un erudito tan grande y brillante como Agustín ofrece la siguiente interpretación de la parábola del buen samaritano:

Un hombre estaba yendo de Jerusalén a Jericó = Adán

Jerusalén = la ciudad celestial de la paz, de la que cayó Adán

Jericó = la luna y, por lo tanto, significa la mortalidad de Adán

ladrones = el diablo y sus ángeles

lo despojó = de su inmortalidad

lo golpeó = persuadiéndolo a pecar

dejándolo medio muerto = como un hombre que vive, pero está muerto espiritualmente; por lo tanto, está medio vivo.

el sacerdote y Levita = el sacerdocio y el ministerio del Antiguo Testamento

el Samaritano = se dice que significa guardián; por lo tanto, se refiere a Cristo mismo

vendado sus heridas = atando la restricción del pecado

aceite = el consuelo de la esperanza buena

burro = («bestia») = la carne de la encarnación de Cristo

alojamiento = la iglesia

día siguiente = después de la resurrección

dos monedas de plata = promesa de esta vida y la vida por venir

dueño del alojamiento = Pablo

Por muy novedoso e interesante que sea todo esto, se puede estar absolutamente seguro de que no es lo que Jesús pretendía enseñar. Después de todo, el contexto requiere claramente una comprensión de las relaciones humanas (¿Quién es mi prójimo?), no divina a humana; y no hay razón para pensar que ¡Jesús *prediciría* a la iglesia y Pablo de esta manera tan obtusa!

De hecho, es extremadamente dudoso pensar que la mayoría de las parábolas estaban destinadas por completo a un círculo íntimo. Lucas dice específicamente que Jesús dijo parábolas *a las* personas por lo menos en tres casos (15:3; 18:9; 19:11), con la clara implicación de que las parábolas debían entenderse, al menos en un nivel. Además, el «experto en la ley» a quien Jesús le dijo la parábola del buen samaritano (Lc 10:25-37) la entendió claramente (vv. 36-37), al igual que los principales sacerdotes y fariseos entendieron la parábola de los labradores inquilinos (Mt 21:45). Su problema no era con la comprensión, sino con dejar que ¡las parábolas alteraran su comportamiento!

Si a veces tenemos problemas para entender las parábolas, no es porque sean alegorías para las que necesitamos algunas claves interpretativas especiales. Más bien, esto se relaciona con algunas cosas que sugerimos en el capítulo anterior sobre los evangelios. Una de las claves para la comprensión de las parábolas radica en descubrir el público original al que se dirigieron. Como señalamos, muchas veces las parábolas llegaron a los autores de los evangelios sin contexto.

Entonces, si las parábolas no son misterios alegóricos para la iglesia, ¿qué quiso decir Jesús al responder la pregunta de los discípulos sobre las parábolas (Marcos 4:10-12) con un vocabulario sobre el «misterio» del reino de Dios? Lo más probable es que la pista para este dicho esté en un juego de palabras en el arameo nativo de Jesús. El término arameo *mēthal* que fue traducido *parabolē* en griego, era usado en diversos modos de hablar en la categoría de acertijo/adivinanza/parábola, no solo para la variedad de relatos llamada «parábolas» en español. Probablemente la frase «pero a los que están afuera reciben todo en parábolas» (v. 11) da a entender que el significado del ministerio de Jesús (el secreto del reino) no podía ser percibido por los que estaban fuera; estos eran para ellos como un *mēthal*, un enigma. Por eso hablar en *mathlîn* (parábolas) era para ellos parte del *mēthal* (enigma) de todo su ministerio. Ellos vieron, pero no pudieron ver; escucharon —e incluso entendieron— las parábolas, pero no oyeron de una manera que los llevara a la obediencia.

Por lo tanto, nuestra exégesis de las parábolas debe comenzar con las mismas suposiciones que hasta ahora hemos traído a todos los demás géneros. Jesús no estaba tratando de ser confuso; tenía la intención de ser entendido. En primer lugar, nuestra tarea es escuchar lo que ellos oyeron. Pero antes de que podamos hacer esto de forma adecuada, debemos empezar por prestar atención a la pregunta ¿qué es una parábola?, ya que en español esta palabra cubre una variedad de formas de discurso indirecto.

LA NATURALEZA DE LAS PARÁBOLAS

La variedad de tipos

El primer elemento que hay que tener en cuenta es que no todos los dichos que etiquetamos como parábolas son del mismo tipo. Por ejemplo, hay una diferencia básica entre el buen samaritano (verdadera parábola), por un lado, y la levadura en la masa (similitud), por el otro. Ambas difieren del dicho «Tú eres la sal de la tierra» (metáfora) o «¿Acaso se recogen uvas de los espinos, o higos de los cardos?» (epigrama). Sin embargo, de vez en cuando todos ellos han sido motivos de discusión sobre las parábolas.

El buen samaritano es un ejemplo de *una verdadera parábola*. Es un relato puro y sencillo con un principio y un final; tiene algo así como una «trama». Otras parábolas narrativas incluyen la oveja perdida, el hijo pródigo, el gran banquete, los obreros en la viña, el rico y Lázaro y las diez vírgenes.

Por otro lado, la levadura en la masa es más de *similitud*. Lo que se dice de la levadura, el sembrador o la semilla de mostaza siempre era cierto de la levadura, la siembra o las semillas de mostaza. Tales «parábolas» son como ilustraciones tomadas de la vida cotidiana con las que Jesús establecía o daba a entender un punto.

Más allá de esto, dichos como «Tú eres la sal de la tierra» difieren de los anteriores. A veces se les llama refranes parabólicos, pero en realidad son *metáforas* y *símiles*. A veces parecen funcionar de una manera similar a la similitud, pero su punto —su razón para ser dicho— es bastante diferente.

Cabe señalar que en algunos casos como en los labradores malvados (Mt 21:33-44 // Mr 12:1-11 // Lc 20:9-18), una parábola puede acercarse a algo muy cercano a la alegoría, donde muchos de los detalles de una historia están destinados a representar algo más (como en la mala interpretación de Agustín del buen samaritano). Pero *las parábolas no son alegorías*, aun si a veces tienen lo que nos parecen características alegóricas. La razón por la que podemos estar seguros de esto tiene que ver con sus diferentes funciones.

Debido a que las parábolas no son de un solo tipo, no se pueden establecer necesariamente reglas que las cubran todas. Lo que decimos está destinado a las parábolas en sí, pero gran parte de lo que se dice cubrirá también los otros tipos.

Cómo funcionan las parábolas

Las mejores pistas de qué son las parábolas se encuentran en su *función*. A diferencia de la mayoría de los refranes parabólicos, como «no sacar higos de los cardos» (Lc 6:43), las parábolas narrativas *no* sirven para ilustrar una enseñanza demasiado sencilla de Jesús con imágenes verbales. Tampoco se dice que sirvan como vehículos para revelar la verdad, aunque terminan claramente haciendo eso. Más bien, las parábolas narrativas funcionan como un medio para provocar una *respuesta* por parte del oyente. En cierto sentido, la parábola en sí *es* el mensaje. Es dicha para abordar y capturar a los oyentes, para poner sobre el tapete sus propias acciones, y que los haga responder de alguna manera a Jesús y a su ministerio. De hecho, este capítulo está siendo reescrito poco después de ver la maravillosa presentación cinematográfica de Spielberg sobre Lincoln, cuyo ingenio personal y narración de historias tuvieron un efecto similar en sus oyentes: amor u odio.

Es esta naturaleza de «llamado a una respuesta» de la parábola lo que causa nuestro gran dilema al interpretarlas. Porque, de alguna manera, interpretar una parábola es destruir lo que era originalmente. Es como interpretar un chiste. El punto de un chiste y lo que hace que sea divertido es que el oyente vive la inmediatez del chiste mientras se le va contando. Precisamente es gracioso para el oyente porque, por así decirlo, son «atrapados». La forma en que termina una broma no es lo que uno instintivamente espera cuando comienza. Pero solo puede atrapar a alguien si es que *entiende los puntos de referencia* en la broma. Si tuvieras que interpretar el chiste y explicar los puntos de referencia, ya no atrapa más al oyente y, por lo tanto, no logra producir la misma cantidad de carcajadas. Cuando se interpreta el chiste, se puede entender bien y todavía puede ser divertido (al menos uno entiende por qué *debió* reírse), pero deja de tener el mismo impacto. Por lo tanto, ya no *funciona* de la misma manera.

Es lo mismo con las parábolas. Se contaron y podríamos suponer que la mayoría de los oyentes se identificaron de forma inmediata con los puntos de referencia que les hacían entender el punto central o ser atrapados por él. Sin embargo, para nosotros las parábolas están en forma escrita. Podríamos o no entender inmediatamente los puntos de referencia y, por lo tanto, nunca podrían funcionar para nosotros de la misma manera que lo hicieron para los primeros oyentes. Pero al interpretarlos normalmente somos capaces de entender lo que los atrapó a *ellos* o lo que habríamos captado si hubiéramos estado cuando fue contada por primera vez. Esto es lo que debemos hacer en nuestra exégesis. La tarea hermenéutica está más allá de eso: ¿Cómo recuperamos el impacto de las parábolas en nuestro propio tiempo y en nuestro propio contexto?

LA EXÉGESIS DE LAS PARÁBOLAS
Encontrando los puntos de referencia

Volvamos a nuestra analogía del chiste. Los dos elementos que capturan al oyente de un chiste y provocan carcajadas son los mismos dos que capturaron a los oyentes de las parábolas de Jesús, es decir, su conocimiento de *los puntos de referencia,* los que a su vez les hicieron reconocer el giro *inesperado* de la historia. Las claves para la comprensión son los puntos de referencia, esas partes diversas de la historia con las que uno se identifica automáticamente mientras es contada. Si uno se los pierde en un chiste, entonces no puede haber un giro inesperado, porque los puntos de referencia son los que crean las expectativas normales. En pocas palabras, un chiste explicado no es chiste en absoluto. Del mismo modo, si uno pierde los puntos de referencia en una parábola, entonces la fuerza y el punto de lo que Jesús dijo también se perderá.

Lo que queremos decir con puntos de referencia puede ilustrarse mejor a partir de una parábola de Jesús (Lc 7:40-42) registrada en su contexto original completo (vv. 36-50). El contexto nos dice que Jesús ha sido invitado a cenar por un fariseo llamado Simón. Pero la invitación no debe considerarse como «en honor a un famoso rabino visitante». De hecho, no ofrecer a Jesús ni siquiera la hospitalidad común del día era una especie de humillación intencional. Cuando la prostituta de la ciudad encuentra la forma de llegar a la presencia de los comensales y se pone en ridículo al lavar los pies de Jesús con sus lágrimas y secarlos con su cabello, solo fortalece las sospechas de los fariseos. Jesús no podría ser un profeta y dejar sin condena este tipo de afrenta pública.

Jesús conocía sus pensamientos y por eso le cuenta a su anfitrión una historia simple. Dos hombres le debían dinero a un prestamista. Uno debía quinientas monedas de plata (una moneda de plata era el salario de un día); el otro le debía cincuenta monedas de plata. Ninguno de los dos podía pagar, así que canceló las deudas de ambos. El punto: ¿Quién crees que habrá respondido al prestamista con la mayor manifestación de amor?

Esta historia no necesitaba interpretación, aunque Jesús procedió a enfatizar el punto con toda su fuerza. Hay tres puntos de referencia: el prestamista y los dos deudores. Es evidente que las identificaciones son inmediatas. Dios es como el prestamista; la prostituta de la ciudad y Simón son como los dos deudores. La parábola es una palabra de juicio que busca una respuesta por parte de Simón. Era muy difícil que se perdiera el punto. Cuando terminó Jesús, Simón está completamente avergonzado. Tal es la fuerza de una parábola.

Debemos señalar además que la mujer también escuchó la parábola. Ella también se identificó con la historia mientras era contada. Pero lo que oyó no fue juicio, sino la aceptación de Jesús y, por lo tanto, también la aceptación de Dios.

Nota bien: esto *no* es una alegoría; es una parábola. Una verdadera alegoría es una historia donde cada elemento en la historia significa algo completamente diferente a la misma historia. La alegoría daría sentido a las quinientas monedas y a las cincuenta monedas, así como a cualquier otro detalle que uno pudiera encontrar. Además, y esto es sumamente importante, el punto de la parábola *no* está en los puntos de referencia, como lo sería en una verdadera alegoría. Los puntos de referencia son solo aquellas partes de la historia que atraen al oyente hacia ella, partes con las que uno debe identificarse de alguna manera a medida que avanza la historia. El punto de la historia se encuentra en la respuesta *prevista*. En esta parábola es una palabra de juicio sobre Simón y sus amigos o una palabra de aceptación y perdón para la mujer.

Identificando la audiencia

En la ilustración anterior también señalamos la importancia de identificar al público, porque el significado de la parábola tiene que ver con cómo fue oída originalmente. Por supuesto, para muchas de las parábolas, el público se da en los evangelios. En tales casos, la tarea de interpretación es una combinación de tres cosas: (1) sentarse y escuchar la parábola una y otra vez; (2) identificar los puntos de referencia previstos por Jesús que habrían sido recogidos por los oyentes originales; y (3) tratar de determinar cómo los oyentes originales se habrían identificado con la historia y, por lo tanto, lo que habrían oído.

Probemos esto con dos parábolas bastante conocidas: el buen samaritano (Lc 10:25-37) y el hijo pródigo (Lc 15:11-32). En el caso del buen samaritano, Lucas señala que la historia es narrada a un experto de la ley que con el fin de justificarse había preguntado «¿Y quién es mi prójimo?». Mientras lees la parábola una y otra vez, notarás que no responde a la pregunta tal como fue formulada. Sin embargo, de un modo más revelador, expone la rectitud pedante del interrogador. Él conoce lo que dice la ley sobre amar al prójimo como a uno mismo y está listo para definir al «prójimo» en términos que demostrarán que obedece piadosamente la ley.

En realidad, solo hay dos puntos de referencia en la historia —el hombre tirado en el camino y el samaritano— aunque otros detalles en la parábola ayudan a crear el efecto. Hay que señalar dos puntos en particular: 1) Los dos que pasan de largo son de tipo sacerdotal, la orden religiosa que se opone a los rabinos y a los fariseos, que son los expertos en la ley. (2) La limosna a los pobres era algo muy importante para los fariseos. Así era como amaban a prójimo como a sí mismos.

Observa, entonces, cómo el maestro de la ley va a ser atrapado por la parábola. Un hombre cae en manos de ladrones en el camino de Jerusalén a Jericó, un evento bastante común. Dos tipos sacerdotales van por el camino y pasan de largo. La historia está siendo contada desde el punto de vista del hombre tirado en el camino y el maestro de la ley ahora ha caído en la trampa. *Por supuesto, pensaría de sí mismo, ¿quién podría esperar algo de los sacerdotes? La siguiente persona en pasar será un fariseo y él mostrará amor al prójimo ayudando a ese pobre tipo.* Pero no, ¡resulta ser un samaritano! Tendrías que saber con cuánto desprecio los fariseos consideraban a los samaritanos si vas a escuchar lo que él oyó. Ten en cuenta que ni siquiera se atreve a usar la palabra «samaritano» al final. ¡Este forastero es simplemente «el que»!

¿Ves lo que Jesús le hizo a este hombre? El segundo gran mandamiento es amar al prójimo como a uno mismo. El experto en la ley tenía prolijos sistemas ordenados que le permitían amar dentro de algunos límites. Lo que Jesús hace es exponer el prejuicio y el odio de su corazón y, por lo tanto, su verdadera falta de obediencia a este mandamiento. «Prójimo» no se puede definir en términos restrictivos. Su falta de amor no es que no haya ayudado al hombre tirado en el camino, sino que odia a los samaritanos (y mira con desdén a los sacerdotes). En efecto, la parábola destruye la pregunta en lugar de responderla.

De manera similar podríamos considerar al hijo pródigo. El contexto es la murmuración de los fariseos de la aceptación de Jesús y el comer con el tipo equivocado de personas (Lc 15:1-2). Las tres parábolas de las cosas perdidas que siguen son la justificación de Jesús de sus acciones. En la parábola del hijo perdido solo hay tres puntos de referencia: el padre y sus dos hijos. Donde uno se siente determinará cómo uno escucha, pero en cualquier caso el punto es el mismo: Dios no solo perdona libremente a los perdidos, sino que también los acepta con gran gozo. Aquellos que se consideran justos se revelan como injustos si no comparten el gozo del padre y del hijo perdido.

Por supuesto, los compañeros de mesa de Jesús se identificarán con el hijo perdido, como lo haríamos todos nosotros. Pero esta no es la verdadera fuerza de la parábola, que se debe encontrar en la actitud del segundo hijo. Él estaba «siempre» con el padre, sin embargo, se había puesto en el exterior. No pudo compartir el corazón del padre y su amor por un hijo perdido. Como dijo recientemente un amigo: «¿Te imaginas algo peor que volver a casa y caer en manos del hermano mayor?» ¡Ay!

En cada uno de estos casos, y en otros, las dificultades exegéticas que encontrarás se derivarán principalmente de la brecha cultural entre tú y el público original de Jesús, lo que podría hacer que te pierdas algunos de los puntos más finos que entran en la composición de toda la historia. Aquí es donde probablemente necesitarás ayuda externa. Pero no descuides estos asuntos, porque las costumbres culturales son lo que ayuda a dar vida a las historias originales.

Las parábolas «sin contexto»

Pero ¿qué hay de esas parábolas que se encuentran en los evangelios sin su contexto histórico original? Dado que ya hemos ilustrado esta preocupación en el capítulo anterior al ver la parábola de los viñadores (Mt 20:1-16), solo haremos una breve revisión. Una vez más, de lo que se trata es intentar determinar los puntos de referencia y la audiencia original. La clave está en la relectura repetida de la parábola hasta que sus puntos de referencia surjan con claridad. Por lo general, esto también le dará una pista instantánea a su público original.

Entonces, en los viñadores solo hay tres puntos de referencia: el propietario, los obreros de día completo y los obreros de una hora. Esto se determina fácilmente porque estas son las únicas personas que se enfocan a medida que la historia va llegando a su fin. La audiencia original también se determina con facilidad. ¿Quién habría sido «atrapado» por una historia de este tipo? Obviamente, los oyentes que se identifican con los obreros de día completo, ya que solo ellos están en la mira al final.

El punto es similar al del hijo pródigo. Dios es misericordioso y los justos no deben lamentar la generosidad de Dios. Sin embargo, lo que ha sucedido en este caso, en su contexto actual mateano, es que el mismo punto se está haciendo ahora a un nuevo público. Esto sirve, en el contexto del discipulado, como garantía de la generosidad de Dios, a pesar de la condena o el odio de los demás.

Se puede ver que este mismo escenario está pasando en la versión de Mateo de la parábola de la oveja perdida (18:12-14). En el Evangelio de Lucas, esta parábola funciona junto con la moneda perdida y el hijo pródigo como un mensaje para los fariseos. La oveja perdida es claramente un pecador, cuyo hallazgo trae alegría en el cielo. Una vez más, como mensaje para los fariseos, la parábola justifica la aceptación de Jesús de los marginados; pero cuando es escuchada por los marginados, la parábola les asegura que son los objetos de la búsqueda del pastor amoroso. En Mateo, la parábola es parte de la colección de dichos sobre las relaciones dentro del reino. En este nuevo contexto se está haciendo el mismo punto: el cuidado de Dios por los perdidos. Pero aquí los «perdidos» son ovejas que se han «alejado». En el contexto de Mateo responde la pregunta de lo que debemos hacer por aquellos «pequeños» que tienen una fe débil y que tienden a desviarse. Justo antes de la parábola (vv. 6-9) se le dice a la comunidad de Mateo que ninguno de ellos se haga responsable de desviar a un «pequeño». Por otro lado, en la parábola de la oveja perdida (vv. 10-14) les dice que deben buscar a la extraviada y llevarlas con amor de nuevo al redil. La misma parábola, el mismo punto, pero para un público nuevo.

Las parábolas del reino

Hasta ahora nuestras ilustraciones han sido tomadas de parábolas de conflicto entre Jesús y los fariseos. Pero hay un grupo mucho más grande de parábolas —las parábolas del reino— que necesitan una mención especial. Es cierto que todas las parábolas que ya hemos visto también son parábolas del reino. Expresan la inauguración del tiempo de salvación con la venida de Jesús. Pero las parábolas que tenemos en mente aquí son aquellas que expresamente dicen: «El reino de Dios es como...».

En primer lugar, hay que señalar que la introducción «El reino de Dios es como...», *no* debe tomarse con el primer elemento mencionado en la parábola. Es decir, el reino de Dios *no* es como una semilla de mostaza, un tesoro escondido en un campo o un mercader. La expresión significa literalmente: «Es como esto con el reino de Dios...». Así, toda la parábola nos dice algo sobre la naturaleza del reino, no solo sobre uno de los puntos de referencia o uno de los detalles.

En segundo lugar, es tentador tratar estas parábolas de manera diferente a las que acabamos de examinar, como si fueran medios de enseñanza en lugar de historias que buscan una respuesta. Pero eso sería abusar de ellas. Por supuesto, las colecciones divinamente inspiradas en Marcos 4 y Mateo 13 en su disposición actual están destinadas a *enseñarnos* sobre el reino. Pero originalmente estas parábolas eran parte de la proclamación real de Jesús sobre la inauguración del reino con su propia venida. Ellas mismas son portadoras del mensaje que busca una respuesta a la invitación de Jesús y el llamado al discipulado.

Tomemos, por ejemplo, la parábola interpretada del sembrador (Marcos 4:3-20; Mateo 13:3-23; Lucas 8:5-15), la cual Marcos ve correctamente como la clave del resto. Notarás que lo que Jesús ha interpretado son los puntos de referencia: Los cuatro tipos de tierra son como cuatro tipos de respuestas a la proclamación del reino. Pero el *punto* de la parábola es la urgencia de los tiempos: «Ten cuidado de cómo escuchas. Se está sembrando la palabra: el mensaje de las buenas nuevas del reino, el gozo del perdón, la demanda y el don del discipulado. Esto está antes que todo, así que escucha, presta atención; sé tierra fértil». Notarás, por lo tanto, que la mayoría de estas parábolas están dirigidas a las multitudes como discípulos potenciales.

Dado que estas parábolas son del *reino,* las encontramos proclamando el reino como «ya/todavía no». Pero su principal orientación es al «ya». El reino ya ha llegado; la hora de Dios está cerca. Por lo tanto, el tiempo presente es de gran urgencia. Tal urgencia en la proclamación de Jesús tiene una doble orientación: (1) El juicio es inminente; desastre y catástrofe están a la puerta. (2) Pero hay buenas noticias: la salvación se ofrece gratuitamente a todos.

Veamos un par de parábolas que ilustran estos dos aspectos del mensaje.

1. Comenzamos con la parábola del rico necio (Lc 12:16-20). Lucas la ha establecido en un contexto de actitudes hacia las posesiones a la luz de la presencia del reino. La parábola es bastante fácil. Un hombre rico, debido a su arduo trabajo, cree que ha asegurado su vida y descansa satisfecho. Pero como Jesús dice en otro lugar, «el que quiera salvar su vida, la perderá» (Mt 16:25, Mr 8:35, Lc 9:24). Por lo tanto, el hombre es un necio en el sentido bíblico, trata de vivir sin tener en cuenta a Dios. Pero el desastre repentino está a punto de superarlo.

Podrás notar que el punto de la parábola *no* es lo inesperado de la muerte. Es la urgencia del momento. El reino está *cerca*. Uno es un tonto para vivir por posesiones, por seguridad personal, cuando el final está justo en la puerta. Ten en cuenta cómo esto es compatible con el contexto. Un hombre quiere que su hermano divida la herencia. Pero Jesús se niega a involucrarse en su arbitraje. Su punto es que el deseo de posesión de la propiedad es irrelevante a la luz del momento presente.

Así es como debemos entender también una de las parábolas más difíciles— el mayordomo infiel (Lc 16:1-8). Una vez más, la historia es bastante simple. Un administrador de la propiedad estaba malversando, o despilfarrando, el dinero de su amo. Fue llamado a rendir cuentas y sabía que le había llegado la hora, así que concibió una estafa aun mayor. Dejó que todos aquellos que debían dinero ajustaran sus cuentas entre ellos, probablemente con la esperanza de asegurar amigos cuando se quedara sin trabajo. El golpe de esta parábola, y también la parte que nos causa más dificultades a la mayoría de nosotros, es que los oyentes originales esperan desaprobación. ¡En su lugar, este negocio sucio es elogiado!

¿Cuál podría ser el punto de Jesús al contar una historia como esta? Lo más probable es que esté desafiando a sus oyentes con la urgencia del tiempo. Si están realmente indignados con tal historia, cuánto más deberían aplicar esas lecciones a ellos mismos. Están en la misma posición del mayordomo que vio un desastre inminente, pero la crisis que los amenaza es incomparablemente más terrible. Ese hombre actuó (ten en cuenta que Jesús no excusa su acción); hizo algo con respecto a su situación. Para ti también, Jesús parece estar diciendo que la urgencia del momento exige acción; todo está en juego.

2. El momento urgente que llama a la acción, al arrepentimiento, es también el tiempo de salvación. Por lo tanto, el reino ya presente también es una buena noticia. En las parábolas gemelas del tesoro escondido y la perla de gran precio (Mt 13:44-46), el énfasis está en el gozo del descubrimiento. El reino es hallado en el primero; es buscado en el segundo. Con gozo liquidan sus posesiones para conseguir el tesoro y la perla. El reino no es el tesoro, ni tampoco es la perla. El reino es un don de Dios. El «descubrimiento» del reino trae un gozo indecible. Notarás cómo este mismo motivo aparece de manera completa también en las tres parábolas de las cosas perdidas (Lc 15).

Entonces, así es como uno necesita aprender a leer y estudiar las parábolas. No deben ser alegorizadas. Deben ser escuchadas, escuchadas como llamados para responder a Jesús y su misión.

LA PREGUNTA HERMENÉUTICA

La tarea hermenéutica planteada por las parábolas es única. Tiene que ver con que cuando se hablaron originalmente, rara vez necesitaban interpretación. Tenían un sentido de inmediatez para los oyentes, en la medida en que parte del efecto de muchas de ellas era su capacidad para «atrapar» al oyente. Sin embargo, vienen a nosotros en forma escrita y necesitan interpretación precisamente porque carecemos de la comprensión inmediata de los puntos de referencia que tenían los oyentes originales. Entonces, ¿qué hacemos? Sugerimos dos cosas.

1. Como siempre, nuestra preocupación básica es por las parábolas en sus contextos bíblicos actuales. Las parábolas están en un contexto escrito y a través del proceso exegético recién descrito podremos descubrir su significado, su *punto*, con un alto grado de precisión. Entonces, lo que tenemos que hacer es lo que hizo Mateo (p. ej., 18:10-14; 20:1-16): *traducir ese mismo punto a nuestro propio contexto*.

Con las parábolas relato se podría incluso tratar de volver a contar la historia de tal manera que, con nuevos puntos de referencia, los propios oyentes puedan sentir la ira o la alegría que experimentaron los oyentes originales. ¡La siguiente versión del Buen Samaritano no se reconoce como inspirada! Esperamos que ilustre una posibilidad hermenéutica. Se asume a una congregación protestante típica como audiencia.

Una familia de individuos desaliñados y descuidados quedó varada a un lado de una carretera importante un domingo por la mañana. Estaban en evidente angustia. La madre estaba sentada sobre una maleta destrozada, despeinada y toda desarreglada, con una mirada vidriosa en sus ojos, sosteniendo a un bebé maloliente, mal vestido y llorando. El padre estaba sin afeitarse, vestido con ropas de trabajo, mantenía una mirada de desesperación en su rostro mientras trataba de mantener cerca a otros dos pequeños. A su lado había un viejo auto destartalado que obviamente acababa de pasar a mejor vida.

Por la carretera llegó un auto conducido por el obispo local que iba camino a la iglesia. Aunque el padre de familia le hizo gestos frenéticos, el obispo no podía hacer esperar a sus feligreses, así que actuó como si no los hubiera visto.

Pronto llegó otro auto y de nuevo el padre hizo señas con desesperación. Pero el auto era conducido por el presidente del Rotary Club que ya iba tarde a una reunión regional de presidentes del club en una ciudad cercana. Él también actuó como si no los viera y mantuvo los ojos rectos en el camino que tenía por delante.

El siguiente coche que llegó era conducido por un reconocido ateo local, que nunca había pisado una iglesia en su vida. Cuando vio la angustia de la familia, los subió a su propio auto. Después de preguntar sobre su necesidad, los llevó a un hotel local, donde pagó por una semana de alojamiento mientras el padre encuentra trabajo. También pagó el alquiler de un auto para que pudiera buscar trabajo y le dio a la madre dinero en efectivo para comida y ropa nueva.

Uno de los autores presentó esta historia una vez. La respuesta sorprendente y airada dejó en claro que sus oyentes realmente habían «escuchado» la parábola por primera vez en sus vidas. Notarás cuán fiel es al contexto original. El protestante evangélico estaba pensando, *por supuesto, en el* obispo y el presidente del Rotary Club. *Entonces, seguramente uno de los míos será el siguiente.* Despues de todo, siempre hemos hablado del *Buen* Samaritano como si los samaritanos fueran de las personas más respetadas. Pero nada sería más ofensivo para un buen feligrés que alabar las acciones de un ateo, algo que, por supuesto, sería precisamente el lugar en donde se encontraba el experto de la ley en el relato original.

Esto puede ser un poco fuerte para algunos, e insistimos en que te asegures de haber hecho la exégesis con mucho cuidado antes de ponerlo a prueba. Pero nuestra experiencia es que la mayoría de nosotros tenemos un concepto un poco alto de nosotros mismos y la narración de algunas de las parábolas de Jesús ayudaría a que nos demos cuenta de nuestra propia falta de perdón (Mt 18:23-35), nuestro propio enojo ante la gracia cuando queremos que Dios sea «justo» (Mt 20:1-6) o nuestro orgullo por nuestra propia posición en Cristo en comparación con los «malos» (Lc 18:9-14). No sabíamos si reír o llorar cuando nos hablaron de un maestro de escuela dominical que, después de una hora de excelente instrucción sobre esta última parábola en la que había explicado a fondo los abusos del fariseísmo, concluyó en oración, con toda seriedad: «¡Gracias, Señor porque no somos como los fariseos en esta historia!». Tuvimos que decidir no reírnos demasiado para que nuestra risa no dijera: «Gracias, Señor, que no somos como ese maestro de la escuela dominical».

2. Nuestra otra sugerencia hermenéutica está relacionada con que todas las parábolas de Jesús son de alguna manera instrumentos que proclaman el reino. Por lo tanto, es necesario que te sumerjas en el significado del reino en el ministerio de Jesús. En este sentido, te recomendamos mucho que leas *The Presence of the Future* [La presencia del futuro] de George E. Ladd (Grand Rapids: Eerdmans, 1974).

El mensaje urgente del reino como presente y que pronto será consumado todavía es necesario en nuestros días. Aquellos que están tratando de asegurar sus vidas a través de las posesiones necesitan con urgencia escuchar la palabra del juicio inminente y los perdidos necesitan con desesperación escuchar las Buenas Noticias. Joachim Jeremias lo dijo con bastante elocuencia de esta manera *(Rediscovering the Parables* [Redescubriendo las Parábolas] Nueva York: Scribner, 1966, p. 181):

Ha llegado la hora de la realización; esa es la nota clave de todos ellos. El hombre fuerte es desarmado, los poderes del mal tienen que ceder, el médico ha venido a los enfermos, los leprosos son limpiados, se quita la pesada carga de la culpa, las ovejas perdidas son llevadas a casa, se abre la puerta de la casa del Padre, los pobres y los menesterosos son convocados al banquete, un maestro cuya bondad es inmerecida paga por completo los salarios, un gran gozo llena todos los corazones. Ha llegado el año aceptable de Dios. Porque ha aparecido aquel cuya majestuosidad velada ahora brilla a través de cada palabra y cada parábola: el Salvador.

CAPÍTULO 9

La(s) Ley(es): Estipulaciones del Pacto para Israel

Junto con las narraciones patriarcales que se encuentran en Génesis, las tres narrativas definitorias para Israel como pueblo se hallan en el libro de Éxodo. La primera, su liberación milagrosa (el «éxodo») de la esclavitud en Egipto, el imperio más poderoso del mundo antiguo en ese momento (Éx 1-18); la segunda, el retorno de la presencia de Dios que distinguía a su pueblo de todos los demás pueblos de la tierra (Éx 33; 40); y la tercera, Dios reconstituyéndolos como pueblo por su nombre al pie del monte Sinaí (Éx 19 – Nm 10:10). Es difícil para nosotros incluso imaginar la enormidad de las dificultades involucradas en este tercer asunto.

Había personas que durante cientos de años solo habían conocido la esclavitud y la cultura egipcia. Ahora Dios estaba a punto de reconstituirlos en un pueblo totalmente nuevo en la faz de la tierra. No solo deberían conformarse como un ejército de guerreros para conquistar la tierra prometida a sus antepasados, sino que también deberían conformarse como una comunidad capaz de vivir juntos, tanto durante su tiempo en el desierto, como finalmente en la propia tierra. Al mismo tiempo, necesitaban orientación sobre cómo iban a ser el pueblo *de Dios* —tanto en sus relaciones entre sí como en su relación con Dios— para que abandonaran los caminos y la cultura de Egipto y no adoptaran los caminos y la cultura de los cananeos, cuya tierra debían poseer. Otro desafío era la rápida asimilación de un gran número de no israelitas en el pueblo de Israel, no solo étnicamente, sino, mucho más importante, de forma religiosa (Éx 12:38).

Este es el papel de la ley en la historia de Israel. Era *el don* de Dios a su pueblo para establecer las maneras en que deberían vivir en comunidad entre sí y proveer para su relación y adoración de Yahvé, su Dios. Al mismo tiempo, la ley estableció los límites con respecto a sus relaciones con las culturas que les rodeaban. ¡Una tarea formidable!

Si vamos a leer y entender bien la ley, debemos comenzar con esta comprensión de su papel en la propia historia de Israel. Al mismo tiempo, debemos ser conscientes de su naturaleza vinculada al pacto, porque depende de ello nuestra comprensión no solo de la ley, sino también de los textos proféticos y de la propia historia del Nuevo Testamento como un nuevo pacto. Así que el primer propósito de este capítulo es guiarlos a una buena comprensión de la naturaleza y el papel de la(s) ley(es) en Israel. Pero también nos importa su segundo propósito: ¿Qué papel tienen esas leyes para personas como nosotros que vivimos bajo el nuevo pacto de Dios con su pueblo?

¿QUÉ ES LA LEY?

Con el fin de apreciar el papel de la ley del Antiguo Testamento en las Escrituras, necesitamos enfrentar tres temas desde el principio que son provocados por el lenguaje «ley» en la Biblia. En primer lugar, la palabra «ley» tiene más de una connotación cuando se utiliza a lo largo de las Escrituras: se utiliza (1) en plural para referirse a las «leyes»: los más de 600 mandamientos específicos que se esperaba que los israelitas guardaran como evidencia de su lealtad a Dios (p. ej., Éx 18:20); (2) en singular se refiere a todas aquellas leyes de forma colectiva (p. ej., Mt 5:18); (3) en singular para referirse al Pentateuco (Génesis a Deuteronomio) como el «libro de la ley» (p. ej., Jos 1:8); (4) en singular por algunos escritores del Nuevo Testamento que se refieren teológicamente a todo el sistema religioso del Antiguo Testamento (p. ej., 1 Co 9:20); (5) en singular por algunos personajes del Nuevo Testamento para referirse a la ley del Antiguo Testamento (en el segundo sentido anterior) tal como fue interpretada por los rabinos (p. ej., Pedro en Hch 10:28). Nuestro interés en este capítulo consiste principalmente en ayudar a los cristianos a leer y entender los usos 1 y 2 para llegar a apreciar lo que las muchas estipulaciones que Dios dio a Israel significaban para ellos y cómo podemos leerlos mejor en nuestros propios días.

El segundo tema tiene que ver con el uso 3 del párrafo anterior, que el Pentateuco mismo sea referido con frecuencia como «la Ley» por los escritores del Nuevo Testamento (p. ej., «la Ley o los Profetas» en Mt 5:17; Lc 16:16). Es importante señalar dos cosas: (1) Los mandamientos se encuentran casi exclusivamente en solo cuatro de los cinco libros llamados «la Ley»: Éxodo, Levítico, Números y Deuteronomio. (2) Estos libros también contienen mucho material además de listas de leyes. Ese material diferente es principalmente narrativo (ver el punto 5). La razón de esto es que la ley del pacto entre Yahvé e Israel, que comienza en Éxodo 20, no puede entenderse aparte de la narrativa en la que está incrustada, incluyendo (especialmente) Génesis, que, de hecho, contiene solo un puñado de mandamientos «básicos», tales como «Sean fructíferos y multiplíquense; llenen la tierra y sométanla» (Gn 1:28); «Si alguien derrama la sangre de un ser humano, otro ser humano derramará la suya» (Gn 9:6); y «Cumple con mi pacto» (Gn 17:9), leyes que no se limitan específicamente a Israel y su pacto especial con Yahvé. Es por eso que no hay una correspondencia exacta entre lo que llamaríamos «leyes» y lo que se denomina «libros de la Ley» en el Antiguo Testamento.

En tercer lugar, el problema más difícil para la mayoría de los cristianos con respecto a estos mandamientos es el hermenéutico. ¿Cómo se aplican a nosotros algunas de estas formulaciones legales específicas? Debido a que este es un asunto crucial, pasaremos ahora a algunas observaciones sobre los cristianos y la ley, lo que a su vez ayudará en la discusión exegética que sigue a continuación.

LOS CRISTIANOS Y LA LEY DEL ANTIGUO TESTAMENTO

Comenzamos señalando que no se espera que los creyentes contemporáneos expresen su lealtad a Dios guardando la(s) ley(es) del Antiguo Testamento, ya que estamos relacionados con Dios bajo un nuevo pacto. En cualquier caso, ¿cómo podría hacerlo alguien si es que ya no existe ningún templo o santuario central sobre cuyo altar se pueden ofrecer cosas como la carne de animales (Lv 1-5)? De hecho, si mataste y quemaste animales como se describe en el Antiguo Testamento, ¡probablemente serías arrestado por maltrato animal! Pero si no estamos supuestos a observar las leyes del Antiguo Testamento, ¿qué quiso decir Jesús cuando dijo: «Les aseguro que mientras existan el cielo y la tierra, ni una letra ni una tilde de la ley desaparecerán hasta que todo se haya cumplido» (Mt 5:18)? Esta pregunta necesita una respuesta sobre cómo la ley del Antiguo Testamento todavía funciona para los cristianos.

Sugerimos seis lineamientos iniciales para entender la relación del creyente contemporáneo con la ley del Antiguo Testamento. Estos lineamientos requerirán explicaciones, algunas de las cuales incluimos de inmediato y algunas otras aparecerán más plenamente más adelante en este capítulo.

1. *La ley del Antiguo Testamento es un pacto.* Un pacto es un contrato vinculante entre dos partes, ambas con obligaciones especificadas en el pacto. En los tiempos del Antiguo Testamento, los pactos eran a menudo dados por un señor protector todopoderoso (gobernante supremo) a un vasallo (siervo) más débil y dependiente. Por un lado, el señor le garantizaba al vasallo beneficios y protección. Pero a su vez, el vasallo estaba obligado a ser leal únicamente al señor, con la advertencia de que cualquier deslealtad traería castigos, tal como se especificaría en el pacto. ¿Cómo iba el vasallo a mostrar lealtad? Al guardar las estipulaciones (reglas de comportamiento) también especificadas en el pacto. Un pacto ponía en marcha una relación, en el caso de Israel, una relación con el único Dios verdadero, quien únicamente podía salvarlos y sostenerlos. Por esa razón las reglas eran muy importantes. ¡Sin reglas no hay relación! Mientras el vasallo mantuviera las estipulaciones, el señor sabía que el vasallo era leal. Pero cuando se violaban las estipulaciones, el señor era obligado por el convenio a tomar medidas para castigar al vasallo. En un caso extremo, la relación podría incluso ser alterada o suspendida por el señor (Dt 4:25-27; 28:20).

Es importante para tu comprensión que sepas que, al hacer un pacto con Israel sobre el Sinaí, Dios utilizó esta forma de pacto bastante conocida cuando constituyó el contrato vinculante entre Él (Yahvé = «el Señor») y su vasallo, Israel. A cambio de beneficios y protección, se esperaba que Israel guardara las muchas estipulaciones (es decir, mandamientos) contenidas en la ley del pacto, tal como la encontramos en Éx 20 – Dt 33.

El formato del pacto tenía seis partes: preámbulo, prólogo, estipulaciones, testigos, sanciones y la cláusula de revisión. El *preámbulo* identifica a las partes en el acuerdo («Yo soy el Señor tu Dios» [Éx 20:2]), mientras que el *prólogo* entrega una breve historia de cómo las partes se conectaron mutuamente («Yo te saqué de Egipto» [Éx 20:2]). Las *estipulaciones,* como hemos señalado, son las propias leyes individuales. Los *testigos* son aquellos que harán cumplir el pacto (el Señor mismo o, a veces, «el cielo y la tierra», una manera de decir que toda la creación de Dios se ocupa de que se guarde el pacto, p. ej., Dt 4:26; 30:19). Las *sanciones* son las bendiciones y maldiciones que funcionan como incentivos para guardar el pacto (p. ej., Lv 26 y Dt 28-33). La *cláusula de revisión* es la provisión para la revisión periódica del pacto para que no se olvide (p. ej., Dt 17:18-19; 31:9-13). Tanto la primera declaración de la ley (en el Sinaí, Éx 20 – Lv 27, con el suplemento en Números) como la segunda declaración (justo antes de la conquista, tal como se encuentra en Deuteronomio) reflejan este formato de seis partes.

La importancia de esta primera observación debe enfatizarse. Es su naturaleza de pacto lo que hace que «la ley» sea tan importante para entender todo el Antiguo Testamento. Como tal, es una parte esencial de la *historia* de Israel (ver cap. 5, pp. 91–108), que también explica por qué, en general, las leyes mismas parecen organizadas de una forma tan curiosa. Además, aparte de la naturaleza del pacto de la ley, no podrías comprender el papel de los profetas en Israel (ver cap. 10). Entonces, aunque no se espera que «guardemos» estas leyes, sin embargo, son esenciales para que leamos y sepamos si vamos a apreciar la historia bíblica —la historia de Dios— y nuestro propio lugar en ella.

2. *El Antiguo Testamento no es nuestro Testamento.* Testamento es otra palabra para pacto. El Antiguo Testamento representa el pacto anterior de Dios con Israel hecho en el monte Sinaí, el cual ya no estamos obligados a guardar. Por lo tanto, difícilmente podemos comenzar asumiendo que el antiguo pacto debe ser vinculante para nosotros de forma automática. Debemos asumir, de hecho, que *ninguna* de sus estipulaciones (leyes) es vinculante para nosotros, a menos que se *renueven* en el nuevo pacto. Es decir, a menos que una ley del Antiguo Testamento se reformule o refuerce de alguna manera en el Nuevo Testamento, ya no es directamente vinculante para el pueblo de Dios (cf. Ro 6:14-15). Hubo cambios del antiguo pacto al nuevo pacto. Las reglas han cambiado porque, en Cristo, la relación ha cambiado. Dios espera de su pueblo —nosotros— evidencias de obediencia y lealtad algo diferentes de las que esperaba de los israelitas del Antiguo Testamento. Todavía se espera la misma *lealtad*. Es la forma en que uno muestra esta lealtad que ha cambiado en ciertas maneras.

3. *Es evidente que en el nuevo pacto no se han renovado dos tipos de estipulaciones del antiguo pacto.* Si bien una cobertura completa de las categorías de la ley del Antiguo Testamento tomaría todo un libro, la parte de las leyes del Pentateuco que ya no se aplican a los cristianos puede agruparse de forma conveniente en dos categorías: (1) las leyes civiles israelitas y (2) las leyes rituales israelitas. Si bien algunas leyes del Antiguo Testamento todavía se aplican a nosotros (ver # 4 a continuación), estas no lo hacen, de la misma manera que las leyes de México no se aplican a las personas en Colombia.

Las *leyes civiles* son aquellas que especifican penas por diversos delitos (mayores y menores) por los que uno podría ser arrestado y juzgado en Israel. Estas son las leyes que moldearon la vida cotidiana de Israel como pueblo de Dios en sus relaciones entre sí y hacia su cultura. Por lo tanto, cuando las leas, piensa en términos de su papel en la antigua sociedad israelita; y piensa también en cómo revelan algo sobre el propio carácter de Dios. Por otro lado, tales leyes al final se aplican solo a los ciudadanos del antiguo Israel. Nadie que viva hoy en día es un ciudadano del antiguo Israel.

Las *leyes rituales* constituyen el bloque más grande de las leyes del Antiguo Testamento y se encuentran a lo largo de Levítico, así como en muchas partes de Éxodo, Números y Deuteronomio. Estas leyes le decían al pueblo de Israel cómo llevar a cabo las prácticas de adoración del antiguo pacto, detallándolo todo, desde el diseño de los implementos del culto, las responsabilidades de los sacerdotes, hasta qué tipo de animales debían ser sacrificados y cómo debía realizarse el ritual. El sacrificio (matanza ceremonial, cocción y alimentación) de los animales era fundamental en cómo adorar a Dios en el Antiguo Testamento. Sin el derramamiento de sangre, no era posible perdonar los pecados (ver He 9:22). Sin embargo, cuando se consumó el sacrificio de Jesús de una vez para siempre, este enfoque del antiguo pacto se volvió de inmediato obsoleto. Ya no figura en la práctica cristiana, aunque la adoración —como *nuevo* pacto— continúa.

Pero algunos preguntarán: «¿No dijo Jesús que todavía estamos bajo la Ley, dado que ni una jota ni una tilde, ni la línea más fina de un lápiz, se saldría de la Ley?». La respuesta es no, Él no dijo eso. Lo que dijo (ver Lc 16:16-17) fue que la Ley no puede ser cambiada. Jesús vino a establecer un nuevo pacto (ver Lc 22:20; cp. He 8-10), y al hacerlo «cumplió» el propósito del antiguo pacto, haciendo que su tiempo llegue a su fin. Jesús llamó al cumplimiento mismo un «mandamiento nuevo», la ley del amor (Jn 13:34-35).

Hay muchas analogías modernas a este tipo de cambio de estipulaciones de convenio a convenio. Por ejemplo, en el caso de los contratos de trabajo, un nuevo contrato puede especificar cambios en las condiciones laborales, diferentes estructuras de personal, diferentes escalas salariales, etc. Sin embargo, también puede conservar ciertas características del contrato anterior: antigüedad, descansos laborales, disposiciones contra el despido arbitrario, etc. Sin duda, un contrato de trabajo no está al nivel del pacto entre Dios e Israel, pero es un tipo de convenio y, por lo tanto, ayuda a ilustrar de manera familiar que un nuevo pacto puede ser muy diferente de un antiguo pacto, *pero no necesariamente diferente por completo*. Este es también el caso de los pactos bíblicos.

4. *Una parte del antiguo pacto se renueva en el nuevo pacto.* ¿A qué parte nos referimos? La respuesta radica en que algunos aspectos de la ley ética del Antiguo Testamento se reafirman efectivamente en el Nuevo Testamento como aplicables a los cristianos. Pero tales leyes derivan su aplicabilidad continua de su utilidad para apoyar las dos leyes básicas del nuevo pacto, de las cuales dependen toda la ley y los

profetas (Mt 22:40): «Ama al Señor tu Dios con todo tu corazón, con todo tu ser y con toda tu mente» (ver Dt 6:5) y «Ama a tu prójimo como a ti mismo» (ver Lv 19:18). Por lo tanto, Jesús extrae algunas leyes del Antiguo Testamento y les da una nueva aplicabilidad (lee Mt 5:21-48), redefiniéndolas en términos del amor por el prójimo en lugar de solo prohibiciones que deben ser «mantenidas». ¡Al hacerlo, amplía considerablemente la perspectiva! Por lo tanto, decimos que se renuevan del antiguo pacto al nuevo algunos aspectos en vez de las leyes mismas.

5. *Toda la ley del Antiguo Testamento sigue siendo la Palabra de Dios para nosotros, aunque ya no sea el mandato de Dios para nosotros.* La Biblia contiene todo tipo de mandamientos que Dios quiere que conozcamos, que no están dirigidos hacia nosotros de forma personal. Aunque ya no nos incumbe la construcción de barandas alrededor del techo de nuestras casas (Dt 22:8), debemos deleitarnos con un Dios que se preocupaba de que los invitados no se cayeran del techo (generalmente plano) con el que no estaban familiarizados. Por lo tanto, al pueblo de Dios se le enseñó a construir sus casas con ese tipo de amor por el prójimo en mente. Esto encaja con nuestra comprensión de la ley como parte de la historia de Israel, ya que no podemos conocer el significado de nuestra historia, la historia del nuevo pacto, sin saber bien cómo funcionaba la ley en la historia de Israel, la historia del antiguo pacto.

6. Solo lo que se renueva explícitamente de la ley del Antiguo Testamento puede considerarse parte de la «ley de Cristo» del Nuevo Testamento (cp. Gá 6: 2). En esa categoría se incluirían los Diez Mandamientos, ya que se citan de diversas maneras en el Nuevo Testamento como todavía vinculantes para los cristianos (ver Mt 5:21-37; Jn 7:23), y los dos grandes mandamientos llevados al Nuevo Testamento, «Ama al Señor tu Dios con todo tu corazón, con todo tu ser y con toda tu mente» (Dt 6:5) y «Ama a tu prójimo como a ti mismo» (Lv 19:18). En este caso, estas dos «leyes» muestran perfectamente el carácter de Dios, el cual debe ser reproducido en sus hijos. No se puede demostrar que otras leyes específicas del Antiguo Testamento sean vinculantes para los cristianos, por más valioso que sea conocerlas todas.

EL PAPEL DE LA LEY EN ISRAEL Y EN LA BIBLIA

Aunque las leyes del Antiguo Testamento no son nuestras leyes, sería un error concluir que la ley ya no es una parte valiosa de la Biblia. Por el contrario, no solo funcionó en la historia de la salvación para llevarnos a Cristo, tal como dice Pablo (Gá 3:24), sino que además sin ella no seríamos capaces de entender lo que significaba para Israel ser el pueblo de Dios. Ten en cuenta que en ninguna parte del Antiguo Testamento se sugiere que alguien era salvo por guardar la ley. Más bien, la ley era el don de Dios para Israel, su manera de diferenciarlos de sus vecinos paganos, de establecer estipulaciones y límites para su conducta, para que supieran cómo debían amar al Señor su Dios y amarse unos a otros. En otras palabras, las reglas de su ley les daban una comprensión de su relación tanto con Dios como mutuamente. Es por eso que en el Antiguo Testamento los justos expresan con regularidad su deleite en la ley de Dios (p. ej., Sal 19 y 119). Cuando el pueblo no guardaba la ley a la perfección, Dios también le proporcionó los medios para el perdón y la expiación.

El problema de Israel en el Antiguo Testamento no era con su *incapacidad* para guardar la ley; era con su *elección* de no hacerlo. La historia de Israel que se registra en la mayor parte del Antiguo Testamento es una historia larga y triste de desobediencia, de coqueteo constante y atracción con los dioses de sus vecinos. Isaías vio claramente que las personas se vuelven como los dioses a los que adoran. Por lo tanto, se describe a Israel como teniendo ojos, pero sin ver; teniendo oídos, pero sin oír (Is 6:9-10), al igual que los ídolos a los que fueron atraídos y finalmente terminaron adorando. Por lo tanto, en lugar de ser el pueblo de Yahvé —un pueblo que ejemplificaba su carácter de justicia y misericordia, cuidando a los necesitados en la tierra, etc.— estaba lleno de codicia, caprichos e inmoralidad sexual, como los baales de los cananeos.

Por lo tanto, el *papel* de la ley en Israel es especialmente importante como conocerlo bien, porque vemos ejemplos del carácter de Dios expresado en las leyes que dio a Israel mientras lo adoraban y vivían en una relación amorosa entre ellos. Y de ese modo, entendemos por qué tenía que haber un nuevo pacto acompañado del don del Espíritu (Ez 36:25-27; 2 Co 3:6), para que el pueblo de Dios llevara su semejanza al conformarse a la imagen de su Hijo (Ro 8:29).

Así que la ley no era considerada en Israel como un «medio de salvación». No fue dada por esa razón ni podría funcionar de esa manera. Más bien, funcionó como una forma de establecer parámetros para las relaciones y la lealtad entre Dios y su pueblo. La ley simplemente representaba los términos del acuerdo de lealtad que Israel tenía con Dios.

En ese sentido la ley se erige como un paradigma (modelo). No es una lista completa de todas las cosas que uno podría o debería hacer para complacer a Dios en el antiguo Israel. La ley presenta, más bien, ejemplos o muestras de lo que significa ser leal a Dios. Con el fin de ayudarte con la lectura de las leyes, debería resultarte útil entender las dos formas básicas en las que las leyes son dadas.

Ley apodíctica

A la luz de lo que se acaba de decir, considera el siguiente pasaje:

»Cuando llegue el tiempo de la cosecha, no sieguen hasta el último rincón de sus campos ni recojan todas las espigas que allí queden. »No rebusquen hasta el último racimo de sus viñas, ni recojan las uvas que se hayan caído. Déjenlas para los pobres y los extranjeros. Yo soy el SEÑOR su Dios.

»No roben.

»No mientan.

»No engañen a su prójimo.

»No juren en mi nombre solo por jurar, ni profanen el nombre de su Dios. Yo soy el SEÑOR.

»No explotes a tu prójimo, ni lo despojes de nada.

»No retengas el salario de tu jornalero hasta el día siguiente.

»No maldigas al sordo, ni le pongas tropiezos al ciego, sino teme a tu Dios. Yo soy el SEÑOR.

Levítico 19:9–14

Considera primero que se repite tres veces «Yo soy el SEÑOR» para que te des cuenta de cuán claramente están ligadas estas leyes al propio carácter de Yahvé. Los israelitas, como pueblo de Dios, debían adorar y así ser como su Dios. Por lo tanto, mandamientos como estos eran vinculantes para todos los israelitas en todo momento. Aquellos que comienzan con «hacer» o «no hacer» son lo que llamamos leyes apodícticas. Son órdenes directas, generalmente en la segunda persona imperativo, generalmente aplicables y que les indican a los israelitas el tipo de cosas que se supone que deben hacer para cumplir su parte del pacto con Dios. Sin embargo, es bastante obvio que tales leyes no son exhaustivas. Mira detenidamente, por ejemplo, las leyes de asistencia social durante la cosecha con las que comienza la serie (vv. 9 y 10). Ten en cuenta que solo se mencionan cultivos de campo (trigo, cebada, etc.) y uvas. ¿Significa esto que, si criaste ovejas o cosechaste higos o aceitunas, no tenías la obligación de compartir tu abundancia con el pobre y el extranjero residente? ¿Soportarían otros la carga de hacer que el sistema de asistencia social divinamente ordenado del Antiguo Testamento funcionara mientras tú quedas exonerado? Claro que no. La ley es paradigmática: establece *una norma o estándar con un ejemplo* en vez de mencionar todas las circunstancias posibles. Pero también es, al mismo tiempo, universalmente aplicable a todos los que tienen tierras y crían ganados o cultivos.

Una vez más, considera los dos mandamientos finales (vv. 13b-14). El objetivo de estas declaraciones es prohibir la retención del pago a los trabajadores que cobran por día y abusar de las personas con discapacidad. ¿Qué pasaría si retuvieras el pago a un trabajador casi toda la noche, pero se lo dieras justo antes del amanecer? Los maestros de la ley y los fariseos de la época de Jesús podrían haber argumentado que sus acciones estaban justificadas ya que la ley dice claramente «hasta el día siguiente». Pero un legalismo estrecho y egoísta de este tipo es, de hecho, una distorsión de la ley. Las declaraciones en la ley estaban destinadas a ser una *guía* fiable con aplicabilidad general, no una descripción técnica de todas las condiciones posibles que se pudieran imaginar. Del mismo modo, si lastimaste a una persona que es muda o a una que es coja o tiene discapacidades mentales, ¿habrías guardado el mandamiento del final de la lista? Desde luego que no. Los «sordos» y los «ciegos» son simplemente seleccionados como ejemplos de todas las personas cuyas debilidades físicas demandan respeto y ayuda en lugar de ser pasados por alto o despreciados.

Las sociedades modernas a menudo tienen códigos legales que son relativamente exhaustivos. Por ejemplo, los códigos legales federales y estatales en los Estados Unidos contienen miles de leyes específicas contra todo tipo de violaciones. Aun así, siempre se requiere que un juez (y a menudo un jurado) determine si una ley ha sido transgredida por el acusado, ya que es imposible escribir leyes tan completas en la redacción que especifiquen todas las formas posibles de violar la regla prevista.

En consecuencia, la ley del Antiguo Testamento está mucho más cerca de la Constitución de los Estados Unidos —que establece a grandes rasgos y esboza las características de la justicia y la libertad en la tierra— que de los códigos federales y estatales.

Ten en cuenta que nuestra explicación de que las leyes apodícticas (generales, sin clasificar) del Antiguo Testamento son paradigmáticas (ejemplos en lugar de normas exhaustivas) no es de ayuda para la persona que desea facilitar la obediencia a esas leyes. Más bien, hemos señalado que estas leyes, aunque limitadas en su *redacción,* son en realidad muy completas *en espíritu.* Por lo tanto, si uno se propusiera mantener el espíritu de la ley del Antiguo Testamento, de seguro finalmente fracasaría. Ningún ser humano puede complacer a Dios constantemente a la luz de estándares tan altos y completos (cp. Ro 8:1-11). Solo el enfoque farisaico —obedecer la letra en lugar del espíritu de la ley— tendría muchas posibilidades de éxito. Pero es solo un éxito mundano, no uno que resulta en realmente mantener la ley como Dios pretendía que se guardara (Mt 23:23).

Por lo tanto, hacemos una observación hermenéutica preliminar: aunque no es su intención principal, la ley nos muestra *lo imposible que es complacer a Dios por nuestra cuenta*. Esto, por supuesto, no es una observación nueva. Pablo dijo lo mismo en su carta a los creyentes en Roma (Ro 3:20). Pero el punto es aplicable a los *lectores* de la ley, no solo como una verdad teológica. Cuando leemos la ley del Antiguo Testamento, debemos ser humillados para apreciar cuán indignos somos de pertenecer a Dios. ¡Debemos ser movidos a la alabanza y a la acción de gracias debido a que Él nos hizo aceptos en su presencia, sin cumplir humanamente la ley del Antiguo Testamento! Porque de lo contrario no tendríamos ninguna esperanza de complacer a Dios.

Ley casuística

La ley apodíctica tiene una contraparte en otro tipo de ley, que lleva por nombre ley casuística (caso por caso). Considera el siguiente pasaje de Deuteronomio:

> »Si tu hermano hebreo, hombre o mujer, se vende a ti y te sirve durante seis años, en el séptimo año lo dejarás libre. Y cuando lo liberes, no lo despidas con las manos vacías. Abastécelo bien con regalos de tus rebaños, de tus cultivos y de tu lagar. Dale según el Señor tu Dios te haya bendecido. Recuerda que fuiste esclavo en Egipto, y que el Señor tu Dios te dio libertad. Por eso te doy ahora esta orden.
>
> »Pero, si tu esclavo, porque te ama a ti y a tu familia y le va bien contigo, te dice: "No quiero dejarte", entonces tomarás un punzón y, apoyándole la oreja contra una puerta, le perforarás el lóbulo. Así se convertirá en tu esclavo de por vida. Lo mismo harás con la esclava.

Deuteronomio 15:12–17

Los elementos de una ley como esta son condicionales: describen ciertas condiciones que pueden prevalecer en ciertos tipos de situaciones que involucran a ciertos tipos de personas, pero no necesariamente en cada situación que involucra a cada persona. Las leyes casuísticas, que generalmente implican descripciones en tercera persona, entregan ejemplos de lo que puede ser el caso, lo que puede suceder y lo que se debe hacer si ocurre. A diferencia de las leyes apodícticas, que prescriben lo que siempre deben hacer todos en todas las situaciones, las leyes casuísticas señalan casos particulares que se aplican solo a algunas personas en algunas situaciones, no a todos en todas las situaciones. Se esperaba que los recipientes de la ley entendieran que este tipo de leyes tenían implicaciones más amplias.

Por lo tanto, la ley citada arriba solo se aplica en el caso de que (1) tú, un israelita, tenga al menos un siervo, o (2) tú, un israelita, tenga un siervo que desee o no permanecer como siervo de forma voluntaria después de que haya pasado el período mínimo obligatorio de servicio. Si tú no eres israelita o no tienes siervos, la ley no te aplica. Si tú mismo eres un siervo, esta ley, porque está dirigida a tu jefe, se te aplica solo *indirectamente* en el sentido de que protege tus derechos. Pero la ley no es para todos. Está condicionada, basada en un contrato de trabajo especial a largo plazo (algo como un alistamiento militar de varios años en los tiempos modernos), una condición *posible* que puede o no aplicarse a una persona determinada en un momento dado.

Tales leyes casuísticas, o caso por caso, constituyen una gran parte de los más de 600 mandamientos que se encuentran en la ley del Pentateuco del Antiguo Testamento. Es interesante notar que ninguna de ellas se renueva de forma explícita en el nuevo pacto. Debido a que tales leyes se aplican específicamente a la vida civil, religiosa y ética de Israel, por su propia naturaleza son limitadas en su aplicabilidad y, por lo tanto, es poco probable que se apliquen al cristiano. ¿Qué principios hermenéuticos puede entonces un cristiano aprender de las leyes casuísticas? Observando el pasaje de Deuteronomio citado anteriormente podemos observar varios puntos.

En primer lugar, aunque personalmente no tengamos siervos, podemos ver que la provisión de Dios para el servicio a largo plazo bajo el antiguo pacto difícilmente era una regulación brutal y severa. Apenas podríamos justificar el tipo de esclavitud practicada en la mayor parte del mundo, incluida la de la historia norteamericana, por ejemplo, a partir de una ley de este tipo. Dejar que los siervos sean libres después de solo seis años de servicio y con recursos suficientes para comenzar una nueva vida, proporcionó una limitación importante en la práctica de la servidumbre contractual. De este modo, la práctica no podía ser abusada más allá de los límites razonables. Ten en cuenta la forma en que esta ley se relaciona con la propia historia de Israel. Como esclavos redimidos, que una vez carecían de esperanza de ganar su libertad, deben mostrar misericordia a aquellos que por necesidad deben convertirse en siervos entre su propio pueblo.

En segundo lugar, aprendemos que Dios ama tanto a los siervos como a los esclavos. Su amor se observa en las estrictas salvaguardas incorporadas en la ley, así como en el conjunto final (vv. 14 y 15), que exigen generosidad hacia los siervos, en la medida en que su Dios había mostrado tal generosidad hacia Israel, el propio pueblo de Dios, un grupo de exesclavos.

En tercer lugar, aprendemos que el servicio a largo plazo podía practicarse de una manera tan benigna que los sirvientes estaban en una mejor condición que siendo libres. Es decir, el jefe del siervo, al asumir la obligación de proporcionar alimentos, ropa y vivienda para los sirvientes, en muchos casos los mantenía vivos y en buenas condiciones. Por sí solos, podrían morir de hambre o tal vez de inanición si carecían de los recursos para sobrevivir en las duras condiciones económicas que prevalecieron en la antigua Palestina.

En cuarto lugar, el jefe del siervo no era realmente su dueño en un sentido total. Era dueño del siervo *contractualmente,* sujeto a una serie de restricciones precisadas o aludidas en una serie de otras leyes sobre el servicio. Su poder sobre el siervo no era absoluto bajo la ley. Dios era el dueño, tanto del jefe como del siervo. Dios había redimido (comprado de vuelta) a todos los hebreos, como dice el recordatorio gentil al final de la primera parte (v. 15), y tenía derecho de propiedad sobre todos ellos: siervo o libre.

Estas cuatro observaciones proveen lecciones valiosas para nosotros. No importa que el código legal de este conjunto (Dt 15:12-17) no sea un mandato directo para nosotros o sobre nosotros. Lo que importa es cuánto podemos aprender de esta ley sobre Dios, sus demandas de rectitud, sus ideales para la sociedad israelita y su relación con su pueblo, especialmente en lo que respecta al significado de la «redención». Esta ley, entonces, nos proporciona (1) una parte importante del trasfondo para la enseñanza del Nuevo Testamento sobre la redención, (2) una imagen mucho más clara de cómo la servidumbre del Antiguo Testamento era muy diferente de lo que la mayoría de la gente moderna piensa de la esclavitud, y (3) una perspectiva sobre el amor de Dios que, de otra manera, no habríamos tenido. Este pasaje legal, en otras palabras, sigue siendo Palabra de Dios para nosotros, aunque no así un mandato.

Sin embargo, no todo sobre los siervos en el antiguo Israel se puede aprender de esta ley. Por ejemplo, ciertas normas para los siervos de origen extranjero tienen un alcance diferente. De hecho, todas las leyes sobre servidumbre y/o esclavitud en el Pentateuco puestas juntas solo tocan la superficie. Debería ser obvio que unos pocos cientos de leyes solo pueden funcionar de manera paradigmática, es decir, como ejemplos de cómo las personas deben comportarse, en lugar de actuar de forma exhaustiva. Si incluso los códigos penales y civiles modernos con sus miles de estatutos individuales no pueden dar una guía exhaustiva a la sociedad, entonces la ley del Antiguo Testamento no debe entenderse como abarcándolo todo. Sin embargo, debido a que contiene el *tipo* de normas que Dios estableció para su pueblo del antiguo pacto, debería ser particularmente instructivo a medida que nosotros, del nuevo pacto, buscamos hacer su voluntad.

LA LEY DEL ANTIGUO TESTAMENTO Y OTROS CÓDIGOS DE DERECHO ANTIGUOS

Los israelitas no fueron los primeros en vivir por leyes. Varios otros códigos legales de naciones antiguas han sobrevivido de tiempos incluso anteriores al momento en que la ley fue dada a Israel a través de Moisés (1440 a. C. o más tarde, dependiendo de la fecha del éxodo de Egipto). Cuando estas leyes anteriores se comparan con la ley del Antiguo Testamento, se hace evidente que la ley dada a Israel representa un avance ético definido sobre sus predecesores. Considera, por ejemplo, los dos conjuntos de leyes siguientes. El primero es de las *Leyes de Eshnunna*, un código legal acadio de alrededor de 1800 a. C.:

> Si un hombre libre no tiene ninguna reclamación contra otro hombre libre, pero se apodera de la sirvienta del otro hombre libre, detiene a la secuestrada en su casa y causa su muerte, debe dar dos sirvientes al propietario de la sirvienta como compensación. Si no tiene ninguna demanda en su contra, pero se apodera de la esposa o el hijo de una persona de clase alta y causa su muerte, es un crimen capital. El que hizo el secuestro debe morir (leyes Eshnunna, 23, 24, traducción del autor; cp. J. B. Pritchard, ed., *The Ancient Near East*. [Princeton y Oxford: Princeton University Press, 2011], p. 152).

El segundo es del famoso *Código de Derecho de Hammurabi,* un rey babilónico que «promulgó la ley de la tierra» en 1726 a. C.:

> Si un noble libre golpeó a la hija de otro noble libre y la hizo tener un aborto espontáneo, debe pagar diez siclos de plata por su feto. Si esa mujer murió, deben dejar a su hija en la muerte. Si por un golpe violento causó que la hija de un plebeyo tuviera un aborto espontáneo, debe pagar cinco siclos de plata. Si esa mujer murió, debe pagar 1/2 de una mina de plata. Si golpeó a la sirvienta libre de un noble y la hizo tener un aborto espontáneo, debe pagar dos siclos de plata. Si esa sirvienta murió, debe pagar 1/3 de una mina de plata (leyes de Hammurabi, 209–14, traducción del autor; cp. J. B. Pritchard, ed., *The Ancient Near East*. [Princeton y Oxford: Princeton University Press, 2011], p. 175).

Hay varios temas en estas leyes que se pueden tener en cuenta, pero deseamos llamar la atención sobre una en particular, las distinciones de clase integradas en ellas. Ten en cuenta que las leyes solo proveen multas como castigo por causar la muerte de un sirviente o un plebeyo, mientras que la pena por causar la muerte de un miembro de la nobleza es la muerte. Considera también que los miembros masculinos de la nobleza eran prácticamente inmunes al castigo personal, siempre y cuando el daño que trajeran fuera a una mujer. Así, en el segundo grupo de leyes (Hammurabi, leyes 209-14), aun cuando el noble causa la muerte de la hija de otro noble, él mismo no sufre. Más bien, su hija es ejecutada. En el primer conjunto de leyes (leyes *Eshnunna*, 23, 24), del mismo modo, la muerte de un siervo es simplemente compensada con el pago de dos sirvientes. El asesino sale libre.

Entonces, en tales leyes, las mujeres y los sirvientes son tratados como propiedad. El daño a cualquiera de ellos se maneja de la misma manera en que el daño a un animal o una posesión material se maneja en otras leyes en estos códigos legales.

Éticamente, la ley del Antiguo Testamento representa un salto significativo sobre tales códigos. La prohibición del asesinato no está calificada por sexo o estatus social: «No matarás» (Éx 20:13). «El que hiera a otro y lo mate será condenado a muerte» (Éx 21:12). En cuanto a la indemnización por lesiones a los siervos, también hubo un avance: «Si alguien le rompe un diente a su esclavo o a su esclava, en compensación por el diente los pondrá en libertad» (Éx 21:27). Los siervos, en general, tenían un estatus muy diferente en la ley del Antiguo Testamento del estatus que gozaban bajo las leyes anteriores. «Si un esclavo huye de su mano y te pide un refugio, no se lo entregues a su amo, sino déjalo que viva en medio de ti, en la ciudad que elija y donde se sienta a gusto. No lo oprimas» (Dt 23:15–16). En contraste con la disposición de las leyes de Hammurabi que permitía a un noble obligar a su hija a ser ejecutada por una muerte que él había causado, la ley del Antiguo Testamento es explícita en que «No se dará muerte a los padres por la culpa de sus hijos, ni se dará muerte a los hijos por la culpa de sus padres. Cada uno morirá por su propio pecado» (Dt 24:16).

LA LEY DEL ANTIGUO TESTAMENTO COMO BENEFICIO PARA ISRAEL

En términos de su capacidad para proporcionar vida eterna y verdadera rectitud ante Dios, la ley misma era bastante inadecuada, porque no fue diseñada para tales propósitos. Sin embargo, cuando estos se entienden de manera correcta, la ley debe ser reconocida como beneficiosa para los israelitas, un maravilloso ejemplo de la misericordia y la gracia de Dios a su pueblo. Concluimos con algunos ejemplos para ayudarte a leerla como estaba prevista. Léelo con esa luz cuando te encuentres con el tipo de leyes que hemos mostrado aquí.

Las leyes alimentarias

> Ejemplo: «El cerdo, porque tiene la pezuña partida en dos, pero no es rumiante; este animal será impuro para ustedes» (Lv 11:7).

En las leyes alimentarias, como esta prohibición contra la carne de cerdo, Dios no pretende representar restricciones arbitrarias y caprichosas a los gustos israelitas. Más bien, tienen un serio propósito protector. La gran mayoría de los alimentos prohibidos son aquellos que (1) son más propensos a llevar enfermedades en el clima árido del desierto del Sinaí y/o la tierra de Canaán; o (2) son en extremo antieconómicos en el sentido de criarlos como alimento en el contexto agrario particular del desierto del Sinaí y/o la tierra de Canaán; o (3) son alimentos favorecidos para el sacrificio religioso por grupos cuyas prácticas los israelitas no debían copiar. Además, a la luz de la investigación médica moderna que indica que las alergias alimentarias varían según las poblaciones étnicas, las leyes alimentarias, sin duda, mantuvieron alejado a Israel de ciertas alergias. El desierto no contenía mucho polen para molestar al tracto pulmonar israelita, pero sí contaba con algunos animales cuya carne podía irritar sus sistemas digestivos o nerviosos. Es interesante observar que el cordero, la principal fuente de carne de Israel, es la menos alergénica de todas las carnes populares, según especialistas en alergias alimentarias.

Leyes sobre el derramamiento de sangre

> Ejemplo: «Arrimarás al novillo a la entrada de la Tienda de reunión para que Aarón y sus hijos le pongan las manos sobre la cabeza, y allí, en presencia del Señor, sacrificarás al novillo. Con el dedo tomarás un poco de la sangre del novillo y untarás en los cuernos del altar, y al pie del altar derramarás la sangre restante» (Éx 29:10-12).

Tales leyes establecen un estándar importante para Israel. El pecado merece castigo. Dios reveló a su pueblo a través de la ley que el que peca contra Dios no merece vivir. Pero Dios también proporcionó un procedimiento por el cual el pecador podría escapar de la muerte: la sangre de un sustituto podía ser derramada. De esta manera, Dios se ofreció a aceptar la muerte de otro ser vivo —un animal— en lugar de la muerte del pecador entre su pueblo. El sistema de sacrificios de la ley incorporó este procedimiento a la vida de Israel. Era una parte necesaria para la supervivencia del pueblo, recogida y citada en el Nuevo Testamento: «sin derramamiento de sangre no hay perdón» (He 9:22). Lo más importante es que las leyes que requerían un sacrificio sustitutivo sentaron un precedente para la obra de expiación sustitutoria de Cristo. El principio establecido en Hebreos es completamente bíblico. La muerte de Cristo proporciona el cumplimiento de la demanda de la ley y es la base de nuestra aceptación con Dios. La ley del Antiguo Testamento sirve como un fondo vívido para el más grande de los acontecimientos de la historia.

Prohibiciones inusuales

Ejemplo: «No cocines el cabrito en la leche de su madre» (Dt 14:21).

«¿Qué tiene de malo?», podrías preguntar. ¿Por qué esta y otras leyes como «No crucen animales de especies diferentes», o «No planten en su campo dos clases distintas de semilla», o «No usen ropa tejida con dos clases distintas de hilo» (Lv 19:19) están en el Antiguo Testamento?

La respuesta es que estas y otras prohibiciones fueron diseñadas para prohibir a los israelitas participar en las prácticas de culto a la fertilidad de los cananeos. Los cananeos creían en lo que se denomina magia favorable, la idea de que las acciones simbólicas pueden influir en los dioses y la naturaleza. Pensaron que hervir a un cabrito en la leche de su madre garantizaría mágicamente la continua fertilidad del rebaño. Se pensaba que mezclar razas animales, semillas o materiales se «casaban» con el fin de producir mágicamente «crías», es decir, recompensas agrícolas en el futuro. Dios no podía ni bendeciría a su pueblo si practicaban tales disparates. Conocer la intención de tales leyes —para evitar que los israelitas sean conducidos a la religión cananea que estaba tan completamente en contra de Dios y su carácter— les ayuda a ver que no son arbitrarias, sino cruciales y una imagen vívida del amor benefactor de Dios.

Leyes que dan bendiciones a quienes las guardan

Ejemplo: «Cada tres años reunirás los diezmos de todos los productos de ese año, y los almacenarás en tus ciudades. Así los levitas que no tienen patrimonio alguno, y los extranjeros, los huérfanos y las viudas que viven en tus ciudades podrán comer y quedar satisfechos. Entonces el Señor tu Dios bendecirá todo el trabajo de tus manos» (Dt 14:28-29).

Por supuesto, todas las leyes de Israel fueron diseñadas para ser un medio de bendición para el pueblo de Dios (Lv 26:3-13). Sin embargo, algunas de ellas mencionan específicamente que la obediencia proporcionará bendición. Por lo tanto, esta ley de diezmos de tercer año fundamenta la bendición en la obediencia. Si el pueblo no se preocupa por los necesitados entre ellos —aquellos sin «tierra» como los levitas, huérfanos y viudas— Dios retendrá la prosperidad. El diezmo pertenece a Dios, quien así ha delegado cómo debe ser utilizado. Si se viola este mandamiento, se considera como un robo del dinero de Dios. Esta ley proporciona beneficios para los necesitados y beneficios para aquellos que benefician a los necesitados. Tal ley no es restrictiva ni punitiva. En cambio, es un vehículo para las buenas prácticas y, como tal, es instructiva para nosotros, así como para los antiguos israelitas.

EN RESUMEN: ALGUNOS «HAZ» Y «NO HAGAS»

Como síntesis de algunas de las cosas de las que hemos hablado en este capítulo, presentamos una breve lista de pautas hermenéuticas que esperamos te sirvan de forma provechosa cada vez que leas la ley del Pentateuco del Antiguo Testamento. Tener estos principios en mente puede ayudarte a evitar aplicaciones erróneas de la ley mientras observas su carácter instructivo y de edificación de fe.

1. Mira la ley del Antiguo Testamento como la Palabra totalmente inspirada de Dios *para* ti.
2. No consideres la ley del Antiguo Testamento como un mandamiento directo de Dios *para* ti.
3. Mira la ley del Antiguo Testamento como la base del antiguo pacto y, por lo tanto, de la historia de Israel.
4. No consideres que la ley del Antiguo Testamento sea vinculante para los cristianos en el nuevo pacto, excepto donde se renueve de forma específica.
5. Considera la justicia, el amor y los altos estándares de Dios revelados en la ley del Antiguo Testamento.
6. No olvides ver que la misericordia de Dios se equipara a la severidad de los estándares.
7. Considera la ley del Antiguo Testamento como un paradigma que te provee ejemplos para toda la gama de comportamientos esperables.

8. No veas la ley del Antiguo Testamento como completa. No es técnicamente completa

9. Recuerda que la *esencia* de la ley (los Diez Mandamientos y las dos leyes principales) se repite en los Profetas y se renueva en el Nuevo Testamento.

10. No esperes que la ley del Antiguo Testamento sea citada con frecuencia por los Profetas o el Nuevo Testamento. La citación legal se introdujo por primera vez solo en la época romana, mucho después de que el Antiguo Testamento se completó.

11. Observa la ley del Antiguo Testamento como un don generoso para Israel, que trae mucha bendición cuando se obedece.

12. No consideres la ley del Antiguo Testamento como una agrupación de regulaciones arbitrarias y molestas que limitan la libertad de las personas.

CAPÍTULO 10

Los Profetas: Hacer cumplir el Pacto en Israel

ás libros individuales de la Biblia están bajo el encabezado de profecía que cualquier otro título. Cuatro libros de profetas «mayores» (Isaías, Jeremías, Ezequiel, Daniel) y doce de profetas «menores» (los doce últimos libros del Antiguo Testamento), escritos en el antiguo Israel entre el 760 y el 460 a. C., contienen una amplia gama de mensajes de Dios.

Los profetas menores son llamados así solo porque los libros son relativamente cortos en tamaño; el término «menor» proviene de siglos pasados, cuando en latín estos libros se llamaban *profetas menores* (donde «menor» significaba «más corto», no «menos importante»). Por otro lado, los profetas mayores son libros relativamente largos (el término «mayor» en latín significa «más grande» = «más largo»). Por lo tanto, los términos, en sí mismos, no transmiten absolutamente nada sobre la importancia de lo que está escrito en los diversos libros proféticos, ya sean más cortos o largos. En efecto, muchas de las declaraciones más importantes del Antiguo Testamento se encuentran en los profetas menores, tales como «el justo vivirá por su fe» (Hab 2:4; cp. Ro 1:17; Gá 3:11), o «Y en el mismo lugar donde se les llamó: "Pueblo ajeno", se les llamará: "Hijos del Dios viviente"» (Os 1:10; cp. Ro 9:26).

También hay que ser conscientes de que, en realidad, el judaísmo antiguo agrupaba los doce libros proféticos más cortos en un libro grande, llamado «El Libro de los doce», o simplemente «Los doce». Esta agrupación, ignorada durante mucho tiempo, pero ahora cada vez más apreciada e influyente, produjo un libro cuya longitud lo ubica justo en medio de la longitud de los profetas mayores, siendo más largo que dos de ellos (Ezequiel y Daniel) y más corto que los otros dos (Isaías y Jeremías). Por lo tanto, históricamente, nunca fueron considerados «menores».

LA NATURALEZA DE LA PROFECÍA

Debemos señalar desde el principio que los libros proféticos se encuentran entre las secciones más difíciles de la Biblia para las personas de tiempos posteriores que buscan leerlos e interpretarlos de forma comprensiva. Las razones para esta dificultad están relacionadas principalmente con malentendidos en cuanto a su *función* y *forma*. Pero antes de discutir estos dos asuntos, haremos algunos comentarios preliminares en orden.

El significado de la profecía

La dificultad principal para la mayoría de los lectores modernos de los profetas se deriva de una comprensión previa inexacta de la palabra «profecía». Para la mayoría, esta palabra significa lo que aparece como la primera definición en la mayoría de los diccionarios: «presagio o predicción de lo que está por venir». Por lo tanto, a menudo sucede que muchos cristianos se refieren a los Libros Proféticos *solo* para las predicciones sobre la venida de Jesús y/o ciertas características de la era del nuevo pacto, como si la predicción de acontecimientos lejanos a su propio tiempo fuera la preocupación principal de los profetas. De hecho, el uso de los libros proféticos de esta manera es altamente selectivo. Con respecto a esto, considera las siguientes estadísticas: menos del 2 % de la profecía del Antiguo Testamento es mesiánica. Menos del 5 % describe específicamente el tiempo del nuevo pacto. Menos del 1 % se refiere a acontecimientos que aún están por venir en nuestro tiempo.

Los profetas *sí* anunciaron el futuro. Pero por lo general lo que anunciaron tenía que ver con el futuro más inmediato de Israel, Judá y las otras naciones que los rodeaban, en lugar de *nuestro* futuro. Por lo tanto, una de las claves para entender los libros Proféticos es mirar hacia atrás a los tiempos que para ellos todavía eran futuros, pero que para nosotros son pasados, para que veamos sus profecías cumplidas.

Los profetas como portavoces

Ver a los profetas como predictores de los acontecimientos futuros es perder su función principal, la cual era *hablar en nombre de Dios* a sus propios contemporáneos. Es la naturaleza «hablada» de sus profecías la que causa muchas de nuestras dificultades para entenderlas.

Por ejemplo, de los cientos de profetas en el antiguo Israel en la época del Antiguo Testamento, solo dieciséis hablaban oráculos (mensajes de Dios) que debían ser coleccionados y escritos en libros. Sabemos que otros profetas, como Elías y Eliseo, desempeñaron un papel muy influyente en la entrega de la Palabra de Dios a su pueblo y también a otras naciones distintas de Israel. Pero sabemos más sobre las acciones de estos profetas que de sus palabras. Lo que *hicieron* fue descrito con mucha mayor longitud que lo que *dijeron*, y lo que dijeron fue colocado específica y claramente en el contexto de sus tiempos por los escritores de la narrativa del Antiguo Testamento en la que aparecen. De algunos profetas, como Gad (1 S 22; 2 S 24; etc.), Natán (2 S 7; 12; 1 R 1; etc.), o Huldá (2 R 22), tenemos una combinación de profecía y biografía. Se observa una situación paralela en el caso de Jonás y, en menor medida, con Jeremías y Daniel. Pero generalmente en los libros narrativos del Antiguo Testamento escuchamos *sobre* los profetas y muy poco *de* los profetas. Sin embargo, en los libros proféticos escuchamos de Dios *a través de* los profetas y muy poco sobre los profetas mismos. Esta única diferencia explica la mayoría de los problemas que las personas tienen para dar sentido a los libros proféticos en el Antiguo Testamento.

Además, ¿alguna vez te has dado cuenta de lo difícil que es leer los libros proféticos más extensos en una sola sentada? ¿a qué crees que se deba? Creemos que, probablemente, no tenían la intención de ser leídos de esa manera. En su mayor parte, estos libros más largos son *colecciones de oráculos hablados* que no siempre se presentan en su secuencia cronológica original, a menudo sin entregar pistas sobre dónde termina un oráculo y comienza otro y, con mucha frecuencia, sin pistas sobre su entorno histórico. Además, ¡la mayoría de los oráculos fueron entregados en poesía! Hablaremos más de esto a continuación.

El problema de la historia

Otro asunto que complica nuestra comprensión de los libros proféticos es el problema de la distancia histórica. De hecho, por la propia naturaleza de las cosas, a los lectores modernos les resultará mucho más difícil entender en nuestro tiempo la Palabra de Dios tal como fue hablada por los profetas, que a los israelitas que escucharon esas mismas palabras en persona. Las cosas que eran muy claras para ellos tienden a ser opacas para nosotros. ¿por qué? En parte porque aquellos que formaban parte de la audiencia de un orador tienen ciertas ventajas obvias sobre aquellos que leen las palabras de un orador mucho tiempo después y, para colmo, de segunda mano (cf. lo que se dijo sobre las parábolas en el cap. 8), por no mencionar que gran parte de la profecía nos llega a nosotros por medio de *poesía* hebrea, la que a su vez tomó una forma muy diferente de lo que la mayoría de los lectores modernos esperan con respecto a lo que conocen como «poesía». Pero aquí no es donde está la mayor cantidad de dificultades. Más bien, en la medida de nuestra lejanía de la vida religiosa, histórica y cultural del antiguo Israel, tenemos grandes problemas para poner las palabras pronunciadas por los profetas en su contexto histórico original. Con frecuencia es difícil para nosotros saber a qué se refieren y su razón de ser, por lo que un lector contemporáneo a menudo necesitará ayuda externa para entender mejor las profecías.

LA FUNCIÓN DE LA PROFECÍA EN ISRAEL

Para entender lo que Dios nos enseña a través de estos libros inspirados, primero debemos tener una comprensión clara sobre el papel y la función del profeta en Israel. Se deben enfatizar cuatro elementos:

1. *Los profetas eran mediadores encargados de hacer cumplir los pactos.* Explicamos en el capítulo anterior cómo la ley de Israel constituía un pacto entre Dios y su pueblo, basado en los antiguos tratados de protectorado entre señores y vasallos, y que contenía tanto estipulaciones como sanciones. Por lo tanto, el pacto de Dios con Israel contiene no solo reglamentos y estatutos para que se cumplan, sino que también describe el tipo de sanciones que acompañan a la ley: el tipo de bendiciones que su pueblo recibirá si mantiene la ley y el tipo de castigos («maldiciones») que Dios impondrá si no cumplen. Por lo tanto, Dios no solo le da su ley a Israel, sino que además la hace cumplir.

Aquí es donde entran los profetas. Dios anunció la imposición (positiva o negativa) de su ley a través de ellos, para que los eventos de bendición o maldición fueran claramente comprendidos por su pueblo. Moisés era el mediador de la ley de Dios cuando el Señor la anunció por primera vez y, por lo tanto, es un paradigma (modelo) para los profetas. Son los mediadores de Dios o portavoces para el pacto. Dios recuerda, por medio de ellos, a las personas de las generaciones posteriores a Moisés que, si se guardan su ley, vendrá bendición, pero si no la cumplen, vendrá el castigo.

Los tipos de bendiciones que vendrán a Israel producto de la fidelidad al pacto se encuentran en tres pasajes del Antiguo Testamento (Lv 26:14-38; Dt 4:32-40; 28:1-14). Pero estas bendiciones se anuncian con una advertencia: Si Israel *no* obedece la ley de Dios, las bendiciones cesarán. El tipo de maldiciones (castigos) que Israel podría esperar si violaban la ley se encuentran especialmente en tres lugares (Lv 26:14-39; Dt 4:15-28; y a lo largo de Dt 28:15-32:42).

Por lo tanto, siempre se debe tener en cuenta que los profetas no inventaron las bendiciones y maldiciones que anunciaron. Es posible que hayan redactado estas bendiciones y maldiciones de maneras novedosas y cautivadoras, al ser inspirados a hacerlo. Pero pronunciaron la

Palabra *de Dios*, no la suya. Dios anunció a través de ellos su intención de hacer cumplir el pacto, para beneficio o daño —dependiendo de la fidelidad de Israel—, pero siempre sobre la base y de acuerdo con las categorías de bendición y maldición ya contenidas en los pasajes de Levítico y Deuteronomio mencionados anteriormente. Si te tomas el trabajo de leer estos capítulos del Pentateuco con cuidado, serás recompensado con una mayor comprensión de por qué los profetas dijeron las cosas como lo hicieron.

Brevemente, encontramos lo siguiente: la ley contiene ciertas categorías de bendiciones corporativas por la fidelidad al pacto: vida, salud, prosperidad, abundancia agrícola, respeto y seguridad. La mayoría de las bendiciones específicas mencionadas estarán comprendidas en una de estas seis agrupaciones generales. En cuanto a las maldiciones, la ley describe los castigos corporativos que encontramos agrupados bajo diez encabezados: muerte, enfermedad, sequía, escasez, peligro, destrucción, derrota, deportación, indigencia y desgracia. La mayoría de las maldiciones encajarán bajo una de estas categorías.

Estas mismas categorías se aplican a lo que Dios comunica por medio de los profetas. Por ejemplo, cuando Dios desea predecir la bendición futura para la nación (no cualquier individuo) por medio del profeta Amós, ésto se hace en términos de metáforas de la abundancia agrícola, la vida, la salud, la prosperidad, el respeto y la seguridad (Am 9:11-15). Al anunciar la perdición para la nación desobediente del día de Oseas, Dios lo hace de acuerdo con una o más de las diez categorías mencionadas anteriormente (p. ej., destrucción en Os 8:14 o deportación en Os 9:3). Estas maldiciones son a menudo metafóricas, aunque también pueden ser literales. Siempre son corporativas, refiriéndose a la nación en su conjunto.

Hay que tener en cuenta que las bendiciones o maldiciones no garantizan prosperidad ni escasez a ninguna persona específica. En términos estadísticos, la mayoría de lo que anunciaron los profetas en los siglos VIII, VII e inicios del VI a. C. es maldición, porque la mayor derrota y destrucción del reino del norte no ocurrió hasta el año 722 a. C. y el reino del sur de Judá en el 587 a. C. Los israelitas, al norte y al sur, se dirigían al castigo durante esa época, por lo que era natural que predominaran las advertencias de maldición en lugar de bendición, mientras Dios buscaba que su pueblo se arrepintiera. Después de la destrucción del norte y del sur, es decir, después del año 587 a. C., los profetas se conmovieron con más frecuencia para pronunciar bendiciones en vez de maldiciones. Esto se debe a que una vez completado el castigo de la nación, se reanudó el plan básico de Dios para mostrar misericordia (ver Dt 4:25-31 para obtener una descripción condensada de esta secuencia).

Busca este sencillo modelo al leer los libros proféticos: (1) una identificación del pecado de Israel *o* del amor de Dios por su pueblo; (2) una predicción de maldición o bendición, dependiendo de la circunstancia. La mayoría de las veces, esto es lo que los profetas están transmitiendo, de acuerdo con la inspiración de Dios a ellos.

2. *El mensaje de los profetas no les pertenecía, sino que era de Dios.* Al leer los libros proféticos con cierto cuidado, fácilmente descubrirás que cada profeta tiene su propio estilo particular, vocabulario, énfasis, modismos e inquietudes. En este momento queremos enfatizar, de acuerdo con lo que se acaba de decir, que Dios es el que levantó a los profetas para hablar su Palabra a Israel (cp. Éx 3-4; Is 6; Jr 1; Ez 1-3; Os 1:2; Am 7:14-15; Jon 1:1; etc.). Si un profeta presumiera tomar el oficio de profeta sobre sí mismo, esto sería una buena causa para considerar a esa persona como un falso profeta (cp. Jr 14:14; 23:21). Los profetas respondieron a un llamado divino. La palabra hebrea para profeta (*nābí*) proviene, de hecho, del verbo semítico «llamar» (*nabú*). Podrás observar al leer los libros proféticos que ellos introducen, concluyen o puntualizan regularmente sus oráculos con recordatorios como «Esto es lo que dice el Señor» o «declara al Señor». La mayoría de las veces el mensaje profético se transmite directamente como se recibe del Señor, en primera persona, para que Dios hable personalmente, en términos de «yo» o «mí».

Por ejemplo, lee los dos relatos complementarios de Jeremías 27 y 28. Considera la difícil tarea de Jeremías al transmitir al pueblo de Judá que sería necesario que se sometieran a los ejércitos imperiales de su enemigo, Babilonia, si querían complacer a Dios. Sus oyentes (la mayoría de ellos, al menos) consideraron que este mensaje era equivalente a traición. De hecho, Jeremías ya había sido sometido a juicio por sedición (26:7-24). Sin embargo, cuando el profeta entrega este mensaje, deja muy claro que no están escuchando su posición sobre el asunto, sino la de Dios. Él comienza recordándoles: «Así me dijo el Señor...» (27:2), y luego cita el mandato de Dios: "Entonces envía la palabra. . ." (27:3); «Envía luego... un mensaje» (27:4) y añade «afirma el Señor» (27:11). La palabra del profeta es la Palabra de Dios. Se entrega bajo la autoridad de Dios (28:15-16), no la suya.

3. *Los profetas fueron los representantes directos de Dios.* Como vehículos a través de los cuales la Palabra de Dios fue entregada tanto a Israel como a otras naciones, los profetas tenían una especie de oficio social. Eran como embajadores de la corte celestial que transmitían la voluntad del soberano divino al pueblo. Los profetas no eran, por sí solos, reformadores sociales radicales ni pensadores religiosos innovadores. Las reformas sociales y el pensamiento religioso que

Dios deseaba transmitir al pueblo ya habían sido revelados en la ley del pacto. No importa qué grupo quebrante esas leyes, la Palabra de Dios por medio del profeta tenía castigo. Ya sea que la culpa por violaciones del pacto recayera en la realeza (p. ej., 2 S 12:1-14; 24:11-17; Os 1:4) o con el clero (Os 4:4-11; Am 7:17; Mal 2:1-9), o cualquier otro grupo, el profeta transmitió fielmente el mensaje divino de maldición nacional. En efecto, por mandato de Dios, los profetas incluso instalaron o depusieron reyes (1 R 19:16; 21:17-22) y declararon la guerra (2 R 3:18-19; 2 Cr 20:14-17; Os 5:5-8) o hablaron en contra de ella (Jr 27:8-22).

Entonces, lo que leemos en los libros proféticos no es simplemente la Palabra de Dios como la vio el profeta, sino la Palabra de Dios como Dios deseaba que el profeta la presentara. El profeta no actúa ni habla independientemente de Dios. De hecho, la redacción introductoria de muchos libros proféticos que con regularidad se traduce «la palabra del SEÑOR vino a [el nombre del profeta]» es probablemente mejor traducida «la palabra del SEÑOR fue confiada a [el nombre del profeta]». Los profetas tenían la profunda responsabilidad de preservar y transmitir esa palabra de forma amplia y repetida, sin importar la dificultad o la oposición.

4. *El mensaje de los profetas no es original.* Los profetas fueron inspirados por Dios para presentar a su generación el contenido esencial de las advertencias y promesas originales del pacto mosaico (maldiciones y bendiciones). Por lo tanto, cuando leemos las palabras de los profetas, lo que leemos no es nuevo en concepto, sino nuevo en redacción —en el estilo y vocabulario propio de cada profeta—, en esencia se trata del mismo mensaje pronunciado por Dios originalmente a través de Moisés. Como era de esperar, la redacción exacta puede ser única y, en ese sentido, «original», pero los conceptos expresados reafirman con fidelidad lo que Dios ya había expresado a su pueblo en Éxodo, Levítico, Números y Deuteronomio.

Por supuesto, la forma en que se transmite ese mensaje puede variar de forma sustancial. Dios levantó a los profetas para llamar la atención de las personas a las que fueron enviados. Esto puede implicar reformular y reestructurar algo que ya han escuchado muchas veces para que tenga cierto tipo de novedad. Pero esto no es, de ninguna manera, lo mismo que iniciar un nuevo mensaje o alterar el mensaje antiguo. Los profetas no han sido inspirados para plantear ningún punto ni anunciar ninguna doctrina que no esté ya contenida en el pacto del Pentateuco.

Como un ejemplo de mantener la fe con el mensaje, considera cómo Oseas comienza su descripción de la infidelidad de Israel a Yahvé: «Abundan el robo, el adulterio y el asesinato» (4:2). En esta declaración, que forma parte de una larga descripción de la infidelidad de Israel en la época de Oseas (750-722 a. C.), se resumen cinco de los diez mandamientos, cada uno con un solo término. Comienza con «maldecir», el tercer mandamiento —«No uses el nombre del SEÑOR tu Dios en falso» (Éx 20:7; Dt 5:11); entonces «mentir», el noveno mandamiento —«No des falso testimonio» (Éx 20:16; Dt 5:20); luego «asesinato», el sexto mandamiento —«No mates» (Éx 20:13; Dt 5:17); posteriormente «robar», el octavo mandamiento —«No robes» (Éx 20:15; Dt 5:19); y finalmente «adulterio», el séptimo mandamiento —«No cometas adulterio» (Éx 20:14; Dt 5:18).

Es tan interesante notar lo que el profeta inspirado *no* hace como lo que hace. Es decir, Oseas no cita literalmente los diez mandamientos. Menciona cinco de ellos de una manera resumida en una sola palabra, al igual que Jesús lo hace mucho más tarde en su propia evocación de los mandamientos (Mr 10:19; cp. Mt 18:18-19; Lc 18:20). Pero mencionar cinco, incluso fuera de su orden habitual, es una forma muy efectiva de comunicar a los israelitas que han roto los diez mandamientos. Porque al escuchar cinco de los mandamientos, el oyente pensará: *¿Y qué hay de los demás? ¿Qué hay del orden habitual? La redacción original es...* La audiencia comenzaría a pensar en los diez, recordándose a sí mismos lo que la ley del pacto exige en términos de rectitud básica. Al citar cinco de los mandamientos para un efecto similar, Oseas no cambió nada en la ley, como tampoco lo hizo Jesús. Pero sí marcó la ley sobre sus oyentes de un modo que la simple repetición palabra por palabra nunca lo habría hecho.

Un segundo ejemplo se refiere a las profecías mesiánicas. ¿Son nuevas? En absoluto. Ciertamente, el tipo de *detalle* sobre la vida y el papel del Mesías que encontramos en los cuatro cánticos del Siervo de Isaías (caps. 42; 49; 50; 53) podrían considerarse nuevos. Pero Dios no trajo la idea del Mesías al pueblo por primera vez por medio de los profetas. De hecho, se había originado con la ley. De lo contrario, ¿cómo pudo Jesús haber descrito su vida como el cumplimiento de lo que fue escrito «en la Ley de Moisés, en los profetas y en los Salmos» (Lc 24:44)? Entre otras porciones de la ley mosaica que predicen el ministerio del Mesías, un momento clave en Deuteronomio es prominente: «Por eso levantaré entre sus hermanos un profeta como tú; pondré mis palabras en su boca, y él les dirá todo lo que yo le mande» (18:18).

Como Juan también nos recuerda en su evangelio (1:45), la ley ya hablaba de Cristo. Difícilmente era algo nuevo que los profetas hablaran de Él. El modo, estilo y la especificidad con la que hicieron sus predicciones inspiradas no necesitaban limitarse a lo que el Pentateuco ya contenía. Pero el hecho esencial de que habría un nuevo pacto iniciado por un nuevo «Profeta» (usando el lenguaje de Dt 18) era, de hecho, una historia vieja.

LA TAREA EXEGÉTICA

La necesidad de ayuda externa

Observamos en el capítulo 1 que hay una idea popular de que todo en la Biblia debe ser claro para todos los que la leen debido a que el Espíritu Santo mora en nosotros. El razonamiento es que, si Dios escribió la Biblia para *nosotros* (para todos los creyentes), deberíamos ser capaces de entenderla por completo la primera vez que la leemos, porque ya tenemos el Espíritu Santo en nosotros. Pero tal idea carece de una perspectiva correcta. Secciones de la Biblia son obvias en la superficie, pero otras partes no lo son. Ya que los pensamientos de Dios son profundos en comparación con los pensamientos humanos (Sal 92:5; Is 55:8) no debería sorprenderte que algunas partes de la Biblia requieran tiempo y estudio paciente para lograr entenderlas.

Los Libros Proféticos requieren de ese tiempo y estudio. La gente a menudo se acerca a estos libros con cierta indiferencia, como si hacer una lectura superficial de los escritos de los profetas produjera un nivel alto de comprensión. Esto no se puede hacer con los libros escolares y tampoco funciona con los profetas, en parte porque muchos de estos oráculos están escritos en poesía, pero sobre todo porque hablaron en contextos históricos, culturales y políticos que son diferentes a los nuestros.

Veamos, a continuación, las tres fuentes de ayuda que están a tu alcance para la interpretación de los Libros Proféticos. La primera fuente serían *los diccionarios bíblicos* que proporcionan artículos sobre el contexto histórico de cada libro, su esquema básico, las características especiales que contiene y asuntos de interpretación que el lector debe considerar. Te recomendamos que conviertas en una práctica leer artículos del diccionario bíblico sobre un libro profético en particular antes de empezar a estudiarlo. Necesitas conocer la información del contexto para poder comprender gran parte de lo que transmite un profeta. La Palabra de Dios vino por medio de los profetas a personas en *situaciones particulares*. Su valor para nosotros depende, en parte, de nuestra capacidad para apreciar esas situaciones para que podamos, a su vez, aplicar la Palabra con sabiduría a nuestras vidas.

Una segunda fuente de ayuda serían *los comentarios* (ver el apéndice). Estos proporcionan largas introducciones a cada libro, algo parecido a lo que presentan los diccionarios bíblicos, aunque a menudo menos organizados eficazmente. Pero lo que es más importante, proporcionan explicaciones del significado de los versículos individuales.

Los comentarios podrían llegar a ser esenciales si estás estudiando con cuidado una porción relativamente pequeña de un libro profético, es decir, menos de un capítulo a la vez.

Una tercera fuente de ayuda serían *los manuales bíblicos*. Los mejores combinan características tanto de diccionarios bíblicos como de comentarios, aunque no entran en un gran detalle en los materiales introductorios ni tampoco en las explicaciones verso por verso. Sin embargo, cuando se está leyendo varios capítulos de un libro profético, un manual bíblico puede proveer mucha orientación útil en un período mínimo de tiempo.

El contexto histórico

Cuando en el capítulo 7 hablábamos del estudio de Jesús, el término «contexto histórico» se refería tanto al escenario más amplio al que Jesús vino como al contexto específico de cualquiera de sus hechos y dichos. Al estudiar los escritos de los profetas, el contexto histórico también puede ser amplio (su época) o específico (el contexto de un solo oráculo). Para hacer una buena exégesis de los libros proféticos es necesario comprender ambos tipos de contexto histórico.

El contexto más amplio

Es interesante observar que los dieciséis libros proféticos del Antiguo Testamento provienen de una pequeña sección en todo el panorama de la historia israelita (es decir, ca. 760-460 a. C.). ¿Por qué no tenemos libros de profecía del tiempo de Abraham (ca. 1800 a. C.) ni del tiempo de Josué (ca. 1400 a. C.) ni del tiempo de David (ca. 1000 a. C.)? ¿No habló Dios con su pueblo y su mundo antes del 760 a. C.? La respuesta es, por supuesto, que lo hizo, y tenemos mucho material en la Biblia sobre esos tiempos, incluyendo algunos que trata con profetas (p. ej., 1 R 17-2 R 13). Además, recuerda que Dios habló especialmente a Israel en la ley, la cual estaba destinada a mantenerse en pie por toda la historia restante de la nación hasta que fuera sustituida por el nuevo pacto (Jr 31:31-34).

Entonces, ¿por qué hay una escritura tan concentrada de palabras proféticas durante los tres siglos entre Amós (ca. 760 a. C., el primero de los «profetas de escritura») y Malaquías (ca. 460 a. C., el último)? La respuesta es que este período en la historia de Israel reclamó especialmente la *mediación de cumplimiento del pacto*, la tarea de los profetas. Un segundo factor fue el evidente deseo de Dios de registrar para toda la historia posterior, las advertencias y bendiciones que esos profetas anunciaron en su nombre durante esos años cruciales.

Esos años se caracterizaron por tres cosas: (1) agitación política, militar, económica y social sin precedentes; (2) un enorme nivel de infidelidad religiosa y desprecio por el pacto mosaico original; y (3) cambios en las poblaciones y las fronteras nacionales, incluyendo enormes cambios en el equilibrio de poder en la escena internacional. Bajo estas circunstancias era necesaria la Palabra de Dios en formas nuevas. Dios levantó profetas y anunció su Palabra en ese sentido.

Al hacer uso de diccionarios, comentarios y manuales, observarás que para el año 760 a. C., Israel era una nación dividida permanentemente por una larga y continua guerra civil. Las tribus del norte, llamadas «Israel» y a veces «Efraín», estaban separadas de la tribu sureña de Judá. El norte, donde la desobediencia al pacto superó con creces todo lo que todavía se conocía en Judá, fue previsto para ser destruido por Dios debido a su pecado. Amós, que comenzó alrededor del 760 y Oseas, alrededor del 755, anunciaron la destrucción inminente. En el año 722 a. C., el norte cayó ante Asiria, la superpotencia en Medio Oriente en ese momento. A partir de entonces, el creciente pecado de Judá y el ascenso de otra superpotencia, Babilonia, constituyeron el tema de muchos profetas, incluyendo Isaías, Jeremías, Joel, Miqueas, Nahúm, Habacuc, Sofonías y Ezequiel (caps. 1-24). Judá también fue destruido por su desobediencia el año 587 a. C. Después, Ezequiel (caps. 33-48), Daniel, Hageo, Zacarías y Malaquías anunciaron la voluntad de Dios para la restauración de su pueblo (comenzando con un regreso del exilio en el 538 a. C.), la reconstrucción de la nación y la reinstauración de la ortodoxia. Todo esto sigue el patrón básico establecido en Deuteronomio 4:25-31.

Los profetas hablan, en gran medida, sobre *esos* acontecimientos. A menos que conozcas estos y a tantos otros dentro de la época, probablemente no serás capaz de comprender lo que los profetas están diciendo. Dios habló en la historia y sobre la historia. Para entender la Palabra de Dios debemos saber algo de esa historia.

El contexto específico

Cada oráculo profético fue entregado en un entorno histórico específico. Dios habló por medio de sus profetas a la gente en un tiempo, lugar y circunstancias específicos. Por lo tanto, el conocimiento de la fecha, audiencia y situación, cuando son conocidas, contribuyen sustancialmente a tu capacidad para comprender un oráculo. Con el fin de ayudarte con esta tarea, ofrecemos el siguiente ejemplo.

Lee Oseas 5:8-12, un oráculo breve y autónomo agrupado con varios otros oráculos en el capítulo. Un buen comentario identificará para ti que está escrito como oráculo de guerra, es decir, que anuncia el juicio de Dios por medio de la batalla. Los elementos habituales de tal forma son los siguientes: el llamado a la alarma, la descripción del ataque y la predicción de la derrota. Así como es útil que reconozcas la forma, también lo es reconocer el contenido específico.

La *fecha* es el 734 a. C. La *audiencia* son los israelitas del norte (llamados aquí «Efraín») a quienes Oseas predicó. El mensaje era, de forma específica, a ciertas ciudades que yacían en el camino que corría desde la capital de Judea, Jerusalén, hasta el centro de la adoración falsa israelita, Betel. La *situación* es la guerra. Judá contraatacó a Israel después de que Israel y Siria invadieron Judá (ver 2 R 16:5). La invasión fue derrotada con la ayuda de Asiria, la superpotencia (2 R 16:7-9). Dios, a través de Oseas, suena la alarma de forma metafórica en las ciudades situadas en el territorio de Benjamín (Os 5:8), el cual es parte del reino del norte. La destrucción es segura (v. 9) porque Judá capturará el territorio que invade («moviendo las piedras fronterizas», por así decirlo). Pero Judá también recibirá lo que le corresponde. La ira de Dios recaerá sobre ellos tanto por este acto de guerra como por su idolatría (cp. 2 R 16:2-4). Judá e Israel estaban obligados al pacto divino, el cual prohibía tal guerra interna. Así que Dios castigaría esta violación de su pacto.

Conocer estos pocos hechos hace una gran diferencia en la capacidad personal para apreciar el oráculo en Oseas 5:8-12. Revisa los comentarios o manuales al leer los libros proféticos y, como siempre, trata de estar al tanto de la fecha, audiencia y situación de los oráculos que leas.

El aislamiento de los oráculos individuales

Cuando se llega al estudio o a la lectura exegéticamente informada de los libros proféticos, lo primero que hay que aprender a hacer es PENSAR EN ORÁCULOS (como hay que aprender a «pensar en párrafos» en las epístolas). Esta no es siempre una tarea fácil, pero saber que, aunque es difícil, se trata de una tarea necesaria, esto puede ser el comienzo de algunos descubrimientos emocionantes.

La mayoría de las veces, lo que los profetas dijeron se presenta en sus libros de manera continua. Es decir, las palabras que hablaron en varios momentos y lugares a lo largo de los años de su ministerio han sido recogidas y escritas sin divisiones que indiquen dónde termina un oráculo y comienza otro. Además, incluso cuando se puede asumir por la presencia de un cambio importante de tema que un nuevo oráculo ha comenzado, la falta de explicación (es decir, observaciones editoriales o transiciones) lo deja a uno preguntándose: ¿esto se dijo el mismo día a la misma audiencia o se dijo años más tarde –o antes– a un grupo diferente en diferentes circunstancias? La respuesta puede hacer una gran diferencia para la comprensión personal.

Algunas partes de los libros proféticos proporcionan excepciones. Por ejemplo, cada profecía está fechada en Hageo y los primeros capítulos de Zacarías. Con la ayuda de tu diccionario bíblico, manual o comentario, puedes seguir la progresión de estas profecías en su contexto histórico con bastante facilidad. Algunas de las profecías de otros libros, en particular Jeremías y Ezequiel, también están fechadas y colocadas en un escenario por el profeta (o el coleccionista inspirado). Pero esto no funciona así la mayor parte del tiempo. Por ejemplo, lee Amós 5 en una versión de la Biblia que no inserta títulos explicativos (esos encabezados son solo opinión académica), y pregúntate si el capítulo es o no toda una profecía (oráculo). Si *es* un solo oráculo, ¿por qué tiene tantos cambios de tema: lamento por la destrucción de Israel (vv. 1-3); invitación a buscar a Dios y vivir (vv. 5-6, 14); ataques a la injusticia social (vv. 7-13); predicción de miserias (vv. 16-17); descripción del Día del Señor (vv. 18-20); crítica al culto hipócrita (vv. 21-24); y una breve visión general de la historia pecaminosa de Israel que culmina en una predicción del exilio (vv. 25-27)? Si *no* es un solo oráculo, ¿cómo deben entenderse sus partes que lo componen? ¿Todos son independientes entre sí? ¿Hay algunos que agrupar? Si es así, ¿cómo?

De hecho, existe hoy un acuerdo general que señala que Amós 5 contiene tres oráculos. El primero (vv. 1-3) forma un único oráculo de lamento breve anunciando el castigo; el segundo (vv. 4-17) forma un único (aunque complejo) oráculo de invitación a la bendición y advertencia de castigo; y el tercero (vv. 18-27) forma una sola (aunque compleja) advertencia de oráculo de castigo. Entonces, los cambios más pequeños de tema no indican el comienzo de un nuevo oráculo.

Del mismo modo, las divisiones de capítulo tampoco se corresponden con oráculos individuales. Los oráculos están aislados por la atención a sus formas conocidas (ver más adelante). Los tres oráculos del capítulo 5 fueron entregados al final del reinado del rey Jeroboam de Israel (793-753 a. C.) a un pueblo cuya relativa prosperidad les hizo considerar impensable que su nación estuviera tan devastada como para dejar de existir en una generación. Un buen comentario o manual bíblico te explicará esas cosas mientras vas leyendo. No te pongas en una desventaja innecesaria tratando de leer estos grandes momentos sin ayuda, porque multiplicarán enormemente tu comprensión en la medida que vas leyendo.

Las formas de declaración profética

Dado que el aislamiento de los oráculos individuales es una clave para ayudar a comprender los libros proféticos, es útil e importante que sepas algo sobre las diferentes *formas* que los profetas usaron para componer sus oráculos. Así como toda la Biblia está compuesta por diferentes tipos de literatura y formas literarias, también los profetas emplearon una variedad de formas literarias al servicio de sus mensajes inspirados divinamente. Los comentarios pueden identificar y explicar estas formas. Hemos seleccionado cinco de las formas más comunes para ayudarte a mantenerte alerta sobre la importancia de reconocer e interpretar correctamente las técnicas literarias involucradas. Una vez más, te instamos a que te acostumbres a leer las Escrituras en voz alta. ¡Te sorprenderás gratamente al hacerlo!

El litigio

Como buen lugar para comenzar, te sugerimos que leas Isaías 3:13-26. Este pasaje está constituido por una forma literaria alegórica llamada «litigio del pacto» (hebreo, *ríb*). En esta y las decenas de otras alegorías de litigio en los libros proféticos (p. ej., Os 3:3-17; 4:1-19; etc.), Dios es retratado de forma imaginaria como el demandante, fiscal, juez y alguacil en un caso judicial contra el acusado, Israel. La forma completa del litigio contiene una citación, un cargo, evidencia y un veredicto, aunque estos elementos a veces pueden estar implícitos. En Isaías 3 los elementos se incorporan de la siguiente manera: El tribunal se reúne y la demanda se presenta contra Israel (vv. 13-14a). Se expone la imputación o acusación (vv. 14b-16). Dado que las pruebas demuestran que Israel es claramente culpable, se anuncia la sentencia (vv. 17-26). Debido a que el pacto ha sido violado, las clases de castigos enumerados en el pacto vendrán sobre las mujeres y los hombres de Israel: enfermedad, indigencia, privación y muerte. El estilo figurativo de esta alegoría es una forma dramática y efectiva de comunicar a Israel que van a ser castigados debido a su desobediencia y que el castigo será severo. Esta forma literaria especial ayuda a transmitir el mensaje especial del profeta.

El ay

Otra forma literaria común es la del «oráculo del ay». «Ay» era la palabra antigua que los israelitas gritaban cuando se enfrentaban al desastre, la muerte o cuando lloraban en un funeral. Por medio de los profetas, Dios hace predicciones de fatalidad inminente usando el dispositivo del «ay». Ningún israelita podría perder el significado del uso de esa palabra. Los oráculos «ay» contienen, ya sea de forma explícita o implícita, tres elementos que los caracterizan: un anuncio de angustia (la palabra «ay», por ejemplo), la razón de la angustia y una predicción de la fatalidad.

Podrías leer Habacuc 2:6-8 para ver uno de varios casos en este libro profético de un «oráculo de ay» declarado contra la nación de Babilonia. Babilonia, una superpotencia brutal e imperialista en la antigua Media Luna Fértil, estaba haciendo planes para conquistar y aplastar Judá a finales del siglo VII a. C. cuando Habacuc pronunció las palabras de Dios en su contra. Personificando a Babilonia como ladrón y extorsionador (la *razón*), el oráculo *anuncia* dolor y *predice* el desastre (cuando todos aquellos a quienes Babilonia ha oprimido algún día se levantarán en su contra). Una vez más, esta forma es alegórica (aunque no lo son todos los oráculos de «ay»; cp. Mi 2:1-5; Sof 2:5-7).

La promesa

Otra forma literaria profética común es «la promesa» u «oráculo de salvación». Reconocerás esta forma cada vez que veas estos elementos: referencia al futuro, mención del cambio radical y mención de bendición. Un oráculo de promesa típico puede verse en Amós 9:11-15; contiene estos elementos. El *futuro* se menciona como «En aquel día» (v. 11). El *cambio radical* se describe como la restauración y reparación de «la choza caída de David» (v. 11), la exaltación de Israel sobre Edom (v. 12) y el retorno del exilio (vv. 14-15). *La bendición* viene a través de las categorías de pacto mencionadas (vida, salud, prosperidad, abundancia agrícola, respeto y seguridad). Todos estos elementos se incluyen en este oráculo, aunque el estado es implícito en lugar de explícito. El énfasis central está en la abundancia agrícola. Por ejemplo, ¡los cultivos serán tan enormes que los cosechadores no habrán terminado su tarea para cuando los sembradores comiencen a plantar de nuevo (v. 13)! Para otros ejemplos de oráculos de promesa, ver Is 45:1-7; Jr 31:1-9; y Os 2:16-20, 21-23.

La profecía de representación

Debido al poder de las ayudas visuales para mejorar el impacto y la memorización de las presentaciones orales, Dios a veces dijo a los profetas no solo que hablaran su palabra, sino que también acompañaran esa palabra con acciones simbólicas que reforzaran vívidamente los conceptos contenidos en las declaraciones de los profetas.

Por ejemplo, la breve profecía de Isaías contra Egipto y Cus (cap. 20) describe cómo Dios instruyó a Isaías a ir «durante tres años... desnudo y descalzo» (v. 3) para simbolizar la predicción de que «el rey de Asiria llevará desnudos y descalzos... a los cautivos de Egipto y a los desterrados de Cus» (v. 4). En este caso, la representación simbólica de Isaías presentó, en primer lugar, que a los exiliados se les permitió usar solo lo que hoy se llamaría ropa interior, mientras eran reunidos para su larga marcha de deportación, una acción destinada tanto a humillarlos como a evitar que ocultaran armas entre sus prendas. Pero esta acción también aprovechó que el verbo hebreo *gal ah* se refiere tanto al «exilio» como a «desnudar», un doble sentido para reforzar la profecía en la mente de la audiencia de Isaías.

¿Isaías apareció públicamente en ropa interior durante tres años? Sí, pero casi con toda seguridad solo en momentos particulares durante el período de tres años. Tenía muchas profecías que cumplir durante esos tres años y probablemente no podría haberse limitado a esta representación durante todo el tiempo. Pero cada vez que alguien veía a Isaías en público «desnudo y descalzo», se reforzaba un punto central de su profecía: si los asirios, muy al norte y al este de Israel, iban a capturar y deportar Egipto y Cus, situados al sur y al oeste de Israel, ¿cómo podría Israel, justo en el medio, esperar escapar ileso?

Varios otros profetas hicieron un buen uso de las profecías de representación. Por ejemplo, Dios le dijo a Ezequiel, uno que fue llevado dentro de la primera ola de exiliados a Babilonia, que construyera un pequeño modelo de Jerusalén y luego «se enfrentara» con ella tal como el ejército babilónico se enfrentó a Jerusalén (Ez 4:1-4). Esto simbolizaba el asedio de la ciudad, que Ezequiel profetizó que finalmente tendría éxito, por lo que Jerusalén sería conquistada por los babilonios, a pesar de la incredulidad total de sus compañeros exiliados.

Del mismo modo, Zacarías utilizó una profecía de representación para simbolizar la opresión del pueblo de Dios por parte de monarcas despiadados. Esto se registra hacia el final de la colección de oráculos (11:4-17), donde se le describe interpretando los papeles de dos «pastores» (reyes) sobre el «rebaño» desafortunado (Israel). Tal representación también prepara al lector para la expectativa del verdadero Buen Pastor, Jesucristo, quien entregará y bendecirá en lugar de aprovecharse de su pueblo (Zac 12-14).

El discurso del mensajero

Es la forma más común de todas las que aparecen en los Libros Proféticos y a menudo la vemos junto con, o como parte de, una de las otras formas proféticas de discurso. Se señala mediante formulaciones estándar (llamadas «formulaciones del mensajero») tales como «Así dice el Señor» o «dice el Señor» o «La palabra del Señor acerca de...» o similares. Tales formulaciones fueron utilizadas por mensajeros en contextos diplomáticos y de negocios en el mundo antiguo para recordar a los destinatarios que lo que el mensajero decía no era algo inventado, sino que eran las palabras exactas de quien los había enviado a entregar el mensaje (cp. Nm 20:14; 1 S 11:9; 2 S 11:25).

Entonces, los profetas recuerdan con frecuencia a sus audiencias a través de esta forma de discurso del mensajero que son meros portavoces de Dios, no creadores independientes de las palabras de sus profecías. Los ejemplos típicos de discursos de mensajero se pueden ver en oráculos proféticos tan diversos como Is 38:1-8; Jr 35:17-19; Am 1:3-2:16; y Mal 1:2-5.

A partir de estos breves ejemplos, esperamos que puedas ver cómo una comprensión informada de los recursos literarios proféticos te ayudará a comprender el mensaje de Dios con mayor precisión. Aprende de las formas consultando los comentarios (ver apéndice) ¡Te alegrarás de haberlo hecho!

Los profetas como poetas

Muchas personas tienen poco aprecio por la poesía. La poesía parece una forma extraña y confusa de expresar las cosas, como si estuviera diseñada para hacer que las ideas fueran menos inteligibles. Nuestra cultura contemporánea tiende a poner poco énfasis en la poesía, excepto en la música popular, que normalmente contiene el tipo de poesía de mala calidad que en algunos lugares se considera como «chabacana». Sin embargo, en algunas culturas modernas y en la mayoría de las antiguas, la poesía era un modo de expresión muy apreciado. Epopeyas nacionales enteras y recuerdos históricos y religiosos fundamentales se preservaron en la poesía. Decimos «preservado» porque una de las principales ventajas de la poesía sobre la prosa es que se memoriza con mayor facilidad. Un poema tiene un cierto ritmo (también llamado métrica), equilibrios (también llamado paralelismo o esticometría [la división del texto en pequeños segmentos o numeración de las líneas de un texto]), y una estructura general relativamente regular y ordenada. Una vez aprendida bien, la poesía no se olvida tan fácilmente como la prosa.

La prosa poética que fue utilizada algunas veces por los profetas es un estilo especial y formal que emplea estas mismas características, aunque de forma menos consistente. Debido a que es mucho más regular y estilizada que el lenguaje hablado común (prosa coloquial), también se recuerda mucho mejor. Por conveniencia, también hablaremos de ello con el término general «poesía».

La poesía era ampliamente apreciada como un medio de aprendizaje en el antiguo Israel. Muchos hechos y mensajes que eran lo suficientemente importantes como para ser recordados se consideraban apropiados para la composición poética. Así como la gente hoy puede decir de memoria las palabras de las canciones (es decir, los poemas llamados «letras») mucho más fácilmente de lo que puede reproducir frases de libros o discursos, a los israelitas les pareció relativamente sencillo memorizar y recordar lo que ha sido compuesto en poesía. Dios hizo un buen uso de este fenómeno en una era donde la lectura y la escritura eran habilidades raras, y donde la propiedad privada de los documentos escritos era virtualmente desconocida. Por lo tanto, las porciones más grandes de los oráculos proféticos se expresaban generalmente en forma poética. La gente estaba acostumbrada a la poesía y podía recordar esas profecías; era como si les resonaran en los oídos.

Todos los libros proféticos contienen una cantidad sustancial de poesía y varios de ellos son exclusivamente poéticos. Por lo tanto, antes

de leer estos libros, de seguro encontrarás muy útil leer una introducción a la poesía hebrea. Recomendamos especialmente el artículo
titulado «Poesía» en el *Nuevo Diccionario Bíblico* (Ediciones Certeza,
Downers Grove, Ill., 1982); o *Poesía hebrea* en el *Nuevo diccionario ilustrado de la Biblia* (Grupo Nelson, Nashville, TN., 1998). Sin embargo,
cualquier diccionario bíblico tendrá al menos un artículo informativo
sobre poesía. Como un pequeño indicio de los beneficios que se obtie-
nen de conocer cómo funciona la poesía hebrea, te sugerimos que
aprendas estas tres características del estilo repetitivo de la poesía del
Antiguo Testamento:

1. *Paralelismo sinónimo.* La segunda línea o subsiguiente repite o
refuerza el sentido de la primera línea, como en Isaías 44:22:

> *He disipado tus transgresiones como el rocío,*
> *y tus pecados como la bruma de la mañana.*

2. *Paralelismo antitético.* La segunda o la línea subsiguiente contrasta el pensamiento de la primera, a menudo reforzando la primera
línea por el contraste, como en Oseas 7:14:

> *No me invocan de corazón,*
> *sino que se lamentan echados en sus camas.*

3. *Paralelismo sintético.* La segunda línea o subsiguiente añade a
la primera línea de tal modo que proporciona más información, como
en Abdías 21:

> *y los libertadores subirán al monte Sión,*
> *para gobernar la región montañosa de Esaú.*
> *Y el reino será del Señor.*

Recuerda que la presentación de ideas en la poesía no tiene por qué
confundirte mientras lees con cuidado y bien informado. La poesía es
tan comprensible como la prosa cuando conoces las reglas.

ALGUNAS SUGERENCIAS HERMENÉUTICAS

Si la tarea de la exégesis es poner los libros proféticos dentro de sus
propios contextos históricos y escuchar lo que Dios le estaba diciendo a
Israel a través de ellos, ¿qué se puede decir a nivel hermenéutico? ¿Cuál
es la Palabra de Dios para nosotros en estos oráculos poéticos inspirados,
hablados en otro tiempo al pueblo antiguo de Dios? En primer lugar,
señalaríamos que gran parte de lo que se dijo en el capítulo 4 sobre la

hermenéutica de las epístolas también se aplica en este caso. Una vez que escuchemos lo que Dios les dijo a ellos, incluso si nuestras circunstancias difieren de forma considerable, a menudo lo escucharemos de nuevo en nuestros propios contextos de una manera bastante directa. Diríamos que el juicio de Dios siempre espera a aquellos que «venden... al necesitado, por un par de sandalias» (Am 2:6), que utilizan la religión para encubrir la codicia y la injusticia (cp. Is 1:10-17), o que han mezclado idolatrías modernas (como la autojustificación) con el evangelio de Cristo (cp. Os 13:2-4). Estos pecados de una época anterior también son pecados en el nuevo pacto. Violan los dos grandes mandamientos que comparten tanto el antiguo como el nuevo pacto (ver el cap. 9).

Pero más allá de este tipo de aplicaciones, hay otros tres asuntos que creemos será útil abordar: (1) una precaución, (2) una preocupación y (3) un beneficio.

Una precaución: El profeta como predictor del futuro

Hacia el comienzo de este capítulo observamos que los profetas no tenían como tarea principal la predicción del futuro lejano. Ellos sí predijeron eventos futuros, pero en su mayor parte *ese* futuro ya es pasado hoy. Es decir, hablaron del juicio o salvación venidero en el futuro relativamente inmediato del antiguo Israel, no de nuestro propio futuro. Advertimos que para ver sus profecías cumplidas debemos mirar hacia atrás a tiempos que para ellos todavía eran futuros, pero que para nosotros son pasados. Este principio hermenéutico requiere ser ilustrado.

Como ejemplo de que los mensajes de los profetas se concentran en el futuro cercano y no en el lejano, te sugerimos que leas todo Ezequiel 25-39. Ten en cuenta que la preocupación principal de los diversos oráculos contenidos en ese gran bloque de material es el destino de las naciones distintas a Israel, aunque también se incluye. Es importante considerar que Dios se refiere al destino de estas naciones y que tal cumplimiento se produjo *dentro* de las décadas del tiempo en que se entregaron las profecías, es decir, durante el siglo VI a. C. Por supuesto, hay excepciones individuales. Por ejemplo, Ezequiel, en un momento dado, describe la era del nuevo pacto y las bendiciones que Dios derramará sobre la iglesia a través del Mesías (37:15-28). Pero la mayoría de las profecías, incluyendo al simbólico Gog y Magog de los capítulos 38 y 39 (consulta un comentario sobre estos capítulos) se refieren a tiempos y acontecimientos del Antiguo Testamento.

Demasiado celo al tratar de identificar los acontecimientos del Nuevo Testamento en los oráculos proféticos del Antiguo Testamento puede producir resultados extraños. La referencia de Isaías a los reyes que «Se postrarán ante ti rostro en tierra» (49:23) suena demasiado similar a los tres magos que visitaron al niño Jesús (Mt 2:1-11) como para animar a muchos a asumir que las palabras de Isaías son mesiánicas. Tal interpretación ignora de forma bochornosa el *contexto* (se mencionan tanto reyes como reinas; el tema del pasaje es la restauración de Israel después del exilio babilónico), la *intención* (el lenguaje del oráculo intenta mostrar lo grande que será el respeto por Israel cuando Dios la restablezca), el *estilo* (la poesía simboliza el respeto de las naciones a través de imágenes de sus gobernantes como padres adoptivos para Israel y lamiendo el polvo a los pies de la nación), y la *redacción* (los magos son hombres sabios/astrólogos, no reyes). Debemos tener cuidado de no hacer que los oráculos proféticos o cualquier otra parte de la Escritura digan lo que nos gustaría que dijeran. Más bien, debemos tratar de escuchar lo que *Dios* pretende que digan.

Por supuesto, cabe señalar que algunas de las profecías del futuro cercano se pusieron en el contexto del gran futuro escatológico y, a veces, parecen mezclarse. Volveremos a hablar de esto en nuestro capítulo final (13). Por ahora, ten en cuenta que la razón para esto es que la Biblia ve regularmente los actos de Dios en la historia temporal a la luz de su plan general para toda la historia humana. Por lo tanto, lo temporal debe verse a la luz del plan eterno. Es como mirar de frente dos discos, con uno más pequeño delante del más grande; luego, desde la perspectiva de la historia posterior para observarlos desde un ángulo lateral para ver así cuánta distancia hay entre ellos.

Perspectiva profética de los acontecimientos cronológicos

Visión directa   Visión lateral

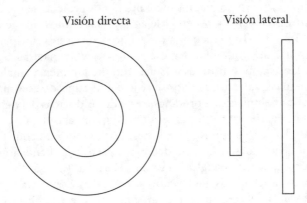

Por lo tanto, hay algunas descripciones en los Libros Proféticos que podrían pertenecer a los acontecimientos del fin de los tiempos (p. ej., Jl 3:1-3; Sof 3:8-9; Zac 14:9). Pero los juicios temporales de los que a menudo se habla en conjunción con estos acontecimientos finales no deben ser también empujados al futuro.

Hay que mencionar otro punto adicional. El lenguaje escatológico, por su propia naturaleza, es a menudo metafórico. A veces estas metáforas expresan de forma poética el lenguaje de los acontecimientos finales, pero no necesariamente pretenden ser predicciones de esos acontecimientos *per se*. Un ejemplo se encuentra en el conocido oráculo de los «huesos secos» en Ezequiel (37:1-14). Usando el lenguaje de la resurrección de los muertos, acontecimiento que sabemos que ocurrirá *al final* de los tiempos, Dios predice por medio de Ezequiel el regreso de la nación de Israel del exilio babilónico *en el siglo VI a. C.* (vv. 12-14). Por lo tanto, un acontecimiento que para nosotros es pasado (como se describe en Esd 1-2) se predice de forma metafórica con el lenguaje escatológico como si fuera un acontecimiento del fin de los tiempos.

Una preocupación: Profecía y segundos significados

En varios lugares del Nuevo Testamento se hace referencia a pasajes del Antiguo Testamento que no parecen referirse a lo que los escritores del Nuevo Testamento parecen sugerir que hacen. Es decir, estos pasajes parecen tener un significado claro en su contexto original del Antiguo Testamento y, sin embargo, son utilizados en conexión con un significado diferente por un escritor del Nuevo Testamento.

Como ejemplo, considera las dos historias de cómo Moisés y los israelitas recibieron milagrosamente agua de la roca en el desierto, una vez en Refidín (Éx 17:1-7) y una vez en Cades (Nm 20:1-13). Las historias son, al parecer, lo suficientemente simples y demasiado claras en sus contextos originales. Pero Pablo, en su primera carta a los creyentes en Corinto (10:4), parece reconocer esa experiencia de los israelitas como un encuentro con Cristo. Él dice que «bebían de la roca espiritual que los acompañaba, y la roca era Cristo». En cada historia del Antiguo Testamento no hay indicios de que la roca sea otra cosa que una roca. Pablo le da a la roca un segundo significado, identificándola como «Cristo». Este segundo significado se llama comúnmente *el sensus plenior* (significado pleno).

Se puede ver después de la reflexión que Pablo está presentando una analogía. Él está diciendo, en efecto: «Esa roca era para ellos lo que Cristo es para nosotros: una fuente de sustento de la misma manera que Cristo en su mesa nos sostiene». El lenguaje de Pablo al comienzo de esta analogía (vv. 2-4) es altamente metafórico. Quiere que los corintios entiendan que la experiencia de los israelitas en el desierto puede entenderse de manera análoga a su propia experiencia con Cristo, especialmente en la Mesa del Señor.

Sin duda, para nosotros, los lectores modernos, es poco probable que, por nuestra propia cuenta, podamos notar esta analogía por como Pablo la describió. Si Pablo nunca hubiera escrito esas palabras, ¿habríamos hecho la identificación de la nube y el mar con el bautismo (v. 2) o la roca con Cristo (v. 4)? En otras palabras, ¿podríamos, por nuestra cuenta, con cierto grado de certeza determinar el *sensus plenior* o significado secundario? La respuesta es no. El Espíritu Santo inspiró a Pablo a escribir sobre esta conexión analógica entre los israelitas en el desierto y la vida en Cristo sin seguir las reglas habituales sobre el *contexto, intención, estilo* y *redacción* (ver arriba: «El profeta como predictor del futuro»). El Espíritu Santo ordenó a Pablo describir que los israelitas obtuvieron agua más de una vez de las rocas, con el lenguaje figurativo e inusual de que una roca los había «acompañado», una idea ya presente en la tradición rabínica judía. Otros detalles del lenguaje descriptivo que Pablo utiliza en el párrafo de presentación (vv. 1-4) —términos no literales como «[todos] nuestros antepasados» (v. 1) y «alimento espiritual y... bebida» (vv. 3-4)— también son sorprendentemente inusuales.

Nosotros, sin embargo, no somos escritores inspirados de las Escrituras. No estamos autorizados a hacer lo que Pablo hizo. Las conexiones alegóricas con las que fue inspirado a encontrar entre el Antiguo Testamento y el Nuevo Testamento son confiables. Pero en ninguna parte la Escritura nos dice: «Ve y haz lo mismo». Por lo tanto, el principio *Sensus plenior (significado pleno) es una función de la inspiración, no de la iluminación.* El mismo Espíritu Santo, quien inspiró a un autor del Antiguo Testamento a escribir un cierto conjunto de palabras o un pasaje, puede inspirar a un escritor del Nuevo Testamento a eludir las consideraciones habituales de contexto, intención, estilo y redacción, e identificar ese conjunto de palabras o ese pasaje como si tuviera una aplicación contemporánea. Pero *nosotros* no somos escritores inspirados; somos lectores iluminados. La inspiración es la motivación original para registrar la Escritura de cierta manera; la iluminación es la capacidad para entender lo que escribieron los autores de ella. No podemos reescribir ni redefinir las Escrituras mediante nuestra iluminación. Por lo tanto, solo podemos percibir un *sensus plenior* con cierta certeza *a posteriori.* A menos que algo sea identificado como un *sensus plenior* en el Nuevo Testamento, no puede ser identificado con confianza por nosotros desde el Antiguo Testamento y por nuestra propia autoridad.

Biblias de estudio, comentarios, manuales y Biblias con referencias tenderán a identificar pasajes proféticos del Antiguo Testamento que tienen un segundo significado, a menudo analógico, en el Nuevo Testamento. Algunos casos típicos en los que el Nuevo Testamento da un segundo significado son Mt 1:22-23 (Is 7:14); Mt 2:15 (Os 11:1); Mt 2:17-18 (Jr 31:15); y Jn 12:15 (Zac 9:9).

Solo necesitamos tomar uno de estos —Mt 2:15— para ilustrar el fenómeno de un significado analógico que se asigna a un pasaje profético. Así comienza un poderoso oráculo hacia el final de Oseas (11:1),

> *Desde que Israel era niño, yo lo amé,*
> *de Egipto llamé a mi hijo.*

Por supuesto, Oseas está tomando el lenguaje de Éxodo, donde Yahvé llama a Israel su «primogénito». En Oseas, el *contexto* es el rescate de Israel de Egipto a través del éxodo (4:22). La *intención* es mostrar cómo Dios amó a Israel desde el principio como su propio «hijo». Una buena exégesis de Oseas indica que no hay razón para pensar que Oseas se refería al mesías que vendría.

Sin embargo, con el tiempo, el lenguaje de Israel como «hijo» de Dios también se llegó a aplicar a su rey, como el que «sustituye» a Israel (ver 2 S 7:14; Sal 2:7; 89:27; 110:1). Mateo está escribiendo su evangelio en un momento en que ese lenguaje de doble uso del «hijo» (Israel y su rey) ya se había aplicado a Cristo, el Hijo exaltado que ahora se sienta a la diestra de Dios (ver Ro 8:32-34; Col 1:13-15). Es este uso el que Mateo está reflejando cuando *reutiliza* este momento en Oseas para referirse a la «huida a Egipto» del pequeño Jesús con su familia. Mateo no está sugiriendo que Oseas estaba «profetizando» que el Mesías algún día saldría «de Egipto». Más bien, está viendo un *«cumplimiento» analógico* en el que el Mesías como el verdadero «Hijo» de Dios ahora *vuelve a representar* la propia historia de Israel como el «primogénito» de Dios. Por lo tanto, este tipo de «segundo significado» no debe considerarse como una «inconsistencia» con el Antiguo Testamento; más bien, como siervo inspirado de Dios, Mateo está «volviendo a contar» la historia de Israel, el hijo de Dios, tal como ha vuelto a ser representada por el verdadero y más grande Hijo de Dios.

También podríamos ser capaces de ver tales analogías al leer la historia de Jesús; pero es poco probable que, como hermenéutica válida, podamos usar de forma legítima el lenguaje del «cumplimiento» de esta manera sin la inspiración del mismo Espíritu de Mateo.

Un beneficio final: El énfasis dual en la ortodoxia y la ortopraxis

La ortodoxia es la creencia correcta. La ortopraxis es el vivir de forma correcta. Por medio de los profetas, Dios llamó al pueblo del antiguo Israel y Judá a un equilibrio entre la creencia y la vida correctas. Por supuesto, este sigue siendo el mismo equilibrio que el nuevo pacto requiere (cp. Ef 2:8-10; Stg 1:27; 2:18). Lo que Dios quería de Israel y de Judá es, en general, lo mismo que quiere de nosotros. Los libros proféticos pueden servir constantemente como recordatorios de la determinación de Dios de hacer cumplir su pacto. Para aquellos que obedezcan las estipulaciones de este (amar a Dios y amar al prójimo), el resultado final y eterno será bendición, aunque no se garantice que los resultados en el mundo presente sean tan alentadores. Para aquellos que desobedecen, el resultado solo puede ser maldición, más allá de lo bien que le vaya durante la vida en la tierra. La advertencia de Malaquías (4:6), sugerimos, sigue en pie.

CAPÍTULO 11

Los Salmos:
Las oraciones de Israel y las nuestras

El libro de los Salmos, una colección de oraciones e himnos hebreos inspirados, es probablemente para la mayoría de los cristianos la porción más conocida y querida del Antiguo Testamento. Que el libro de los Salmos se añada a menudo a copias del Nuevo Testamento y que los salmos se utilicen con tanta frecuencia en la adoración y la meditación, le ha dado un cierto protagonismo para los lectores modernos.

Pero con frecuencia los salmos, por muy queridos que sean, presentan dificultades especiales para su comprensión, ya que las características poéticas de la rima y la métrica repetitiva (factores que permiten que la poesía sea más recordada que la mayoría de la prosa) toman formas muy diferentes en la poesía hebrea, y prácticamente siempre se pierden en la traducción al español. La dificultad adicional para interpretar los salmos surge de su naturaleza: lo que son. Debido a que la Biblia es la Palabra de Dios, muchos cristianos asumen automáticamente que todo lo que contiene son palabras *de* Dios *para* las personas. Por lo tanto, dejan de reconocer que la Biblia también contiene palabras habladas *a* Dios o *sobre* Dios —que es lo que hacen los salmos— y que estas palabras también son Palabra de Dios. Es decir, debido a que los salmos son básicamente oraciones e himnos, por su propia naturaleza están dirigidos a Dios o expresan la verdad sobre Dios en forma de cántico.

Esta realidad nos presenta un problema único de hermenéutica en las Escrituras. *¿Cómo* funcionan esas palabras habladas *a* Dios como

Palabra *de* Dios para nosotros? Dado que no son proposiciones, imperativos o historias que nos ponen en contacto con la historia de Dios, no operan principalmente para la enseñanza de doctrina o el comportamiento moral. Sin embargo, son útiles cuando se utilizan para los propósitos que Dios, quien los inspiró, había previsto, ayudándonos a expresarnos delante de Dios y considerar sus caminos. Por lo tanto, los salmos son de gran beneficio para el creyente que mira a la Biblia en busca de ayuda para expresar alegrías y tristezas, éxitos y fracasos, esperanzas y penas, o simplemente para adorar.

Pero los salmos se aplican con frecuencia de forma deficiente, por no decir totalmente errada, precisamente porque es frecuente que se entiendan mal. No todos son fáciles de seguir de forma lógica o de aplicarse al siglo XXI, como lo es el salmo 23, quizás el más conocido de todos ellos. En su simbolismo, Dios es retratado como un pastor y el salmista (por lo tanto, nosotros mismos) como sus ovejas. La disposición de Dios a cuidarnos al apacentarnos en lugares apropiados (es decir, satisfacer todas nuestras necesidades, protegiéndonos generosamente y beneficiándonos) es evidente para aquellos que están familiarizados con el salmo. Por supuesto, el salmista sabía bien lo que muy pocos lectores modernos saben, que las ovejas están entre los animales más tontos que hayan caminado por nuestro planeta. A pesar del verbo que nos llega en español de esta ocupación, uno no «pastorea» fácilmente ovejas. ¡Nuestra conjetura es que esta analogía frecuente en las Escrituras no tenía la intención de halagarnos! Por el contrario, sirve como un recordatorio constante de lo mucho que necesitamos del cuidado tierno y amoroso del gran Pastor.

Pero otros salmos no ceden su significado tan fácilmente a primera vista. Por ejemplo, ¿cómo se debe utilizar un salmo que parece ser negativo en todo (p. ej., Sal 88) y expresar la miseria del orador? ¿Es algo que debería usarse en un servicio de la iglesia? ¿Será solo para uso privado? ¿Qué hay de un salmo que habla sobre la historia de Israel y las bendiciones de Dios sobre ese pueblo? ¿Puede un cristiano moderno, por ejemplo, hacer buen uso de este tipo de salmo? ¿Está reservado solo para judíos? ¿Qué de los salmos que predicen la obra del Mesías? ¿Qué de los salmos que alaban los beneficios de la sabiduría? ¿Qué de los varios salmos que hablan de la gloria de los reyes humanos de Israel? Dado que muy pocas personas en el mundo viven hoy bajo la realeza, parecería difícil dar sentido a este último tipo de salmo. Por último, ¿qué se hace con el deseo de que los infantes babilonios sean estrellados contra las rocas (137:8-9)?

Se necesitaría un libro bastante largo para discutir todos los tipos de salmos y todos sus usos posibles. En este capítulo proporcionamos algunos lineamientos que te permitirán estar en una mejor posición para apreciar y utilizar los salmos tanto en tu vida personal como en la vida de tu iglesia local

ALGUNAS OBSERVACIONES EXEGÉTICAS PRELIMINARES

Al ser un tipo distinto de literatura, los salmos requieren un cuidado especial en la lectura y la interpretación, en este caso, el lector tendrá que entender su *naturaleza* y sus diversos *tipos*, así como sus *formas* y *funciones*.

Los salmos como poesía

El elemento más importante que se debe recordar al leer o interpretar salmos es que son poemas: poemas musicales. Ya hemos discutido brevemente la naturaleza de la poesía hebrea en el capítulo anterior (pp. 201–203; si no has leído estas páginas, querrás hacerlo ahora), pero hay tres puntos adicionales que deben establecerse en relación con el salterio.

1. *La poesía hebrea, por su propia naturaleza, estaba dirigida a la mente a través del corazón* (es decir, gran parte del lenguaje es intencionalmente emotivo). Debido a esta característica común en la poesía bíblica, un lector debe tener cuidado de no realizar una «exégesis excesiva» de los salmos mediante la búsqueda de significados especiales en palabras o frases específicas en donde el poeta no tuvo esa intención. Por ejemplo, recuerda que la naturaleza de la poesía hebrea siempre implica alguna forma de paralelismo y que una forma común es el llamado paralelismo sinónimo (donde la segunda línea repite o refuerza el sentido de la primera línea; ver p. 203). En este tipo de paralelismo, las dos líneas juntas expresan el significado del poeta y la segunda línea no está tratando de decir algo nuevo o diferente. Por ejemplo, considera el inicio del salmo 19:

> *Los cielos cuentan la gloria de Dios,*
> *el firmamento proclama la obra de sus manos.*
> *Un día transmite a otro la noticia,*
> *una noche a la otra comparte su saber.*

Aquí, en dos conjuntos de paralelismo sinónimo, el poeta inspirado glorifica a Dios como Creador. Observa cómo los traductores de la NVI han tratado de ayudarle a ver los paralelismos usando mayúsculas solo en la primera línea y utilizando una coma entre las dos líneas.

Lo que el poeta quiere señalar en prosa simple es: «Dios se revela en su creación, especialmente en los cuerpos celestiales». Pero nuestra frase de prosa simple es totalmente descolorida junto a la magnífica poesía del salmo, que lo dice mejor y también de una forma más fácil de recordar. Ten en cuenta que las cuatro líneas no están tratando de decir cuatro cosas diferentes, aunque el segundo conjunto añade una idea nueva de que durante el día y la noche los cielos revelan a su Creador. En el primer conjunto, el salmista no está tratando de decir que los «cielos» hacen una cosa y el «firmamento» otra; las dos líneas juntas hablan de una gloriosa realidad, que la creación misma demuestra la gloria y las maravillas de Dios.

2. *Los salmos son poemas musicales.* Un poema musical no se puede leer de la misma manera que una epístola, un relato o una sección de la ley. Tiene la intención de apelar a las emociones, evocar sentimientos que rara vez logra una expresión propositiva directa y, por lo tanto, busca estimular una respuesta por parte del individuo que va más allá de una mera comprensión cognitiva de ciertos hechos, después de todo, esa es la misma razón por la que los poemas musicales son tan queridos y recordados con tanta facilidad. Ninguno de nosotros diría en una conversación normal: «Y cuando en Sión por siglos mil brillando esté cual sol». Pero aquellos de nosotros que conocemos bien el himno de John Newton, podríamos retomar de inmediato la siguiente línea, «yo cantaré por siempre allí su amor que me salvó», y nos meteríamos así en la poesía. La iglesia es el dominio de Dios, no el nuestro, y podemos descansar en esa realidad mayor. Eso es lo que sucede con los salmos; mientras contienen y reflejan doctrina, no están destinados a ser depósitos para exposición doctrinal. Por lo tanto, es peligroso leer un salmo como si enseñara un sistema de doctrina, de la misma manera que es peligroso hacerlo con la narrativa.

Por ejemplo, ¿quién de nosotros, al cantar el himno de Martín Lutero «Castillo fuerte es nuestro Dios» (basado en el salmo 46:1), asumiría que Dios es en realidad una especie de fortificación o construcción o muro impenetrable? Entendemos que el «castillo fuerte» es una forma figurativa de pensar en Dios. De la misma manera, cuando el salmo dice: «Y en pecado me concibió mi madre» (Sal 51:5, NBLA), el escritor está bastante lejos de intentar establecer la doctrina de que la concepción es pecaminosa, que todas las concepciones son pecaminosas, que su madre era pecadora al quedar embarazada, que el pecado original se aplica a los niños no nacidos o cualquier idea de ese tipo. El salmista ha empleado una hipérbole —una exageración intencional— con el fin de expresar fuerte y de forma vívida que es un pecador, con una larga historia como tal. Así lo expresa la NVI: «Yo sé que soy malo de nacimiento; pecador me concibió mi madre». Esta es poesía, no teología, donde el salmista expresó poéticamente que sus maneras pecaminosas ¡no comenzaron recientemente! Hacer que diga algo más que eso es simplemente abusar de la poesía, por no hablar de la Escritura misma. Entonces, cuando leas un salmo, ten cuidado de no tratar de derivar de él conceptos que nunca fueron pensados por el poeta musical, quien se inspiró para escribirlo. Que haga lo que originalmente estaba destinado a hacer, como moverte a detenerte por un momento y reconocer la increíble grandeza y bondad de Dios.

3. *El vocabulario de la poesía es deliberadamente metafórico.* Por lo tanto, hay que tener cuidado de buscar la intención de la metáfora. En el libro de Salmos, las montañas saltan como carneros (114:4; ¡cantando sobre la presencia de Dios en el monte Sinaí, narrado en Éx 19:16-25!); los enemigos sacan espadas de sus fauces (59:7; ¿quién no ha sentido el dolor agudo de las calumnias o mentiras?); y Dios es visto como un pastor, fortaleza, escudo, roca, etc. Es muy importante que aprendas a «escuchar» las metáforas y comprender lo que significan y, de vez en cuando, hacer una pausa para reflexionar sobre las verdades que transmiten, incluido el gran amor de Dios por todos nosotros.

También es importante no forzar las metáforas o entenderlas de forma literal. Por ejemplo, si alguien considerara el salmo 23 de forma literal, podría cometer el error bastante excesivo de asumir que Dios quiere que seamos y actuemos como ovejas o, de lo contrario, quiere que vivamos una vida rural y pastoral. Si lo hacemos, convertimos el salmo en un tratado en contra de la vida en la ciudad. Para leer bien cualquiera de los salmos, es necesario apreciar el lenguaje simbólico (metáfora y símil) de lo que se pretende evocar y luego «traducirlo» a la realidad a la que está apuntando.

Los salmos como literatura

Como poemas musicales, los salmos también son una forma de literatura con ciertos rasgos literarios distintivos. Ser consciente de esos rasgos particulares debería ayudar a tu lectura y disfrute de los salmos.

1. *Hay diferentes tipos de salmos.* Esto es tan importante para tu comprensión que vamos a profundizar en los tipos básicos más adelante en el capítulo. Por supuesto, los israelitas estaban bien familiarizados con todos estos tipos. Ellos conocían la diferencia entre un salmo de lamento (a través del cual un individuo o un grupo podían expresar dolor ante el Señor y pedir ayuda) y un salmo de acción de gracias (mediante el cual individuos o grupos expresaban gozo por la misericordia que Dios les había mostrado). Sin embargo, dado que los salmos no son comunes en nuestra cultura, es posible que necesites preguntarte con frecuencia antes de empezar a leer: ¿Qué *tipo* de salmo estoy leyendo?

2. *Cada salmo también se caracteriza por su estructura formal.* Un elemento que distingue los distintos tipos de salmos es que cada uno

tiene sus propias características estructurales. Si tienes un entendimiento básico de la estructura formal de un salmo, serás capaz de reconocer características tales como las transiciones de tema a tema o la forma en que el salmista distribuye la atención que se presta a determinados asuntos y, por lo tanto, obtener una mejor comprensión del mensaje que transmite. Esto será especialmente evidente en nuestro muestreo exegético que se presenta más adelante.

3. *Cada tipo de salmo estaba destinado a tener una función determinada en la vida de Israel.* Este tema también recibirá una atención especial a continuación. Por ahora, hay que recordar que cada salmo tiene un propósito previsto. Por ejemplo, los salmos reales fueron compuestos para ser cantados durante la celebración de la monarquía de Israel, tal como fue concedido por Dios y no, por ejemplo, en las bodas.

4. *Hay también varios patrones dentro de los salmos.* Los salmistas con frecuencia se deleitaban en ciertos arreglos o repeticiones de palabras y sonidos, así como en obras estilísticas sobre palabras. Además, algunos salmos son acrósticos, es decir, las letras iniciales de cada línea o verso operan a través de las veintidós letras del alfabeto hebreo. El salmo 119 es un ejemplo de salmo acróstico, donde cada letra del alfabeto da comienzo a un conjunto de ocho versos (ten en cuenta cómo se establecen en la NVI). Su patrón de enumeración y repetición guía de forma eficaz al lector a través de una larga lista de beneficios y responsabilidades de los creyentes alrededor de la ley de Dios.

5. *Cada salmo tiene su propia integridad como unidad literaria.* Los salmos deben ser tratados como completos, no atomizados en versos individuales o, como suele ocurrir con proverbios, pensados como una de muchas perlas en un collar, cada una para ser disfrutada por sí misma separada de su relación con el todo. Al leer cualquier salmo, aprende a seguir su flujo y equilibrio. Cada salmo tiene un patrón de desarrollo por el cual sus ideas se presentan, desarrollan y llevan a algún tipo de conclusión.

Este último asunto necesita un énfasis especial. Debido a la unidad literaria de todo salmo, hay que tener especial cuidado de mantener los versículos individuales en su contexto dentro del salmo, no verlos solo en su propia luz, ni tratarlos como si no necesitaran ningún contexto en el que ser interpretados. Por ejemplo, considera el salmo 51:16: «Tú no te deleitas en los sacrificios ni te complacen los holocaustos; de lo contrario, te los ofrecería». Sacado de contexto, esto podría parecer que sugiere que el sistema de sacrificios no tiene ninguna importancia real bajo el antiguo pacto. Pero ¿cómo, entonces, encaja esto con lo que se dice al final: «Entonces te agradarán los sacrificios de justicia, los holocaustos del todo quemados, y sobre tu altar se ofrecerán becerros» (v. 19)?

La respuesta es que, en el contexto completo del salmo, David está reconociendo que los sacrificios sin contrición genuina y arrepentimiento solo consisten en cumplir con las formalidades. En lo que Dios se deleita es un corazón contrito que acompaña los sacrificios. Entonces, leer la línea anterior (v. 16) por sí sola es perder el punto *de este salmo*. Nuestro punto es que hay un marco de significado que nos ayuda a definir las palabras anteriores (v. 16), y así entenderlas de acuerdo con su intención real, en lugar de hacerlo con alguna intención que podríamos asignarles por no conocer el contexto. Descontextualizar cualquier parte de un salmo es traicionar al salmista y, a menudo, conducirá a conclusiones equivocadas. Cada vez que se toma incluso una parte de una pieza literaria y se usa erróneamente, especialmente con la poesía, tal literatura será incapaz de hacer lo que estaba destinada a hacer, por lo que se frustran los propósitos de Dios al inspirarla.

EL USO DE LOS SALMOS EN EL ANTIGUO ISRAEL

Los salmos eran canciones funcionales compuestas para su uso durante la adoración por los antiguos israelitas. Por *funcional* queremos decir que cumplieron la función crucial de crear una conexión entre el adorador y Dios. Aunque algunos de ellos parecen haber sido destinados a ser utilizados por adoradores individuales (p. ej., Sal 63), muchos estaban destinados al uso corporativo (p. ej., Sal 74; 147-150). De hecho, los salmos eran comúnmente utilizados como ayudas de adoración por los israelitas cuando traían sacrificios al templo de Jerusalén. Basado en algunos de los títulos (p. ej., Sal 80 y 81), parece probable que cantantes profesionales solían cantarlos durante el tiempo en que el pueblo estaba adorando. Sin embargo, es obvio que el conocimiento de los salmos se extendió ampliamente más allá del templo, y que el pueblo comenzó a cantarlos en todo tipo de situaciones en las que las palabras expresaban sus propias actitudes y circunstancias. Los salmos fueron finalmente recogidos en agrupaciones llamadas «libros». Hay cinco libros de este tipo (Libro 1: Salmos 1-41; Libro 2: Salmos 42-72; Libro 3: Salmos 73-89; Libro 4: Salmos 90-106; Libro 5: Salmos 107-150).

Es comprensible que no sea posible fechar la mayoría de los salmos con certeza. Sin embargo, la ambigüedad no es en este caso un problema exegético significativo. Es evidente que los salmos son aplicables a *todos los* «tiempos y climas». Al igual que con los grandes himnos, sus usos en el antiguo Israel son instructivos para nosotros, pero no nos limitan a la adoración y la oración de una época pasada. Al hablar al corazón de un creyente o grupo de creyentes reunidos en adoración, se demuestra el valor multicultural y multigeográfico de los salmos.

Debido a que ciertos grupos de salmos tienen características especiales, es probable que se recopilaran originalmente en grupos más pequeños (p. ej., salmos de David; salmos de «Aleluya» [146-150]), que ahora se han incluido juntos dentro de los cinco libros principales. Pero estas categorías son menos significativas en cuanto a la organización actual del libro de los Salmos, porque muchos tipos diferentes están dispersos en el orden actual del salterio.

De acuerdo con los títulos, que no forman parte de los salmos originales y, por lo tanto, no se consideran inspirados, David escribió casi la mitad, setenta y tres en total. Moisés escribió uno (Sal 90), Salomón escribió dos (Sal 72 y 127), y los «hijos» de Asaf y de Coré, etc., también escribieron varios («hijos de» es un hebraísmo para una «escuela» existente de músicos).

Después de que los israelitas regresaron del exilio y reconstruyeron el templo, el libro de los Salmos fue aparentemente convertido en una colección formal, casi un «himnario del templo», con los Salmos 1 y 2 sin título ubicados al principio como una introducción al todo, y el Salmo 150 al final como conclusión. Desde el Nuevo Testamento vemos que los judíos, en general, y Jesús y sus discípulos, en particular, conocían bien los salmos. Estos continuaron siendo parte de su adoración. Pablo alienta a los primeros cristianos a animarse mutuamente con «salmos, himnos y canciones espirituales» (Ef 5:19; Col 3:16). Al menos los dos primeros términos pueden referirse al libro de los Salmos, aunque Pablo, al dar este consejo, también puede haber tenido en mente otros tipos de música cristiana antigua.

LOS TIPOS DE SALMOS

Es posible agrupar los salmos en siete categorías diferentes. Aunque estas categorías pueden superponerse un poco o tener subcategorías, son bien útiles para clasificar los salmos y así guiar al lector a un buen uso de ellos.

Lamentos

Los lamentos constituyen el grupo más grande en el salterio. Algo que en sí mismo afirma algo sobre nuestra humanidad. Hay más de sesenta, incluyendo lamentos individuales y corporativos. Los lamentos *individuales* (p. ej., 3; 22; 31; 39; 42; 57; 71; 88; 120; 139; 142), que expresan o presuponen una profunda confianza en Yahvé, ayudan a expresar las luchas, sufrimientos o decepciones humanas al Señor. Los lamentos *corporativos* (p. ej., 12; 44; 80; 94; 137) hacen lo mismo, pero por un grupo de personas. ¿Estás desanimado? ¿Tu iglesia está pasando por un período difícil? ¿Eres parte de una familia o grupo, pequeño o grande, que se pregunta por qué las cosas no van tan bien como esperabas? Si es así, el uso de los salmos de lamentos es potencialmente un valioso complemento a tu expresión propia de preocupación delante del Señor. De hecho, una de las experiencias más conmovedoras en la vida de uno de los autores fue escuchar el salmo 88 leído en voz alta en servicio de capilla pocas horas después de los terribles acontecimientos del 11 de septiembre de 2001. Los tiempos eran con frecuencia difíciles para los antiguos israelitas. Los lamentos en el libro de Salmos expresan con un fervor profundo y honesto la angustia que el pueblo sentía.

Salmos de Acción de Gracias

Como su nombre lo indica, estos salmos se usaron en circunstancias muy opuestas a las de los salmos de lamento. Tales salmos expresaron gozo al Señor porque algo había ido bien, las circunstancias eran buenas o porque la gente tenía razones para dar gracias a Dios por su fidelidad, protección y beneficios. Los salmos de acción de gracias ayudan a una persona o a un grupo a expresar pensamientos y sentimientos de gratitud. En total, hay seis salmos comunitarios (grupo) de acción de gracias (65; 67; 75; 107; 124; 136) y diez salmos individuales de acción de gracias (18; 30; 32; 34; 40; 66; 92; 116; 118; 138) en el salterio.

Himnos de alabanza

Estos salmos —sin referencia particular a miserias personales o alegrías, ya sean anteriores o recientes— se centran en la alabanza a Dios por quién es Él, por su grandeza y bondad hacia toda la tierra, así como para su pueblo. El Eterno puede ser alabado como Creador del universo, como en Salmos 8; 19; 104; y 148; puede ser alabado por ser el protector y benefactor de Israel, como en Salmos 66; 100; 111; 114; y 149; o ser alabado como el Señor de la historia, como en Salmos 33; 103; 113; 117; y 145-147. Dios merece alabanza. Estos salmos están especialmente adaptados para alabanzas individuales o grupales en la adoración. Nos ayudan a «cantar salmos a nuestro Dios», algo que es verdaderamente «agradable y justo» (Sal 147:1).

Salmos de salvación-historia

Estos pocos salmos (78; 105; 106; 135; 136) tienen como enfoque una revisión de la historia de las obras salvadoras de Dios entre el pueblo de Israel, especialmente su liberación de la esclavitud en Egipto y su creación como pueblo. Israel, de quien finalmente vino Jesucristo y a través de quien se mediaba el mensaje de Dios, es, por supuesto, una nación especial en la historia humana, y su historia se celebra en estos salmos de la historia de la salvación. Notarás que cada uno tiene un propósito diferente (celebración, acción de gracias, advertencia, etc.).

Salmos de celebración y afirmación

Varios tipos de salmos se incluyen en esta categoría. Un primer grupo son las liturgias de renovación del pacto, como los salmos 50 y 81, que están diseñados para llevar al pueblo de Dios a una renovación del pacto que se les dio por primera vez en el monte Sinaí. Estos salmos pueden servir eficazmente como pautas de adoración para un servicio de renovación. Los salmos 89 y 132 con frecuencia se clasifican como salmos del pacto davídico, que alaban la importancia de la elección de Dios del linaje de David. En la medida en que este linaje finalmente conduce al nacimiento de nuestro Señor, estos salmos proporcionan antecedentes para su ministerio mesiánico.

Hay nueve salmos en el salterio que tratan especialmente de la realeza. Estos los llamamos salmos reales (2; 18; 20; 21; 45; 72; 101; 110; 144). Uno de ellos es un salmo real de acción de gracias (18), y uno de ellos es un lamento real (144). La realeza en el antiguo Israel era una institución importante, porque a través de ella Dios proporcionaba estabilidad y protección. Aunque la mayoría de los reyes de Israel fueron infieles, Dios podía usar a cualquiera de ellos para buenos propósitos. El Eterno trabaja a través de intermediarios en la sociedad y la alabanza de la función de estos intermediarios es lo que encontramos en los salmos reales.

Relacionados con los salmos reales se encuentran los llamados «salmos de entronización» (24; 29; 47; 93; 95-99). Es probable que estos salmos celebraran la entronización del rey en el antiguo Israel, una ceremonia que puede haberse repetido anualmente. Algunos estudiosos han señalado que representan también la entronización del Señor mismo y fueron utilizados como liturgias para algún tipo de ceremonia que la celebraba, aunque la evidencia para esto es escasa.

Por último, hay una categoría llamada los Cánticos de Sión o Cánticos de la ciudad de Jerusalén (46; 48; 76; 84; 87; 122). De acuerdo con las predicciones de Dios por medio de Moisés a los israelitas mientras aún estaban en el desierto (p. ej., Dt 12), Jerusalén se convirtió en la ciudad central de Israel, el lugar donde el templo fue construido para ser la expresión visible de la presencia de Dios con su pueblo y el lugar desde el cual el rey David ejerció autoridad. Jerusalén como la «ciudad santa» recibe atención especial y celebración en estos cánticos. En la medida en que el libro del Apocalipsis hace uso del símbolo de una nueva Jerusalén (el nuevo cielo que desciende a la tierra), estos salmos siguen siendo útiles en la adoración cristiana.

Salmos de sabiduría

Ocho salmos (36; 37; 49; 73; 112; 127; 128; 133) pueden colocarse en esta categoría. También podemos observar que Proverbios

8 es, en sí mismo, un salmo, expresando alabanza a los méritos de la sabiduría y la vida sabia como lo hacen también los otros. Estos salmos se pueden leer junto con el libro de Proverbios. (Ver la sección sobre Proverbios en el cap. 12).

Cánticos de confianza

Estos diez salmos (11; 16; 23; 27; 62; 63; 91; 121; 125; 131) centran su atención en que se puede confiar en Dios y que, incluso en tiempos de desesperación, la bondad y el cuidado de Dios por su pueblo deben manifestarse. Dios se deleita en saber que aquellos que creen en Él le confían sus vidas y confían en lo que desea darles. Estos salmos nos ayudan a expresar nuestra confianza en Dios sin importar nuestras circunstancias.

Para aquellos que deseen explorar más a fondo las diferentes categorías de los salmos y comprender las características que determinan cómo se clasifican, recomendamos a Bernhard Anderson con Steven Bishop, *Out of the Depths: The Psalms Speak for Us Today* [*Salir de las profundidades: los Salmos nos hablan hoy,* 3rd ed. (Louisville, Ky.: Westminster John Knox, 2000)]; o Tremper Longman III, *How to Read the Psalms* [*Cómo leer los Salmos* (Downers Grove, Ill.: InterVarsity Press, 1988)]. Estos libros no solo contienen detalles adicionales de cómo funcionaban los salmos en el antiguo Israel, sino que también hacen sugerencias sobre la forma en que podrían funcionar en la vida de los creyentes hoy en día.

UN MUESTREO EXEGÉTICO

Para que podamos ilustrar cómo es que la forma y la estructura de un salmo te ayuda a apreciar su mensaje, hemos elegido dos salmos para realizar un examen minucioso. Uno es un lamento personal y el otro es un salmo de acción de gracias.

Salmos 3: Un lamento

Al comparar con cuidado todos los salmos de lamento, los estudiosos han sido capaces de aislar seis elementos que aparecen de una manera u otra en prácticamente todos ellos. Estos elementos, en su orden típico, son los siguientes:

1. *Destinatario.* El salmista identifica a aquel a quien se ora el salmo. Por supuesto, es al Señor.
2. *Queja o reclamo.* El salmista vuelca una queja honesta y firme, identificando cuál es el problema y por qué se está buscando la ayuda de Dios.

3. *Confianza.* El salmista manifiesta de inmediato confianza en Dios, lo cual sirve como fundamento para la presuposición base para su queja o reclamo. (¿Por qué derramarías una queja delante de Dios si no confías en Él?). Además, debes confiar en Dios para que responda a tu queja de acuerdo con una perspectiva más amplia, sus propósitos de gracia, no necesariamente con la respuesta que esperas.

4. *Liberación.* El salmista clama a Dios por la liberación de la situación descrita en la queja.

5. *Seguridad.* El salmista expresa la seguridad de que Dios cumplirá. Esta garantía es, hasta cierto punto, paralela con la expresión de confianza.

6. *Alabanza.* El salmista ofrece alabanza, agradeciendo y honrando a Dios por las bendiciones del pasado, presente y/o futuro.

Salmos 3

¹Muchos son, SEÑOR, mis enemigos;
    muchos son los que se me oponen,
² y muchos los que de mí aseguran:
    «Dios no lo salvará». *Selah*

³ Pero tú, SEÑOR, me rodeas cual escudo;
    tú eres mi gloria;
    ¡tú mantienes en alto mi cabeza!
⁴ Clamo al SEÑOR a voz en cuello,
    y desde su monte santo él me responde. *Selah*

⁵ Yo me acuesto, me duermo y vuelvo a despertar,
    porque el SEÑOR me sostiene.
⁶ No me asustan los numerosos escuadrones
    que me acosan por doquier.

⁷ ¡Levántate, SEÑOR!
    ¡Ponme a salvo, Dios mío!
¡Rómpeles la quijada a mis enemigos!
    ¡Rómpeles los dientes a los malvados!

⁸ Tuya es, SEÑOR, la salvación;
    ¡envía tu bendición sobre tu pueblo! *Selah*

En este salmo, los seis elementos de un lamento deben identificarse de la siguiente manera:

1. *Destinatario.* Este es el clamor «Señor» (hebreo *yhwh*, el cual se vuelve «Yahvé») del versículo 1. Ten en cuenta que esta sección no tiene por qué ser larga ni elegante. ¡Las oraciones simples siempre servirán! También considera que el destinatario se repite en forma paralela en el versículo 7. El clamor está dirigido solo al único Dios verdadero, el único que tiene el poder y el amor para responder de forma perfecta a la necesidad del solicitante.

2. *Queja o reclamo.* Esto comprende el resto del versículo 1 y todo el versículo 2. David describe a los enemigos (que en estos salmos pueden funcionar como símbolos personificados de virtualmente cualquier miseria o problema) y cuán sombría parece su situación. *Cualquier* dificultad puede expresarse de esa manera.

3. *Confianza.* Aquí los versículos 3-6 son parte de la expresión de confianza en el Señor. Quién es Dios, cómo Dios responde la oración, cómo el pueblo de Dios se mantiene seguro, incluso cuando su situación pareciera no tener esperanza, todo esto representa la evidencia de que Dios es confiable.

4. *Liberación.* En el versículo 7a («¡Levántate, Señor! ¡Ponme a salvo, Dios mío!») David expresa su (y *nuestra*) súplica por ayuda. Observa cómo la solicitud directa de ayuda se ha mantenido hasta este momento en el salmo, viniendo *después* de la expresión de confianza. Este orden no es requerido, pero es normal. Un equilibrio entre pedir y alabar parece caracterizar los lamentos. Esto debería ser instructivo para nosotros en relación con nuestras propias oraciones.

5. *Seguridad.* El resto del versículo 7 («¡Rómpeles...») constituye una declaración de seguridad. Podrías preguntar: ¿Qué tipo de garantía se comunica con esta imagen pugilística de Dios? De hecho, el lenguaje es nuevamente metafórico en lugar de literal. «Ya has noqueado todos mis problemas reales» sería una paráfrasis adecuada, ya que los «enemigos» y los «malvados» representan los problemas y angustias que David sintió en su tiempo y nosotros sentimos ahora. Con esta imagen vívida, la derrota de lo que nos oprime puede imaginarse. Pero recuerda que esta parte del salmo no promete que el pueblo de Dios estará libre de problemas. Expresa la seguridad de que, en el tiempo de Dios, nuestros problemas realmente significativos serán atendidos de acuerdo con el plan divino para nosotros.

6. *Alabanza.* El versículo 8 alaba a Dios por su fidelidad. Yahvé (el Señor) es declarado como *el* libertador. Se declara de

forma implícita en la solicitud de bendición divina que *Él* es aquel que bendice.

Se puede aprender mucho de un lamento como el salmo 3. La importancia de una oración equilibrada encabeza la lista. Los pedidos deben equilibrarse con el aprecio; quejas por expresiones de confianza. Ten en cuenta también cuán libre David se inspira para expresar la queja y el reclamo. Este ejemplo de honestidad nos lleva a estar más dispuestos a expresarnos abiertamente sin encubrir nuestros problemas delante de Dios.

Sin embargo, el salmo no está diseñado específicamente para instruir, sino para ser utilizado como una guía. Podemos leer y reflexionar sobre este mismo salmo cuando estamos desesperados, desanimados, aparentemente rodeados de problemas y sintiéndonos derrotados. Ese salmo nos ayudará a expresar nuestros pensamientos y sentimientos y a confiar en la fidelidad de Dios, tal como lo fue para los antiguos israelitas. Dios lo ha colocado en la Biblia para que nos ayude a tener comunión con Él, depositando toda nuestra ansiedad sobre Él porque el Señor cuida de nosotros (1 P 5:7).

El grupo de salmos de lamento, a veces llamados «lamentos comunitarios», sigue el mismo patrón de seis pasos. Una familia, iglesia o cualquier otro grupo que enfrenta circunstancias difíciles puede usar estos salmos de forma análoga a cómo el individuo utiliza un salmo como el anterior.

Salmos 138: Un salmo de Acción de Gracias

Como es de esperarse, los salmos de acción de gracias tienen una estructura diferente, porque tienen un propósito diferente en lo que expresan. Los elementos del salmo de acción de gracias son los siguientes:

1. *Introducción.* Aquí se resume el testimonio del salmista de cómo Dios lo ha ayudado.

2. *Angustia.* Se retrata la situación desde la que Dios dio la liberación.

3. *Apelación.* El salmista reitera el llamado que se ha hecho a Dios.

4. *Liberación.* Se describe la liberación que Dios ha provisto.

5. *Testimonio.* Se da una palabra de alabanza por la misericordia de Dios.

Como se puede ver en este esquema, los salmos de acción de gracias se concentran en el aprecio por las misericordias pasadas. Estos generalmente agradecen a Dios por lo que ya Dios ha hecho. Sin embargo, el orden de estos cinco elementos puede variar de forma considerable, después de todo, este tipo de bosquejo es nuestro descubrimiento, no una forma rígida en la que un salmista se sintió obligado a encajar el poema musical. Un orden fijo estricto limitaría de forma indebida la creatividad del autor inspirado.

Salmos 138

¹ SEÑOR, quiero alabarte de todo corazón,
    y cantarte salmos delante de los dioses.
² Quiero inclinarme hacia tu santo templo
    y alabar tu nombre por tu gran amor y fidelidad.
Porque has exaltado tu nombre y tu palabra
    por sobre todas las cosas.
³ Cuando te llamé, me respondiste;
    me infundiste ánimo y renovaste mis fuerzas.

⁴ Oh SEÑOR, todos los reyes de la tierra
    te alabarán al escuchar tus palabras.
⁵ Celebrarán con cánticos tus caminos,
    porque tu gloria, SEÑOR, es grande.

⁶ El SEÑOR es excelso,
    pero toma en cuenta a los humildes
    y mira de lejos a los orgullosos.
⁷ Aunque pase yo por grandes angustias,
    tú me darás vida;
contra el furor de mis enemigos extenderás la mano:
    ¡tu mano derecha me pondrá a salvo!
⁸ El SEÑOR cumplirá en mí su propósito.
Tu gran amor, SEÑOR, perdura para siempre;
    ¡no abandones la obra de tus manos!

En este salmo, los cinco elementos de un salmo de acción de gracias deben identificarse de la siguiente manera:

1. *Introducción.* David expresa en los versículos 1-2 su intención de alabar a Dios por el amor y la fidelidad que ha demostrado, así como porque la grandeza de Dios, en sí misma, merece aclamación.
2. *Angustia.* La angustia no está especificada en el versículo 3, podría ser cualquier tipo de dificultad en la que David clamó al Señor. En consecuencia, el salmo es útil para cualquier

cristiano que desee dar gracias a Dios por cualquier tipo de ayuda.

3. *Apelación.* La apelación también está contenida en el versículo 3. Dios es alabado por haber respondido de forma compasiva a la angustia (no especificada) de David.

4. *Liberación.* Los versículos 6-7 son más pertinentes. Que Dios prestara atención a David, un solicitante inmerecido, al conservar su vida en medio de problemas (quizás muchas veces, ya que «me darás vida» está en tiempo futuro), y lo rescató de sus «enemigos», sirve para expresar nuestro propio aprecio por la fidelidad de Dios al ayudarnos en el pasado.

5. *Testimonio.* Los versículos 4-5 y 8 constituyen el testimonio de David (y nuestro) a la bondad de Dios. Dios es tan bondadoso que merece la alabanza de los grandes de la tierra (vv. 4-5). Se puede contar con Dios y apelar a Él en relación con el cumplimiento de sus promesas y planes. El amor de Dios nunca se detiene (v. 8).

¡Qué grandes expectativas con respecto a nuestra relación con Dios contiene un cántico de gratitud como el salmo 138! Cuán útil puede ser al alinear nuestros propios pensamientos y sentimientos cuando reflexionamos sobre la fidelidad que Dios nos ha mostrado a lo largo de los años.

Si deseas ampliar en el contenido de otros tipos de salmos más allá de los discutidos aquí, te resultará útil el libro de Anderson o Longman. Sin embargo, muchos de estos resultados se pueden obtener simplemente leyendo varios salmos de un tipo determinado y luego analizando por tu cuenta sus características comunes. Lo más importante es que te des cuenta de que los salmos difieren unos de otros y que un discernimiento sabio de su tipología conducirá a un uso sabio de ellos.

UNA NOTA ESPECIAL SOBRE LOS «SALMOS IMPRECATORIOS»

Una de las razones por las que los salmos han tenido tanto atractivo para el pueblo de Dios en todas las edades es su amplitud del lenguaje. Se encuentra una gama completa de emociones humanas, incluso emociones extremas. No importa cuán triste estés, el salmista te ayuda a expresar tu tristeza, con un patetismo abyecto si es necesario (p. ej., Sal 69:7-20; 88:3-9). No importa lo contento que estés, el salmista también te ayuda a expresarlo (p. ej., Sal 23:5-6; 98; 133). ¡El lenguaje obviamente exagerado (hipérbole) es difícil de superar!

Por supuesto, ni la tristeza ni la alegría son pecaminosas. Pero la amargura, la ira y el odio pueden llevarnos a pensamientos o acciones pecaminosos, como el deseo o el intento de dañar a los demás. Es cierto que expresar la ira de forma verbal —dejarlo salir con palabras directas, por así decirlo— es mejor que expresarlo con acciones violentas. Algunas porciones de ciertos salmos nos ayudan de esta manera y con una dimensión añadida. Guían o canalizan nuestra ira *hacia y a través de* Dios de forma verbal, en lugar de que sea hacia cualquier otra persona, verbal o físicamente. Los salmos que contienen verbalizaciones a Dios de la ira hacia los demás a veces son denominados salmos imprecatorios.

¿Por qué negar que a veces tenemos demasiada ira hacia los demás? Por medio de los salmos imprecatorios, Dios nos invita a «Si se enojan, no pequen» (Sal 4:4, como se cita en Ef 4:26). Debemos cumplir la enseñanza del Nuevo Testamento: «No permitan que el enojo les dure hasta la puesta del sol, ni den cabida al diablo» (Ef 4:26-27), expresando nuestra ira directamente hacia Dios y por medio de Él, en lugar de tratar de devolver el mal a aquellos que nos han hecho mal. Los salmos imprecatorios aprovechan nuestra ira y nos ayudan a expresarla (a Dios) usando el mismo tipo de exageración obvia y deliberada conocida por nosotros en otros tipos de salmos.

Las partes imprecatorias de los salmos casi siempre se encuentran en los lamentos. El salmo 3, descrito en detalle anteriormente, contiene en el versículo 7 una imprecación que, como muchas de las otras que se encuentran en el libro de Salmos, es breve y, por lo tanto, no es probable que sea altamente ofensiva. Pero algunas imprecaciones son bastante largas y ásperas (ver partes de los salmos 12; 35; 58; 59; 69; 70; 83; 109; 137; 140). Considera, por ejemplo, Salmos 137:7-9:

> [7] Señor, acuérdate de los edomitas
> el día en que cayó Jerusalén.
> «¡Arrásenla —gritaban—,
> arrásenla hasta sus cimientos!»
>
> [8] Hija de Babilonia, que has de ser destruida,
> ¡dichoso el que te haga pagar
> por todo lo que nos has hecho!
> [9] ¡Dichoso el que agarre a tus pequeños
> y los estrelle contra las rocas!

El salmo 137 es un lamento por el sufrimiento soportado por los israelitas en el exilio; su capital, Jerusalén, había sido destruida y su tierra les había sido arrebatada por los babilonios, ayudados y alentados por los edomitas (cp. el libro de Abdías), quienes con avidez se sirvieron del botín. Teniendo en mente la Palabra de Dios, «Mía es la venganza; yo pagaré» (Dt 32:35; cp. Ro 12:19), el compositor de este lamento reclama juicio *de acuerdo con las maldiciones del pacto* (ver la discusión en el cap. 10). En estas maldiciones se incluye la aniquilación de toda sociedad inicua, incluidos los miembros de una familia (Dt 32:25; cp. Dt 28:53-57). Por supuesto, nada en las Escrituras enseña que este juicio *temporal* debe ser visto como una indicación sobre el destino *eterno* de esos miembros de una familia.

Lo que el salmista ha hecho es hablarle a Dios sobre los sentimientos de los israelitas que sufren, usando un lenguaje hiperbólico del mismo tipo extremo que se encuentra en las maldiciones del pacto. Que el salmista parezca dirigirse directamente a los babilonios es simplemente una función del estilo del salmo, también se dirige a Jerusalén directamente en el versículo 5. Dios es el verdadero oyente de estas palabras enojadas (v. 7), así como debe ser Dios y solo Dios quien escuche *nuestras* palabras airadas. Se entiende en su contexto como parte del lenguaje de los lamentos y utilizado con razón para canalizar y controlar nuestra ira potencialmente pecaminosa; los salmos imprecatorios pueden realmente ayudarnos a evitar que alberguemos o mostremos ira contra los demás (ver Mt 5:22).

Los salmos imprecatorios no contradicen la enseñanza de Jesús de amar a nuestros enemigos. Tendemos erróneamente a equiparar el «amor» con «tener un sentimiento cálido hacia algo o alguien». Sin embargo, la enseñanza de Jesús define el amor de forma activa. Lo que muestra amor no es tanto lo que *sientes* por una determinada persona, sino lo que *haces* por ella (Lc 10:25-37). El mandato bíblico es *hacer* el amor, en lugar de *sentir* amor. De una manera relacionada, los salmos imprecatorios nos ayudan, cuando sentimos ira, a no actuar con ira. Podemos expresar con honestidad nuestra ira a Dios, sin importar cuán amarga y con cuanto odio la sintamos, y dejar que Dios se encargue de la justicia contra aquellos que nos maltratan. El enemigo que sigue haciendo el mal frente a nuestra tolerancia está en grandes problemas (Ro 12:20). Entonces, la función adecuada de estos salmos es ayudarnos a que «No te dejes vencer por el mal; al contrario, vence el mal con el bien» (Ro 12:21).

Una última palabra: El término «odio» en el libro de Salmos ha sido comúnmente malinterpretado. Si bien esta palabra hebrea significa en algunos contextos «despreciar», también puede significar «no estar dispuesto o incapaz de soportar» o «aborrecer» (como Dios con Esaú en Mal 1:3). Ambas son definiciones estándar en los léxicos hebreos para esta palabra. Así, cuando el salmista dice: «El odio que les tengo es un odio implacable» (Sal 139:22), está expresando de la manera más fuerte posible su total consternación e incapacidad para soportar a los que odian a Dios. Por lo tanto, también por esa razón no debe presumirse que el lenguaje de los salmos imprecatorios viola la enseñanza de la Biblia en otros lugares, incluyendo Mt 5:22, ni que nos ofrezca un resquicio legal para odiar a alguien.

ALGUNAS OBSERVACIONES HERMENÉUTICAS FINALES

Dado que los cristianos durante generaciones han recurrido casi instintivamente al salterio en tiempos de necesidad, perplejidad o alegría, vacilamos en ofrecer una «hermenéutica de los salmos», no sea que, de alguna manera, los volvamos demasiado prosaicos. No obstante, conviene hacer algunas observaciones, con la esperanza de que sigan siendo un enorme gozo al leerlos, cantarlos u orarlos.

En primer lugar, debemos señalar que el «instinto» cristiano (sentido común) recién aludido proporciona la respuesta básica a la pregunta con la que comenzamos este capítulo: ¿Cómo funcionan estas palabras habladas *a* Dios para nosotros como una palabra *de* Dios? La respuesta: Precisamente en las formas en que funcionaron primeramente para Israel, como oportunidades para hablar con Dios con la ayuda de las palabras que inspiró a otros a usar al hablar con Él en tiempos pasados.

Tres beneficios básicos de los salmos

Del uso de los salmos tanto en el antiguo Israel como en la iglesia del Nuevo Testamento, podemos ver tres formas importantes en que los cristianos pueden usarlos.

En primer lugar, *los salmos pueden servir como guía para adorar.* Con esto queremos decir que el adorador que busca alabar a Dios, clamar o recordar sus beneficios puede utilizar los salmos como un medio formal de expresión de sus pensamientos y sentimientos. Un salmo es una preservación literaria cuidadosamente compuesta de palabras diseñadas para ser habladas. Cuando un salmo toca un punto o un tema que deseamos expresar al Señor, puede ayudarnos a manifestar nuestras preocupaciones a pesar de nuestra propia falta de habilidad para encontrar las palabras correctas.

En segundo lugar, *los salmos nos demuestran cómo podemos relacionarnos de forma honesta con Dios:* cómo ser honestos y abiertos al expresar alegría, decepción, enojo u otras emociones. En este punto, no proporcionan tanto instrucción doctrinal como nos entregan, por ejemplo, instrucción en la articulación piadosa de nuestros sentimientos más fuertes.

En tercer lugar, *los salmos demuestran la importancia de la reflexión y la meditación sobre lo que Dios ha hecho por nosotros.* Nos invitan a la oración, a controlar el pensamiento y a la discusión de la Palabra de Dios (esa es la meditación), y a la comunión reflexiva con otros creyentes. Tales acciones ayudan a dar forma en nosotros a una vida de pureza y caridad. Los Salmos, como ninguna otra literatura, nos elevan a una posición en la que podamos tener comunión con Dios, capturando un sentido de la grandeza de su reino y una idea de cómo será vivir con nuestro Padre celestial por la eternidad. Incluso en nuestros momentos más oscuros, cuando la vida se ha vuelto tan dolorosa como para parecer insoportable, Dios está con nosotros. «Desde las profundidades del abismo» (Sal 130:1) esperamos y velamos por la liberación del Señor, sabiendo que podemos confiar en Dios a pesar de nuestros sentimientos. Clamar a Dios pidiendo ayuda no es un juicio sobre la fidelidad de Dios, sino una afirmación de ella.

Una precaución

Concluimos este capítulo con una precaución muy importante: *Los salmos no garantizan una vida placentera.* Es un malentendido —una literalidad extrema— del lenguaje de los salmos que nos lleva a inferir de algunos de ellos que Dios promete hacer felices a sus creyentes y sus vidas sin problemas. David, quien expresa en el libro de Salmos la bendición de Dios en los términos más fuertes, vivió una vida llena de tragedias y decepciones frecuentes, como son descritas en 1 y 2 Samuel. Sin embargo, alaba y agradece a Dios con entusiasmo a cada paso, aun en lamentos, tal como Pablo nos aconseja hacer, aun en medio de tiempos difíciles (Col 1:12; 2:7; 3:17). Nuestro Padre celestial merece alabanza por su grandeza y bondad a pesar de nuestra miseria. Esta vida no tiene certeza de estar libre de angustia.

CAPÍTULO 12

Sabiduría: Entonces y ahora

La sabiduría hebrea es una categoría de literatura desconocida para la mayoría de los cristianos actuales. Aunque una porción significativa del Antiguo Testamento se dedica a los escritos de sabiduría, los creyentes contemporáneos a veces malinterpretan o aplican mal este material, perdiendo beneficios que Dios tenía para ellos. Sin embargo, cuando se entiende y utiliza de forma adecuada, la sabiduría es un recurso útil para la vida cristiana. Cuando se usa mal, puede proveer una base para un comportamiento egoísta, materialista y miope, justo lo contrario del propósito previsto por Dios.

Tres libros del Antiguo Testamento se clasifican comúnmente bajo la categoría de «sabiduría»: Proverbios, Job y Eclesiastés. Además, como señalamos en el capítulo anterior, varios de los salmos a menudo se clasifican dentro de esta categoría. Por último, Cantar de los cantares (algunas veces llamado Cántico de Salomón), también podría estar dentro de la categoría de sabiduría, como señalaremos a continuación. Estrictamente hablando, no todo en estos libros está relacionado con la sabiduría; sin embargo, en general contienen el tipo de material que lleva dicha etiqueta.

LA NATURALEZA DE LA SABIDURÍA

¿Qué es exactamente la sabiduría desde el punto de vista bíblico? Una breve definición es la siguiente: «La sabiduría es la capacidad de tomar decisiones piadosas en la vida». Alcanzas esta meta aplicando la verdad de Dios a tu vida, para que tus decisiones sean realmente piadosas. Esto suena bastante razonable, y no es del tipo de cosas que debería confundir a los cristianos. El problema surge cuando el material de sabiduría del Antiguo Testamento es malinterpretado y, por lo tanto, mal aplicado. En tales casos, las personas a menudo toman decisiones que no siempre son piadosas. Este capítulo tiene la intención de ayudarte a refinar tu comprensión y aplicación de la sabiduría. Para alcanzar este objetivo comenzaremos con algunos abusos comunes: cómo no leer y usar esta literatura.

Abuso de la literatura de sabiduría

Tradicionalmente, los libros de sabiduría han sido mal utilizados de tres maneras:

1. Las personas a menudo leen estos libros solo por partes y, por lo tanto, no ven que tienen un mensaje general. Los fragmentos de enseñanza de sabiduría sacados del contexto pueden sonar profundos y parecer prácticos, por lo que, con frecuencia, traen como resultado una aplicación incorrecta. Por ejemplo, tomemos la frase en Eclesiastés de que hay «un tiempo para nacer, y un tiempo para morir» (3:2). Esto es parte de un poema lírico ambientado en el contexto de la naturaleza transitoria/elusiva de la vida humana; se trata de cómo Dios establece los vaivenes de la vida y la actividad humanas, ya que todos mueren cuando llega su «tiempo», sin importar cuán mala o buena sea su vida. Desafortunadamente, algunos cristianos han pensado que esta misma observación humana tenía la intención de enseñar que Dios elige de forma protectora la duración de nuestras vidas; pero, en contexto, esto definitivamente *no* es lo que este autor estaba diciendo.

2. Las personas a veces malinterpretan los términos y categorías de la sabiduría hebrea, así como sus estilos y modos literarios; esto también puede conducir a un mal uso. Por ejemplo, consideremos este proverbio: «Mantente a distancia del necio, pues en sus labios no hallarás conocimiento» (14:7). ¿Qué puede hacer un cristiano contemporáneo con esto? ¿Significa esto que los seguidores de Jesús deben elegir no asociarse con aquellos que tienen discapacidades o enfermedades mentales, o son incultos? ¡Claro que no! ¡Eso sí nos dejaría en ridículo en el sentido más moderno! Sin embargo, en Proverbios «necio» es básicamente un referente para alguien a quien hoy podríamos referirnos como un «infiel», una persona que vive la vida de acuerdo con sus caprichos egoístas y permisivos, alguien que no reconoce ninguna autoridad más alta que sí mismo. Y el «mantente a distancia» está vinculado de forma indisoluble con el propósito («no hallarás conocimiento»). En otras palabras, el proverbio enseña que, si buscas conocimiento, no debes buscarlo en el «tonto», el que vive la vida apartado de Dios (Sal 14:1; 53:1).

3. De manera especial en un discurso de sabiduría como Job, con frecuencia las personas no entienden de qué trata el libro y, por lo tanto, se equivocan al no seguir la línea argumental. En consecuencia, citan

como verdad bíblica lo que este gran autor pretendía presentar como una comprensión *incorrecta* de la vida. En este caso, consideremos estas palabras procedentes de uno de los llamados «consoladores» de Job: «El impío se ve atormentado toda la vida, el desalmado tiene sus años contados» (15:20). ¿Tomarías esto como una enseñanza inspirada donde se afirma que la gente malvada realmente no puede ser feliz? ¡Job no lo hizo! De hecho, lo refutó enérgicamente. Estas palabras son parte de un discurso de Elifaz, el autodenominado «consolador» de Job, quien está tratando de convencerlo de que la razón por la que está sufriendo tanto es el resultado directo de algún mal de su parte. El libro muestra más adelante que Dios reivindica las palabras de Job y condena las palabras de Elifaz (42:7-8). Por eso, a menos que sigas *todo* el discurso de Job, no lo podrás descubrir y, por lo tanto, tal vez malinterpretes y apliques mal lo que este «consolador» ha asumido por error como cierto en Job.

El proceso que seguiremos en este capítulo será discutir qué es y qué no es la literatura de sabiduría, para luego hacer algunas observaciones sobre cómo entender estos libros en sus propios términos y así usarlos bien. Prestaremos más atención a Proverbios porque es el libro que juzgamos que se utiliza con más frecuencia y, por lo tanto, más a menudo es *mal* utilizado (¿abusado?). De hecho, nuestra experiencia es que muchos cristianos contemporáneos tienden a evitar leer Job o Eclesiastés.

¿Quién es Sabio?

Comenzaremos señalando que la «sabiduría» es la capacidad de tomar decisiones piadosas en la vida. Por lo tanto, hay un lado personal de la sabiduría. La sabiduría no es algo teórico y abstracto, sino algo que existe solo cuando una *persona* piensa y actúa de acuerdo con la verdad al tomar las muchas decisiones que la vida exige. Por lo tanto, el Antiguo Testamento reconoce que algunas personas tienen más sabiduría que otras y que algunas personas se han dedicado tanto a obtener sabiduría que ellos mismos pueden ser llamados «sabios» (hebreo *hākām*). La persona sabia era muy práctica, no meramente teórica. Tal persona estaba interesada en poder formular el tipo de planes —es decir, tomar el tipo de decisiones— que ayudarían a producir los resultados deseados por Dios en su vida.

Hay un sentido muy real en el que todo el progreso de nuestras vidas puede ser visto como el resultado de las decisiones. De hecho, casi todo lo que hacemos es, en cierta medida, un asunto de elección. A qué hora levantarse por la mañana, qué hacer primero, dónde trabajar, con quién hablar, cómo hablarles, qué lograr, cuándo empezar y detener las cosas, qué comer, qué ponerse, con quién asociarse, a dónde ir, con quién ir, todas estas acciones son el resultado de la toma de decisiones.

Algunas de las decisiones se toman sobre el terreno (p. ej., qué comer); otras pueden haber sido hechas hace mucho tiempo para no rehacerse diariamente (dónde vivir, con quién casarse, qué tipo de trabajo realizar). Otras pueden ser el resultado de las decisiones de Dios y no las nuestras (Gn 45:8), mientras que otras pueden ser solo parcialmente voluntarias por nuestra parte (Pr 16:33). Sin embargo, las decisiones trazan el curso de la vida.

Los antiguos lo sabían y, por lo tanto, la literatura de sabiduría abundaba en la mayoría de las culturas antiguas. La sabiduría no israelita también tenía como objetivo la toma de las mejores decisiones, con el propósito de lograr la mejor vida. Lo que la sabiduría bíblica inspirada añadió fue la idea crucial de que las únicas decisiones buenas son las decisiones piadosas. Por lo tanto, desde la perspectiva israelita fiel, «El comienzo de la sabiduría es el *temor del* SEÑOR» (Pr 9:10; Sal 111:10 [énfasis añadido]), lo que no significa tener «miedo» de Dios, sino entender y acercarse a Él lleno de reverencia y asombro. Después de todo, ¿cómo puedes tomar decisiones piadosas si no crees y obedeces a Dios? Entonces, el primer paso en la sabiduría bíblica es conocer a Dios, no de forma abstracta o teórica, sino en el sentido concreto de encomendar tu vida a Él. Entonces tu dirección general será correcta y a medida que aprendas de las pautas y perspectivas específicas para tomar decisiones piadosas, eso puede ir seguido de un sentido más preciso de dirección para una vida sabia.

Por lo tanto, la sabiduría, tal como la Biblia la define (hebreo *ḥokmah*), no tiene nada que ver con el coeficiente intelectual. No es un asunto de inteligencia, rapidez, habilidad para expresarse o incluso de edad, aunque la experiencia personal es un maestro valioso si se interpreta a la luz de la verdad revelada. Más bien, es un asunto de orientación a Dios, de la cual viene la capacidad para complacerlo. Por eso, Santiago, en el Nuevo Testamento, dice que Dios da sabiduría a quienes la piden (1:5). Esta no es una promesa para que podamos volvernos más inteligentes por la oración, sino que, si le pedimos a Dios, Él nos ayudará a ser más piadosos en nuestras elecciones. Santiago define el tipo de sabiduría que Dios da (Stg 3:13-18), y luego lo contrasta con la sabiduría mundana, por medio de la cual una persona busca aventajar a los demás.

La vida responsable y exitosa era el objetivo. A veces esa sabiduría se aplicaba a asuntos técnicos como la construcción (cp. Bezalel, el arquitecto del tabernáculo, lleno «del Espíritu de Dios en sabiduría» [Éx 31:3, NBLA]) o navegación marina (Ez 27:8-9). La sabiduría también era buscada por las personas que tenían que tomar decisiones que afectaban el bienestar de los demás. Líderes nacionales como Josué (Dt 34:9), David (2 S 14:20) y Salomón (1 R 3:9; et al.) fueron descritos como receptores de sabiduría de Dios para que su gobierno fuera efectivo y exitoso. Se nos recuerda el lado personal de la capacidad de los sabios porque el corazón humano se describe como el punto focal de la sabiduría (cp. 1 R 3:9, 12). El «corazón» en el Antiguo Testamento se refiere a las facultades morales y volitivas, así como al intelecto.

Entonces, la literatura de sabiduría tiende a centrarse en las personas y su comportamiento: cuán exitosos son en tomar decisiones piadosas y si están aprendiendo o no a aplicar la verdad de Dios en sus propias experiencias. No es tanto el caso de personas que buscan aprender a *ser* sabios, sino más bien que buscan *ser* sabios. Cualquiera que busque aplicar la verdad de Dios diariamente y aprender de su experiencia puede llegar a ser sabio con el tiempo. Pero hay un gran peligro en la búsqueda de sabiduría simplemente para buscar un beneficio personal o de una manera que no honra a Dios: «¡Ay de los que se consideran sabios, de los que se creen inteligentes!» (Is 5:21). Además, la sabiduría de Dios siempre supera a la sabiduría humana (Is 29:13-14; cp. 1 Co 1:18-2:5).

Maestros de sabiduría

En el antiguo Israel, algunos individuos se dedicaron no solo a obtener sabiduría, sino también a enseñar a otros cómo obtenerla. Estos instructores de sabiduría se llamaban «sabios» (1 Cr 27:32; Ec 2:16) o «mujeres sabias» (2 S 20:16; Pr 14:1), aunque finalmente ocuparon una posición en la sociedad israelita parecida a la del sacerdote y el profeta (Jr 18:18). Esta clase especial de hombres y mujeres sabios surgió al menos desde el comienzo del período monárquico en Israel (es decir, ca. 1000 a. C.; cp. 1 S 14:2) y operó como maestros-consejeros para las personas que buscaban su sabiduría. Algunos fueron inspirados por Dios para ayudarles a escribir partes del Antiguo Testamento.

Observamos también que la persona sabia sirvió como una especie de padre sustituto para la persona que buscaba sabiduría de ellos. Incluso antes del éxodo de Egipto, Dios hizo de José un «padre» para Faraón (Gn 45:8). Posteriormente, a la profetisa Débora se le llama «madre» en Israel (Jue 5:7). Por lo tanto, a menudo en el libro de Proverbios vemos al maestro sabio dirigiéndose a su alumno como «mi hijo» (aunque no es la mejor traducción). Los padres enviaron a sus hijos para ser educados en actitudes y estilos de vida de sabiduría por tales maestros y estos enseñaron a sus alumnos como lo harían con sus propios hijos.

Sabiduría en el hogar

Sin embargo, la sabiduría siempre se ha enseñado más en casa que en cualquier otro entorno. Los padres modernos enseñan a sus hijos todo tipo de sabiduría, prácticamente todos los días y a menudo sin darse cuenta, mientras tratan de ayudarlos a tomar decisiones correctas en la vida. Cada vez que un padre le entrega a un niño reglas para vivir, desde «no juegues en la calle» pasando por «trata de elegir buenos amigos» hasta «asegúrate de vestirte lo suficientemente bien», el padre está enseñando sabiduría. La mayoría de los padres quieren que sus hijos sean felices, autosuficientes y de beneficio para los demás. Un buen padre pasa tiempo moldeando el comportamiento de sus hijos en esa dirección, hablando con ellos con regularidad sobre cómo comportarse. En Proverbios, especialmente, se da este mismo tipo de consejos prácticos. Pero Proverbios subordina todos sus consejos a la sabiduría de Dios, tal como un padre cristiano debe también procurar. El consejo puede ser muy práctico y preocuparse por cuestiones seculares, pero nunca debe dejar de reconocer que el bien más alto que una persona puede alcanzar es hacer la voluntad de Dios.

Sabiduría entre colegas

Una forma en que las personas refinan su capacidad para tomar las decisiones correctas en la vida es mediante la discusión y el debate. Este tipo de sabiduría llega luego de un largo discurso, ya sea en un monólogo destinado para que otros lo lean y reflexionen (p. ej., Eclesiastés) o en un diálogo entre varias personas que buscan informar las opiniones de los demás sobre la verdad y la vida (p. ej., Job). El tipo de sabiduría que predomina en el libro de Proverbios se llama sabiduría proverbial, mientras que el tipo que se encuentra en Eclesiastés y Job generalmente se llama sabiduría especulativa. El tipo que se encuentra en Cantar de los Cantares podría denominarse sabiduría lírica. Los discutiremos con más detalle a continuación. Por ahora, solo recuerda que incluso la llamada sabiduría especulativa es altamente práctica y empírica (centrada en la experiencia) en lugar de solo teórica.

Sabiduría expresada a través de la poesía

Tanto los estudiantes como los maestros del tiempo del Antiguo Testamento utilizaron una variedad de técnicas literarias como ayudas para recordar su sabiduría. Dios inspiró las porciones de sabiduría de la Biblia de acuerdo con tales técnicas, para que pudieran ser aprendidas y memorizadas con facilidad. Como se señala en los dos capítulos anteriores, la poesía tiene palabras cuidadosas, cadencias y cualidades estilísticas que son más fáciles de memorizar que la prosa y, por lo tanto, la poesía también se convirtió en el medio para la sabiduría del Antiguo Testamento. Como consecuencia, Proverbios, Eclesiastés, Job y Cantar de los Cantares, así como los salmos de sabiduría y otros fragmentos de sabiduría en el Antiguo Testamento son compuestos principalmente en poesía. Entre las técnicas particulares utilizadas se encuentran los paralelismos (cp. p. 203), ya sean sinónimos (p. ej., Pr 7:4), antitéticos (Pr 10:1) o sintéticos (Pr 21:16); acrósticos (Pr 31:10-31); aliteración (Ec 3:1-8); secuencias numéricas (Pr 30:15-31); e innumerables comparaciones (como símiles y metáforas, p. ej., Job 32:19; Cnt 4:1-6). Las parábolas formales, alegorías, enigmas y otras técnicas poéticas también se encuentran en el material de sabiduría.

Los límites de la sabiduría

Es importante recordar que no toda la sabiduría en el mundo antiguo era piadosa u ortodoxa. A lo largo del antiguo Medio Oriente había una clase de maestros sabios y escribas que eran apoyados con frecuencia por la realeza en la tarea de recolectar, componer y refinar proverbios y discursos de sabiduría. En general, gran parte de esta sabiduría se asemeja a los escritos del Antiguo Testamento, aunque carece del énfasis firme en el Señor como el origen de la sabiduría (Pr 2:5-6) y el propósito de la sabiduría para agradar al Señor (Pr 3:7).

Además, la sabiduría no cubre toda la vida. Es intensamente práctico, pero tiende a no tocar los asuntos teológicos o históricos que son tan importantes en otras partes de la Biblia. También, la habilidad en la sabiduría no garantiza que se utilizará de forma correcta. El consejo sabio de Jonadab a Amnón (2 S 13:3) se prestó para una causa malvada; la gran sabiduría de Salomón (1 R 3:12; 4:29-34) le ayudó a obtener riqueza y poder, pero no pudo evitar que se apartara de la fidelidad al Señor en sus últimos años (1 R 11:4). Solo cuando la sabiduría, vista como habilidad, se subordina a la obediencia a Dios, logra sus fines apropiados en el sentido del Antiguo Testamento.

SABIDURÍA EN PROVERBIOS

El libro de Proverbios es el principal lugar para la «sabiduría prudencial», es decir, los aforismos memorables (máximas) que las personas pueden usar para ayudarse a sí mismas a tomar decisiones responsables en la vida. A diferencia de Eclesiastés y Job, que utilizan la sabiduría *especulativa* como una forma de luchar con los grandes temas de la vida, la sabiduría *proverbial* se concentra principalmente en *las actitudes prácticas y el comportamiento en la vida diaria*. Como generalización, se puede decir que Proverbios enseña «valores básicos clásicos». Un buen padre no quiere que su hijo crezca infeliz, decepcionado, solitario, socialmente rechazado, en problemas con la ley, inmoral, inepto o quebrado. No es egoísta ni irreal que un padre desee a su hijo un nivel razonable de éxito en la vida, incluida la aceptación social, la rectitud moral y la libertad de la necesidad. El libro de Proverbios proporciona una colección de declaraciones sucintas diseñadas para hacer precisamente eso. Por supuesto, no hay garantía de que una vida siempre vaya bien para un joven. Lo que Proverbios dice es que, siendo todas las cosas iguales, *hay* actitudes básicas y patrones de comportamiento que ayudarán a una persona a convertirse en un adulto responsable.

Proverbios presenta de forma continua un marcado contraste entre elegir la vida de sabiduría y elegir la vida de la necedad. ¿Qué caracteriza la vida de la necedad? Asuntos como crímenes violentos (1:10-19; 4:14-19), promesas o compromisos descuidados (6:1-5), pereza (6:7-11), deshonestidad maliciosa (6:12-15) e impureza sexual, la cual es especialmente odiosa para Dios y perjudicial para una vida recta (2:16-19; 5:3-20; 6:23-35; 7:4-27; 9:13-18; 23:26-28). Además de instar a los opuestos de todos ellos como la vida de sabiduría, Proverbios también insta a cosas tales como el cuidado de los pobres (2:22, 27), el respeto a los líderes gubernamentales (23:1-3; 24:21-22), la importancia de disciplinar a los hijos (23:13-14), la moderación en el consumo de bebidas alcohólicas (23:19-21, 29-35) y el respeto por los padres (23:22-25).

El lenguaje religioso rara vez se utiliza en Proverbios; y aunque está presente (cp. 1:7; 3:5- 12; 15:3, 8- 9, 11; 16:1- 9; 22:9, 23; 24:18, 21; et al.), no predomina. No todo en la vida tiene que ser *religioso* para ser piadoso. De hecho, los Proverbios pueden servir como correctivo a la tendencia extremista que busca espiritualizar todo, como si hubiera algo malo con el mundo material y físico básico, como si Dios hubiera visto que era «malo» en lugar de «bueno» cuando observó por primera vez el mundo que había creado.

Usos y abusos de proverbios

La palabra hebrea para proverbios es *mĕšālîm,* que tiene que ver con «figuras del lenguaje», «parábolas» o «dichos especialmente ingeniosos».

Por lo tanto, un proverbio es una *expresión breve y particular* de una verdad. Cuanto más breve sea una declaración, menos probable es su precisión y aplicabilidad. Sabemos que, de hecho, las declaraciones largas, altamente especializadas, elaboradas y detalladas a menudo no solo son difíciles de entender, sino también muy difíciles de recordar. Entonces, los proverbios se expresan de una manera atractiva para ser memorables. De hecho, en hebreo muchos de los proverbios tienen algún tipo de ritmo, repetición de sonido o cualidades del vocabulario que los hacen particularmente fáciles de aprender.

Considera los proverbios «Bueno es cilantro, pero no tanto» y «A la tercera va la vencida». La concisión y el ritmo en ambos casos son elementos que le dan a estos algo contagioso. No son tan fáciles de olvidar como lo serían las siguientes declaraciones: «Cuando consumimos algo en exceso, eso tiende a causar un profundo malestar físico y hasta emocional»; y «Siempre es bueno considerar que para poder lograr éxito en la vida uno no debe rendirse tan fácilmente, sino insistir hasta conseguir la meta propuesta». Estas últimas formulaciones son más precisas, pero carecen del golpe y la eficacia de las dos frases conocidas, por no mencionar que son mucho más difíciles de recordar. «Bueno es cilantro, pero no tanto» es una declaración delicada e inexacta y hasta podría ser fácilmente malinterpretada. No dice nada con exactitud y tampoco se puede tomar en sentido literal.

Eso mismo sucede con los proverbios hebreos. Deben entenderse razonablemente y adoptarse en sus propios términos. Un proverbio no dice todo sobre una verdad, sino que apunta *hacia* ella. Son con frecuencia, en términos literales, técnicamente inexactos. Pero son insuperables como pautas de aprendizaje para la conformación de cierto comportamiento. Considera Proverbios 6:27-29:

> [27] ¿Puede alguien echarse brasas en el pecho
> sin quemarse la ropa?
> [28] ¿Puede alguien caminar sobre las brasas
> sin quemarse los pies?
> [29] Pues tampoco quien se acuesta con la mujer ajena
> puede tocarla y quedar impune.

Tomado de forma aislada, la última línea podría ser fácilmente mal implementada: Y si alguien toca accidentalmente a la esposa de otro hombre, ¿será castigado? ¿Qué hay de las personas que cometen adulterio y se salen con la suya? Pero tales «interpretaciones» se pierden del punto por completo. En primer lugar, esta última línea concluye una copla en la que la segunda línea debe entenderse a la luz de la primera (ver p. 211). En segundo lugar, los proverbios tienden a utilizar el lenguaje *figurativo* y expresan las cosas de forma *sugerente* en lugar de entrar en detalles. La palabra «tocarla» en esta línea es claramente un eufemismo para las relaciones sexuales (cp. Gn 20:6; 1 Co 7:1; ver pp. 237-245). El punto que debes obtener de todo el proverbio es que cometer adulterio es como jugar con fuego. Dios se encargará de que tarde o temprano, en esta vida o en la siguiente, el adúltero sea herido por sus acciones. Tomarlo de otra manera es distorsionar el mensaje inspirado por el Espíritu Santo. Por lo tanto, un proverbio no debe tomarse demasiado literal o universal si su mensaje va a ser útil.

Para otro ejemplo, considera Proverbios 9:13-18:

¹³ La mujer necia es escandalosa,
    frívola y desvergonzada.
¹⁴ Se sienta a las puertas de su casa,
    sienta sus reales en lo más alto de la ciudad,
¹⁵ y llama a los que van por el camino,
    a los que no se apartan de su senda.
¹⁶ «¡Vengan conmigo, inexpertos!
    —dice a los faltos de juicio—.
¹⁷ ¡Las aguas robadas saben a gloria!
    ¡El pan sabe a miel si se come a escondidas!»
¹⁸ Pero estos ignoran que allí está la muerte,
    que sus invitados caen al fondo de la fosa.

Este proverbio conciso incluye toda una alegoría (una historia que apunta a algo distinto a sí misma mediante comparaciones implícitas) en unos pocos versículos. La necedad, lo opuesto a la vida sabia, se personifica como una prostituta tratando de atraer a los transeúntes a su casa. El necio se caracteriza por su fascinación por los placeres prohibidos (v. 17). Pero el resultado final de una vida de necedad no es una vida larga, el éxito o la felicidad, sino la muerte. «¡Aléjate de la necedad!» es el mensaje de esta breve alegoría. «¡No te dejes engañar! ¡Pasa de largo de esas tentaciones (dicho de diversas maneras en otros proverbios) que la necedad hace parecer atractiva!». La persona sabia, piadosa y moral elegirá una vida libre del egoísmo de la necedad. Proverbios como este son, de alguna manera, parábolas que expresan su verdad de forma simbólica.

Otro ejemplo se puede encontrar un poco más adelante en un proverbio bien conocido y citado con mucha frecuencia:

Pon en manos del Señor todas tus obras,
    y tus proyectos se cumplirán. (Pr 16:3)

Este es el tipo de proverbio que se malinterpreta con mayor frecuencia. Sin darse cuenta de que los proverbios tienden a ser declaraciones inexactas que apuntan a la verdad de maneras figurativas, la gente a menudo asume que esta es una promesa directa, clara y siempre aplicable de parte de Dios: si una persona dedica sus planes a Dios, esos planes *deben* tener éxito. Por supuesto, las personas que razonan de esta manera pueden decepcionarse. Pueden dedicar un proyecto egoísta o tonto a Dios, y si tiene éxito, incluso brevemente, pueden asumir que Dios lo bendijo. Un matrimonio apresurado, una decisión empresarial precipitada, una decisión vocacional mal pensada, todo puede estar dedicado a Dios, pero al final puede terminar en desdicha. También una persona podría presentar un plan a

Dios solo para verlo fracasar; entonces la persona se preguntaría por qué Dios no cumplió su promesa, por qué se retrajo de su Palabra inspirada. En cualquier caso, no han podido ver que el proverbio no es una promesa categórica, siempre aplicable, férrea, sino una verdad más general. El proverbio enseña que las vidas que se ponen en las manos de Dios y viven de acuerdo con su voluntad tendrán éxito de acuerdo con la *definición de éxito de Dios*. La historia de Job nos recuerda elocuentemente esto.

Entonces, cuando estos proverbios son tomados en sus propios términos y entendidos como la verdad sugerente y general que en realidad son, se convierten en complementos importantes y útiles para nuestro vivir.

ALGUNAS PAUTAS HERMENÉUTICAS

Entonces, en forma de cápsula ESTÁN algunas pautas resumidas para entender la sabiduría proverbial.

1. Los proverbios no son garantías legales de Dios

Los proverbios establecen una manera sabia de abordar ciertas metas prácticas seleccionadas, pero lo hacen en términos que no pueden ser tratados como una garantía divina de éxito. Es *probable* que las bendiciones, recompensas y oportunidades particulares mencionadas en ellos vengan a continuación si se eligen los cursos de acción sabios descritos en el lenguaje poético y figurativo del libro. Pero en ninguna parte enseñan éxito *automático*.

Recuerda que la Escritura inspirada también incluye tanto Eclesiastés como Job, en donde ambos nos recuerdan que hay muy poco que sea automático en los acontecimientos que pueden ocurrir en nuestra vida.

Considera estos ejemplos:

> No te comprometas por otros
> > ni salgas fiador de deudas ajenas;
> porque, si no tienes con qué pagar,
> > te quitarán hasta la cama en que duermes.
>
> *Proverbios 22:26–27*

> Cuando un gobernante se deja llevar por mentiras,
> > todos sus oficiales se corrompen.
>
> *Proverbios 29:12*

> El SEÑOR derriba la casa de los soberbios,
> > pero mantiene intactos los linderos de las viudas.
>
> *Proverbios 15:25*

Si fueras a tomar el paso extremo de considerar el primero de ellos como un mandamiento integral de Dios, es posible que no compres una casa por no incurrir en una hipoteca (una deuda asegurada). También podrías asumir que Dios promete que si incumples con algo como una deuda de tarjeta de crédito, eventualmente perderás todas tus posesiones, incluyendo tu(s) cama(s). Tales interpretaciones literalistas y extremas perderían el punto del proverbio, que afirma de forma poética y figurada que *las deudas deben asumirse con cautela porque la ejecución hipotecaria puede ser muy dolorosa*. El proverbio enmarca esta verdad en términos específicos y estrechos (perder una cama) que están destinados a apuntar hacia el principio más amplio en lugar de expresar algo de forma técnica. En tiempos bíblicos, las personas rectas contraían deudas sin ninguna violación de este proverbio porque entendían su verdadero punto.

El segundo ejemplo (29:12) tampoco debe tomarse de forma literal. Por ejemplo, no garantiza que, si eres un funcionario del gobierno, no tienes más remedio que volverte malvado si tu jefe (el gobernador, el presidente o cualquier otro) escucha a algunas personas que no le dicen la verdad. Tiene la intención de transmitir un mensaje diferente: los gobernantes que quieren oír mentiras en lugar de la verdad reunirán a personas a su alrededor que dirán lo que ellos quieran oír. El resultado final podría ser un gobierno corrupto. Por lo tanto, el gobernante que insiste en escuchar la verdad, aunque sea dolorosa, ayuda a mantener honesto al gobierno. Las palabras del proverbio apuntan a este principio de una manera parabólica y no en un sentido literal y técnico.

El tercer ejemplo (15:25) es quizás la intención no literal más evidente. Sabemos tanto por nuestra propia experiencia como por el testimonio de las Escrituras que efectivamente hay personas orgullosas cuyas casas siguen en pie y que hay viudas que han sido abusadas por acreedores codiciosos o por fraude (cf. Marcos 12:40; Job 24:2-3; et al.). Entonces, ¿qué significa el proverbio si no tiene la intención de transmitir la impresión de que el Señor es en realidad un destructor de casas o un guardia de límites? Significa que Dios se opone a los orgullosos y está del lado de los necesitados («viudas», «sin padre» y «extranjeros» son términos que representan a *todas* las personas dependientes; cp. Dt 14:29; 16:11; 26:12, 13; et al.). Cuando este proverbio se compara con otros momentos de las Escrituras (Pr 23:10-11 y Lc 1:52-53), su significado se vuelve mucho más claro. Es una parábola en miniatura diseñada por el Espíritu Santo para señalar más allá de la «casa» y la «viuda» al principio general de que Dios *finalmente* corregirá los males de este mundo, humillando a los arrogantes y compensando a los que han sufrido por el bien de la rectitud (cp. Mt 5:3-4).

2. Los proverbios deben leerse como una colección

Cada proverbio inspirado debe ser balanceado con los demás y entendido en comparación con el resto de las Escrituras. Como ilustra el tercer ejemplo (15:25), cuanto más se lee un proverbio de forma aislada, menos clara podría ser su interpretación. Un proverbio individual, si se malinterpreta, puede llevarte a actitudes o comportamientos mucho más inapropiados de lo que sería el caso si lees Proverbios en su conjunto. Además, debes protegerte de dejar que su preocupación intensamente práctica por las cosas materiales y este mundo te haga olvidar el valor equilibrado de otras Escrituras que advierten contra el materialismo y la mundanidad. No participes en el tipo de sabiduría que hicieron los amigos de Job, equiparando el éxito mundano con la rectitud a los ojos de Dios. Esa es una lectura desequilibrada de proverbios seleccionados. No trates de encontrar en Proverbios justificación para vivir una vida egoísta o para prácticas que no concuerdan con lo que las Escrituras enseñan de otro modo. Recuerda que los proverbios a menudo se agrupan de diversas maneras, de modo que uno salta de un tema a otro mientras va leyendo.

Considera también estos dos proverbios:

El sabio conquista la ciudad de los valientes y derriba el baluarte en que ellos confiaban.

Proverbios 21:22

La boca de la adúltera es una fosa profunda; en ella caerá quien esté bajo la ira del Señor.

Proverbios 22:14

Si eres sabio, ¿sales a atacar una ciudad bien defendida y así hacer algo bueno por Dios? Si has disgustado a Dios, ¿existe el peligro de que te asfixien dentro de la boca (muy grande) de una adúltera?

La mayoría de las personas responderían con un «no» a esas preguntas, y agregarían: «Sin importar lo que quieran decir, ¡no pueden querer decir eso!». Pero muchas de las mismas personas insistirían en que se tome de forma literal el siguiente proverbio (22:26) que prohíbe el endeudamiento por parte de los cristianos, o que un proverbio anterior sobre los hijos que obedecen a sus padres (6:20) significa que una persona siempre debe obedecer a sus padres *a cualquier edad, sin importar cuán equivocado sea el consejo de ellos*. Al no equilibrar los proverbios entre sí y en relación con el resto de las Escrituras (y mucho menos en relación con el sentido común) las personas pueden hacerse a sí mismas y a los demás una gran injusticia o daño.

En el primer proverbio (21:22), el punto es que la sabiduría puede ser más fuerte que incluso el poderío militar. Esta es una declaración hiperbólica. Su estilo no es diferente del proverbio moderno «La pluma es más poderosa que la espada». No es un mandamiento. Es una representación simbólica y figurativa del poder de la sabiduría. Solo cuando uno relaciona este proverbio con los muchos otros proverbios que alaban la utilidad y la eficacia de la sabiduría (p. ej., 1:1-6; caps. 2-3, 8; 22:17-29; et al.) uno entiende su mensaje. En este caso, *el contexto general* es crucial para la interpretación.

El otro proverbio citado anteriormente (22:14) también necesita comparación con su contexto general. Un gran número de proverbios subrayan la importancia del pensamiento y el habla cuidadosos (p. ej., 15:1; 16:10, 21, 23-24, 27-28; 18:4; et al.). En otras palabras, lo que uno dice suele ser mucho más incriminatorio que lo que uno oye (cp. Mt 15:11, 15-20). Puede que no puedas controlar lo que oyes, pero casi siempre puedes controlar lo que dices. Este proverbio en particular puede ser parafraseado de la siguiente manera: «Lo que una adúltera practica y habla es tan peligroso para ti como lo sería caer en un pozo profundo. Evita tales circunstancias si deseas evitar la ira de Dios». Una apreciación de los contextos completos de los proverbios individuales ayudará a interpretarlos y aplicarlos bien.

3. Los proverbios están redactados para ser memorables, no teóricamente precisos

Ningún proverbio es una declaración completa de la verdad. Ningún proverbio está tan perfectamente redactado que puede hacer frente a la demanda irrazonable de aplicarse en toda situación y momento. Cuanto más breve y parabólicamente se enuncia un principio, más sentido común y buen juicio se necesitan para interpretarlo correctamente. Aún así, es más eficaz y memorable (ver el ejemplo, «Mira antes de saltar», citado anteriormente). Los proverbios tratan de impartir conocimientos que pueden ser *retenidos* en lugar de ser una filosofía que puede impresionar a un crítico. Por lo tanto, los proverbios están diseñados ya sea para estimular una imagen en tu mente (la mente recuerda imágenes mejor de lo que recuerda los datos abstractos) o para incluir sonidos agradables al oído (es decir, repeticiones, asonancia, acrósticos, et al.). Como ejemplo del uso de imágenes, considera el siguiente proverbio (15:19):

> El camino del perezoso está plagado de espinas, pero la senda del justo es como una calzada.

Este proverbio muestra un lenguaje que no está diseñado para señalar los tipos de plantas que se encuentran en las rutas favoritas de ciertas personas perezosas, sino para señalar más allá de sí mismo el principio de que la diligencia es mejor que la pereza.

La representación de la devoción extrema de la mujer virtuosa descrita en el epílogo o marco final del libro (31:10-31) es el resultado de un ordenamiento acróstico. Cada versículo comienza con una letra sucesiva del alfabeto hebreo, memorable y agradable al oído en hebreo, pero que resulta en lo que podría parecer, para el crítico insensible o el lector literalista, un patrón de vida imposible de seguir para cualquier mujer mortal. Pero si uno entiende el punto de que tal descripción en Proverbios 31:22 está diseñada para enfatizar con exageración la alegría que una buena esposa trae a su familia y comunidad, entonces la sabiduría proverbial hace su trabajo extremadamente bien. Las palabras (e imágenes) del pasaje tienden a permanecer con el lector, proporcionando una guía útil cuando sea necesario. Eso es lo que Dios pretende hacer con los proverbios.

4. Algunos proverbios necesitan ser «traducidos» para ser apreciados

Buena parte de los proverbios expresan sus verdades de acuerdo con prácticas e instituciones que ya no existen, aunque eran comunes a los israelitas del Antiguo Testamento. A menos que pienses en estos proverbios en términos de sus verdaderos equivalentes modernos (es decir, «traducirlos» con cuidado para prácticas e instituciones que existen hoy en día), su significado puede parecer irrelevante o perderse por completo (cp. cap. 4). Considera estos dos ejemplos:

El que ama la pureza de corazón y tiene gracia al hablar
tendrá por amigo al rey.

Proverbios 22:11

Mas vale habitar en un rincón de la azotea
que compartir el techo con mujer pendenciera.

Proverbios 25:24

La mayoría de nosotros no vivimos en sociedades donde hay reyes. Tampoco tenemos las casas de techo plano de los tiempos bíblicos, donde el alojamiento en un techo no solo era posible, sino también común (cp. Jos 2:6). Por lo tanto, ¿la lectura de estos proverbios constituye una pérdida de tiempo? Si uno solo puede ver los problemas transculturales expresados en su lenguaje culturalmente específico, no, en absoluto. El mensaje esencial del primer ejemplo citado anteriormente (22:11) es fácil de comprender siempre y cuando reconozcamos que un verdadero equivalente moderno para «tendrá por amigo al rey» sería algo así como «causar una impresión positiva en las personas en posiciones de liderazgo». El proverbio *siempre* significó eso de todos modos. El «rey» se erige como una sinécdoque (designación de una cosa con el nombre de otra) para todos los líderes. El lenguaje parabólico específico del proverbio pretende señalar más allá de sí mismo la verdad de que los líderes y las personas responsables generalmente son impresionados tanto por la honestidad como por un discurso cuidadoso.

El significado del segundo proverbio (25:24) tampoco es tan difícil de discernir si se hace la «traducción» necesaria de esa cultura a la nuestra. Incluso podríamos parafrasearlo: «Es mejor vivir en un garaje que en una casa espaciosa con una mujer con la que nunca debiste casarte». Es importante recordar que el consejo de la mayoría de los proverbios se da como si se tratara de jóvenes que comienzan la vida. El proverbio no pretende sugerir literalmente qué hacer si tú, un hombre, encuentras que tu esposa es pleitista. Su objetivo es aconsejar que las personas tengan cuidado en la selección de una pareja. Tal selección es una decisión transcultural para la cual el proverbio, entendido de forma correcta, proporciona consejos sólidos y piadosos (cp. Mt 19:3-11; 1 Co 7:1-14, 25-40). Todo el mundo debe reconocer que un matrimonio apresurado, basado en gran medida en la atracción física, puede convertirse en un matrimonio infeliz.

Para que lo puedas aprovechar mejor, concluimos enumerando en forma de resumen algunas reglas que te ayudarán a darle un uso adecuado a los proverbios y ser fiel en su intención divinamente inspirada.

1. Los proverbios son a menudo parabólicos (es decir, figurativos, apuntando más allá de sí mismos).
2. Los proverbios son intensamente prácticos, no teóricamente teológicos.
3. Los proverbios están redactados para ser memorables, no técnicamente precisos.
4. Los proverbios no están diseñados para apoyar el comportamiento egoísta, sino ¡todo lo contrario!
5. Los proverbios que reflejan fuertemente la cultura antigua pueden necesitar de una «traducción» sensata para no perder su significado.
6. Los proverbios no son garantías de Dios, sino guías poéticas para el buen comportamiento.
7. Los proverbios podrían utilizar un lenguaje muy específico, exageración o cualquiera de una variedad de técnicas literarias para enfatizar su punto.

8. Los proverbios dan buenos consejos para enfoques sabios a ciertos aspectos de la vida, pero no son exhaustivos en su cobertura.

9. Los proverbios mal utilizados pueden justificar un estilo de vida grosero y materialista. Los proverbios usados de manera correcta proporcionarán consejos prácticos para la vida diaria.

SABIDURÍA EN JOB

El libro de Job es uno de los mayores tesoros literarios del mundo. Se trata de un diálogo estructurado con sumo cuidado entre Job y sus bien intencionados «consoladores» que estaban sumamente equivocados: Bildad, Zofar, Elifaz y Eliú. Pero si no se presta atención a quién está hablando en un momento dado, encontrarás aquí todo tipo de consejos equivocados y conclusiones incorrectas, especialmente si lo que se dice viene de los labios de cualquiera de los consoladores de Job. Este diálogo tiene un objetivo muy importante: establecer en la mente del lector de forma convincente que lo que sucede en la vida no siempre pasa porque Dios lo desee o porque sea justo. El «contraste» para esta verdad se encuentra en el consejo de los consoladores. Ellos representan con regularidad el punto de vista de que Dios no está simplemente involucrado en los asuntos cotidianos de la vida, sino que Dios, de hecho, está constantemente manifestando su juicio a través de los acontecimientos de esta vida. De hecho, le dicen a Job que lo que le sucede a cualquiera en la vida —bueno o malo— es el resultado *directo* de si esa persona ha complacido a Dios o no. Se horrorizan cuando Job protesta porque afirma que no hizo nada malo para merecer el tipo de miserias (enfermedad, duelo, empobrecimiento) que le han impactado. Su mensaje es que cuando la vida va bien para una persona, es una señal de que han elegido hacer lo que es bueno, pero cuando las cosas van mal, seguramente la persona ha pecado contra Dios y el Señor ha respondido imponiendo aflicción.

Los discípulos de Jesús eran capaces de este tipo de lógica (Jn 9:1-3), al igual que muchos cristianos hoy en día. Parece tan natural asumir que, si Dios tiene el control del mundo, todo lo que sucede debe ser el actuar de Dios, y de acuerdo con su voluntad. Sin embargo, debemos recordar que las Escrituras no nos enseñan eso. Enseñan, más bien, que el mundo es caído, corrompido por el pecado y bajo la dominación de Satanás (cp. Jn 12:31), y que muchas cosas que suceden en la vida no son como Dios las desea. Específicamente, el sufrimiento no es necesariamente el resultado del pecado (cp. Ro 8:18-23).

Job era un hombre piadoso que sabía que no había hecho nada para merecer la ira de Dios. En sus frecuentes discursos (caps. 3; 6-7; 9-10; 12-14; 16-17; 19; 21; 23-24; 26-31) afirma su inocencia con elocuencia y también expresa su frustración por los horrores que ha tenido que soportar. No puede entender la razón para las cosas que le han pasado. Sus colegas están horrorizados al escuchar tal discurso, para ellos es blasfemia. Persisten en tratar de convencerlo de que está ofendiendo a Dios con sus protestas. Uno a uno lo instan repetidamente a confesar su pecado —sea cual sea— y admitir que Dios administra un mundo justo e imparcial en el que obtenemos lo que nuestras elecciones merecen. Con la misma tenacidad, aún más elocuente, Job argumenta que la vida es injusta, que el mundo tal como es ahora no es como debería ser.

Eliú, el último «consolador» en llegar a la escena, defiende el conocimiento y los caminos más altos de Dios. Sus palabras son lo más cercano a una respuesta para Job que ningún otro pudo proporcionar. Cuando parece que Job va a tener que conformarse con la respuesta parcialmente satisfactoria y en parte enfurecedora de Eliú, de repente Dios mismo les habla (caps. 38-41). Dios corrige a Job y pone la situación en perspectiva, pero también lo reivindica frente a la «sabiduría» de sus colegas (42:7-9). En cuanto a la pregunta de si todo en la vida es justo o no, Job había prevalecido; la vida no lo era. En cuanto a su pregunta, *¿por qué yo?* Dios había prevalecido; sus caminos están muy por encima de nuestros caminos, y el sufrimiento permitido en nuestra vida no significa que Él no sabe lo que está haciendo o que su derecho a hacerlo deba ser cuestionado. Sus decisiones siempre son superiores a las nuestras.

Esta es la verdadera sabiduría en su máxima expresión. El lector del libro de Job aprende lo que es simplemente la sabiduría del mundo —aparentemente lógica, pero realmente equivocada— y lo que constituye la sabiduría de Dios. Genera confianza en la soberanía y rectitud de Dios. Por lo tanto, el diálogo y la historia se combinan para producir el eje de la sabiduría especulativa del Antiguo Testamento.

Asegúrate de que mientras leas Job no te pierdas la estructura general del libro. Los diálogos poéticos (3:1-42:6) están enmarcados por un prólogo en prosa (caps. 1-2) que te informa de antemano por qué Job fue probado de forma tan severa (Dios lo planeó todo para que la negativa de Job a renunciar a Dios lo honrara y frustrara a Satanás, el adversario) y por un epílogo en prosa (42:7-17) en el que Job es abiertamente reivindicado y recompensado, en contraste directo con sus consoladores. Esta estructura enmarcada da al lector información que Job y sus consoladores carecían mientras debatían. No «estropea» la historia, pero ayuda a mantenerla en la perspectiva adecuada: No se trata solo de una historia sobre el sufrimiento de alguien, sino sobre la misericordiosa superintendencia de Dios sobre el sufrimiento y la forma en que el sufrimiento inocente puede glorificar verdaderamente a Dios (1 P 2:20).

SABIDURÍA EN ECLESIASTÉS

Eclesiastés es un monólogo de sabiduría que a menudo desconcierta a los cristianos, especialmente si lo leen mal y asumen que, debido a que es Escritura, todo lo que se dice es desde la perspectiva de Dios. Hay buenas razones para que el lector se quede perplejo, porque Eclesiastés es un libro muy difícil de leer, con varios pasajes que parecen contradictorios y otros que parecen contradecir toda la revelación bíblica.

Esta confusión ha dado lugar a interpretaciones de polos opuestos, como se puede ver en dos de los comentarios recomendados en el apéndice (cuyos autores resultan ser amigos cercanos entre sí). El profesor Longman (junto con uno de nosotros) entiende que la mayor parte de Eclesiastés es una expresión de sabiduría cínica, la cual sirve como una especie de «contraste» con respecto a una perspectiva de la vida que debe evitarse; el profesor Provan (junto con el otro de nosotros) entiende el libro de forma más positiva, como una expresión de cómo uno debe disfrutar de la vida bajo Dios en un mundo en el que finalmente todos mueren. Por lo tanto, es importante que cuando te acerques a Eclesiastés tengas una estrategia general para leerlo. Más que cualquier otra cosa, es imperativo —como con Proverbios y Job— que no tomes frases y líneas fuera de su contexto y les des un significado que esté fuera del propósito del autor.

Por lo tanto, una parte importante de la lectura de las afirmaciones del libro en su contexto adecuado es apreciar su estructura. Ya hemos señalado que el libro de Job está enmarcado por un prólogo y un epílogo, que son diferentes en su tipo de los diálogos situados entre ellos. Algo similar ocurre también con Eclesiastés. El prólogo de apertura (1:1-11) y el epílogo final (12:8-14) están escritos *sobre* el «Maestro» (hebreo *qōhelet* = «el que reúne a la congregación»), no *por* él. El Maestro habla en primera persona, mientras que el prólogo y el epílogo hablan de él en tercera persona. Enmarcan lo que dice el Maestro tanto resumiendo su mensaje (nota cuán similares son 1:2 y 12:8 al presentar las partes iniciales y finales del marco) e informando al lector que lo que dice el Maestro puede ser muy valioso para aprender sabiduría (12:9-11). Pero el lector sabio no debe tomar las conclusiones específicas del Maestro como la última palabra. La perspectiva final y apropiada es la visión general proporcionada por los dos últimos versículos del epílogo (12:13-14), incluyendo «Teme, pues, a Dios y guarda sus mandamientos, porque esto es el todo para el hombre».

De lo que se trata, en última instancia, durante la lectura de Eclesiastés —tanto en el caso del marco como también en las palabras del Maestro— es llegar a un acuerdo con la palabra *hebel* que es utilizada con frecuencia y es muy importante («vanidad», NBLA; «absurdo», NVI; «nada tiene sentido», NTV), que se produce treinta y siete veces en este libro (de setenta y tres en todo el AT). La palabra en sí significa «vapor» o «respirar/soplo de aire» (cp. Sal 39:5; Pr 31:30; Is 57:13). Pero la pregunta es, ¿qué significa esto para el Maestro? ¿Tiene la intención de ir en la dirección de la naturaleza efímera /fugaz de todas las cosas? O ¿pretende ser una forma de hablar de la «insensatez/inutilidad» de todas las cosas? ¿Quizás un poco de ambos?

La forma en que uno responde a esta pregunta depende en parte de cómo uno entiende las otras cosas que dice el Maestro en el estilo deliberadamente divagador que conforma el corazón del libro. Cinco realidades dominan su pensamiento: (1) Dios es la realidad única e indiscutible, el Creador de todos y aquel del que toda la vida proviene como un don, incluyendo —para el Maestro— su naturaleza abrumadora; (2) los caminos de Dios no siempre son, si es que alguna vez, comprensibles; (3) en el lado humano, «lo que se hace bajo el sol» no encaja en absoluto, en el sentido de que la forma en que deberían ser no siempre —si alguna vez— son como son las cosas en realidad; (4) la mayoría de los acontecimientos son simplemente repetitivos, parte del flujo cíclico sin fin de la vida («no hay nada nuevo bajo el Sol», el antiguo equivalente de «lo mismo de siempre»). Peor aún, no duran lo suficiente como para contar mucho (el *hebel*, vapor, desaparece con rapidez); (5) el gran ecualizador es la muerte, que le sucede a todas las personas por igual. En el centro mismo de todo esto está la falta de esperanza del Maestro en una resurrección de los muertos. Una vez muerto, eso es todo; y esto es lo que hace que la vida misma parezca tan *hebel* («fugaz» y, por lo tanto, a veces también «en vano»).

El propio punto del Maestro parece ser que, aun cuando la única certeza real sobre esta vida presente es la certeza de la tumba, uno debe seguir viviendo la vida, *hebel* como es, como un don de Dios (p. ej., 3:12-14). Por lo tanto, todo no se pierde, incluso en su perspectiva frecuentemente desesperada. El gozo en esta vida no viene finalmente por el «adquirir» (asegurar el beneficio de lo que uno hace), sino en el camino mismo, la vida que Dios ha dado. En un mundo así, el gozo y la satisfacción se encuentran en vivir los ritmos de la vida sin tratar de tener el control o de «ganar» aquello que es meramente transitorio.

Sin embargo, a pesar de esta evaluación más positiva del mensaje del Maestro de lo que se hace a menudo, se puede considerar gran parte de su opinión de la vida como un contraste con lo que enseña el resto de la Biblia. Con esta comprensión de cómo el libro enseña sabiduría, la parte final del marco, Eclesiastés 12:13-14, puede considerarse que concluye el libro con una advertencia correctiva y ortodoxa.

> La conclusión,
>> cuando todo se ha oído, es esta:
>> Teme a Dios y guarda Sus mandamientos,
>> Porque esto concierne a toda persona.
> Porque Dios traerá toda obra a juicio,
>> Junto con todo lo oculto,
>> Sea bueno o sea malo.

De acuerdo con la teoría del contraste, la mayor parte del libro —todo menos el marco (el prólogo y el epílogo)— representa un argumento brillante e ingenioso de cómo uno todavía encontraría cosas positivas que mirar en la vida *si* Dios jugara un papel más distante y *si* no hubiera vida después de la muerte. Si estás buscando una receta para vivir en un mundo deísta sin vida después de la muerte —un mundo en donde hay un Dios, pero deja a la gente prácticamente sola para vivir y morir por sus propios medios— Eclesiastés lo proporciona. El objetivo del libro, según este entendimiento, es representar el tipo de «sabiduría» que Salomón podría producir después de haberse apartado de la ortodoxia (1 R 11:1-13), una visión de la vida que se supone que te deja frío porque, a pesar de sus evidentes providencias divinas, sigue siendo relativamente fatalista y desalentadora. Por lo tanto, te hace anhelar la alternativa de una relación real de pacto con el Dios viviente.

Por supuesto, lo que falta en el libro para cualquiera de las dos interpretaciones son muchos de los grandes temas de la Escritura con sus garantías de la propia fidelidad de Dios hacia aquellos que confían en Él. Pero quizás esto sea pedirle demasiado a esta expresión de sabiduría especulativa, la cual no procura tanto proporcionar respuestas como recordarles a sus lectores las preguntas difíciles que, en última instancia, nos señalan a la muerte y resurrección de Cristo como la respuesta.

SABIDURÍA EN EL CANTAR DE LOS CANTARES

Cantar de los Cantares es una larga canción de amor, una balada sobre el romance humano, escrita al estilo de la antigua poesía lírica del Medio Oriente. Podemos llamarla sabiduría lírica. Canciones de amor como tales han tenido una larga historia, incluso en Israel (ver Ez 33:32). Pero ¿cómo encaja una canción de amor en la categoría de sabiduría y por qué hay tal poesía amorosa en la Biblia? La respuesta es en realidad bastante simple: en primer lugar, se asoció con Salomón (1:1; 3:6-11; 8:11-12), cuyo nombre en Israel era sinónimo de sabiduría. Pero a un nivel más profundo se ocupa explícitamente de una categoría de sabiduría que se encuentra en proverbios: la «elección sabia» de la fidelidad conyugal y sexual.

Dios ha creado seres humanos con un gran número de células cerebrales dedicadas al amor y al sexo. Este es un hecho de nuestra humanidad y parte del diseño de Dios que fue declarado «bueno» (Gn 1:31). Desafortunadamente, como con todo lo demás, la caída también corrompió esta dimensión de nuestra humanidad. En lugar de ser una fuente constante de gozo y bendición en el matrimonio monógamo, como Dios pretendía, el amor sexual es a menudo un medio de gratificación personal egoísta que involucra todo tipo de lujurias y explotación. Pero no tiene por qué ser así.

El verdadero romance puede ser celebrado para la gloria de Dios de acuerdo con su diseño original; y de esto trata Cantar de los Cantares.

Sin duda, el libro ha tenido una larga historia de interpretación extraña en forma de alegorización. Debido a que los lectores se sentían incómodos con un júbilo directo y explícito del amor sexual humano, muchos intérpretes antiguos, tanto judíos como cristianos, buscaron una manera de evitarlo. Lo encontraron en las «canciones de amor» alegóricas de los Libros Proféticos, una manera en que los profetas contaron la historia del amor de Dios por su pueblo, Israel, y cómo ese amor fue rechazado o abusado (p. ej., Is 5:1-7; Os 2:2-15). Dado que algunos del mismo tipo de lenguaje y representaciones utilizadas por los profetas en estas canciones también se utilizan a lo largo de Cantar de los Cantares, llegaron a la conclusión de que el libro también era una alegoría. En una época en la que era una práctica común alegorizar prácticamente todas las Escrituras (ver p. 105), algunos de los primeros padres de la iglesia argumentaron que Cantares debía leerse como una alegoría del amor de Cristo por la iglesia. De hecho, un consejo eclesiástico antiguo (550 d. C.) prohibió cualquier otra interpretación, de modo que ha prevalecido hasta los tiempos recientes.

Pero incluso en la superficie es obvio que *no* es de lo que trata el Cantar de los Cantares. Más bien, se centra en el amor humano: el amor entre un hombre y una mujer, celebrando tanto este amor como la atracción del uno por el otro. Después de todo, nada en los Libros Proféticos se lee de la siguiente manera:

> ¡Cuán bella eres, amada mía!
>   ¡Cuán bella eres!
> Tus ojos, tras el velo, son dos palomas.
> Tus cabellos son como los rebaños de cabras
>   que retozan en los montes de Galaad.

Tus dientes son como ovejas recién trasquiladas,
  que ascienden luego de haber sido bañadas.
Cada una de ellas tiene su pareja;
  ninguna de ellas está sola.
Tus labios son cual cinta escarlata;
  tus palabras me tienen hechizado.
Tus mejillas, tras el velo,
  parecen dos mitades de granadas.
Tu cuello se asemeja a la torre de David,
  construida con piedras labradas;
de ella penden mil escudos,
  escudos de guerreros todos ellos.

Cantar de los Cantares 4:1-4

Este es el lenguaje de la adoración de un hombre a su ser querido en el que compara las características de la apariencia de su amada con imágenes hermosas de la vida. Por supuesto, él no está hablando de cosas que son estrictamente similares en apariencia, sino más bien visualmente impresionantes. Así va a lo largo del libro. Nada en las canciones de amor proféticas se compara con Cantares 5:2-6, donde la mujer relata un sueño en el que estaba dormida y no podía levantarse y moverse lo suficientemente rápido como para evitar perder al hombre que amaba cuando la llamó («Yo dormía, pero mi corazón velaba» es una forma poética de decir «estaba soñando»). Aquí el sueño sirve para aumentar el énfasis en la atracción que siente por el hombre que ama y lo frustrante que es cuando pierde la oportunidad de estar con él (cp. 3:1-5).

Hay muchos otros tipos de expresiones de amor y cariño en Cantares, además de comparaciones visuales y secuencias de sueños: declaraciones del ardor del amor (p. ej., 1:2-4), consejos y desafíos de los observadores del romance (p. ej., 1:8; 5:9), invitaciones románticas del hombre a la mujer y viceversa (p. ej., 7:11-13; 8:13), alardeos deliberadamente exagerados de la grandeza de la mujer por el hombre y viceversa (p. ej., 2:8-9), la necesidad de resistir la tentación de sentirse atraído infielmente por cualquier otra persona (p. ej., 6:8-9), y declarar que la atracción de un amante puede ser más fuerte incluso que el esplendor de un rey tan grande como el propio Salomón (p. ej., 3:6-11 siguiendo con 2:16-3:5; cp. 8:11-12). Todo esto se proyecta en forma de poesía musical, celebrando el amor humano en una relación monógama como un don bueno de parte de Dios.

Entonces presentamos algunas de las consideraciones que creemos que te ayudarán a usar Cantares de la manera pretendida por las Escrituras:

En primer lugar, trata de apreciar el contexto ético general de Cantares. El matrimonio monógamo y heterosexual era el contexto adecuado para la actividad sexual de acuerdo con la revelación de Dios en el Antiguo Testamento. Los israelitas temerosos de Dios considerarían el libro bajo esa luz. La actitud del mismo libro es la antítesis misma de la infidelidad, ya sea antes o después del matrimonio. El matrimonio consuma y continúa el amor entre un hombre y una mujer. Esto es a lo que apunta Cantar de los Cantares.

En segundo lugar, estar al tanto del género de Cantares. De hecho, sus paralelismos más cercanos son la poesía amorosa del Antiguo Testamento y otras partes del antiguo Medio Oriente, cuyo contexto no era solo el amor de algún tipo, sino también la atracción en el matrimonio. Las canciones de amor se acostumbraban a cantar en los banquetes de boda y tenían un gran significado para los involucrados. Hablan de atracción, fidelidad, de la tentación del engaño, de la belleza del amor, de sus alegrías y placeres y de los peligros de la infidelidad.

En tercer lugar, lee Cantares como que está *sugiriendo* decisiones piadosas en lugar de simplemente *describir* estas decisiones de forma mundana. Esto es similar a lo que ya hemos dicho sobre la interpretación de proverbios: llevan la verdad como sugerencias y generalizaciones en lugar de declaraciones precisas de hechos universales. En las Escrituras se pueden encontrar algunos paralelismos con el Cantar de los Cantares en el prólogo de Proverbios (caps. 1-9). Allí encontramos poemas sobre el atractivo de la sabiduría y el contraatractivo de la necedad, de una manera que sugiere líricamente en lugar de proponer cuáles deben ser nuestras decisiones correctas.

En cuarto lugar, ten en cuenta que Cantares se centra en valores muy diferentes a los de nuestra cultura moderna. Hoy en día los «expertos» hablan de *técnicas* sexuales, pero casi nunca de *romance* virtuoso, la atracción mutua de un hombre y una mujer que conduce y continúa en el matrimonio de por vida. Algunos «expertos» abogan por la autoindulgencia; Cantares enfatiza justo lo contrario. Nuestra cultura anima a las personas a satisfacerse a sí mismas, cualesquiera que sean sus gustos y deseos sexuales, mientras que Cantares se preocupa por cómo una persona puede responder fielmente al atractivo de la otra y satisfacer las necesidades de ella. En la mayor parte del mundo moderno, el romance se considera como algo que precede al matrimonio y se basa principalmente en sentimientos o placer. El romance es algo que realmente caracteriza el matrimonio en Cantares, incluso cuarenta y dos años después, como en el caso de uno de los autores, y sesenta años después, como en el caso del otro. Que así sea.

CAPÍTULO 13

Apocalipsis: Imágenes de juicio y esperanza

Cuando vas al libro del Apocalipsis luego de pasar por el resto del Nuevo Testamento, el lector moderno común podría sentirse como si estuviera entrando en un país extranjero. En lugar de narrativas y cartas que contienen declaraciones claras de hechos e imperativos, se llega a un libro lleno de ángeles, trompetas y terremotos; de bestias, dragones y fosas sin fondo.

Los problemas hermenéuticos son intrínsecos. El libro está en el canon; para nosotros es Palabra de Dios, inspirada por el Espíritu Santo. Sin embargo, cuando llegamos para escuchar este mensaje, la mayoría de nosotros en la iglesia de hoy apenas sabemos qué hacer con este libro. El autor a veces habla con sinceridad: «Yo, Juan, hermano de ustedes y compañero en el sufrimiento, en el reino y en la perseverancia que tenemos en unión con Jesús, estaba en la isla de Patmos por causa de la palabra de Dios y del testimonio de Jesús» (1:9). Juan escribe a siete iglesias conocidas en ciudades conocidas con condiciones reconocibles del primer siglo.

Sin embargo, al mismo tiempo hay un simbolismo rico y diverso, algunos de los cuales son manejables (juicio en forma de un terremoto, 6:12-17), mientras que algunos son más oscuros (los dos testigos, 11:1-10). La mayoría de los problemas provienen de los símbolos, además de que el libro a menudo se ocupa de eventos futuros, mientras que al mismo tiempo se establece en un contexto reconocible del siglo I. El problema también está relacionado con la forma minuciosa en que Juan ve todo a la luz del Antiguo Testamento, que cita o resuena más de 250 veces, de modo que cada momento significativo de su narrativa es imaginado casi exclusivamente en el lenguaje del Antiguo Testamento.

No pretendemos ser capaces de resolver todos los temas, ni imaginamos que todos nuestros lectores estarán contentos con todo lo que decimos. ¡Pareciera necesario decir desde el principio que nadie debe acercarse al Apocalipsis sin un grado adecuado de humildad! Ya hay demasiados libros sobre «Apocalipsis de una manera fácil». Pero no es fácil. Al igual que con los pasajes difíciles en las epístolas (ver pp. 70–72), uno debe ser menos que dogmático, sobre todo porque hay al menos cinco grandes escuelas de interpretación, por no hablar de variaciones significativas dentro de cada una de ellas.

Pero también somos lo suficientemente audaces como para pensar que tenemos más de un indicio de lo que estaba haciendo Juan. Así que te proveeremos de algunas sugerencias hermenéuticas que tienen sentido para nosotros. Pero la exégesis es lo primero y, en este caso, es especialmente crucial, ya que este es un libro del que se han escrito muchos libros y folletos populares. En casi todos los casos, estos libros populares no hacen exégesis en absoluto. Saltan de inmediato a la hermenéutica, que por lo general toma la forma de especulaciones fantasiosas que el propio Juan nunca podría haber pretendido o entendido.

La mejor introducción al Apocalipsis y de cómo «funciona» como libro, su punto de vista básico y su contribución teológica a la Biblia, es de Richard Bauckham, *The Theology of the Book of Revelation* [*La teología del Libro del Apocalipsis*]. (Cambridge: Cambridge University Press, 1993); para un comentario de «lectura fácil» destinado al lector laico, tal vez desees leer *Apocalipsis* (*Revelation*) del profesor Fee en la Serie de Comentarios del Nuevo Pacto (New Covenant Commentary Series–2011), donde lo que entregamos aquí se explica con un poco más de detalle.

LA NATURALEZA DE LA REVELACIÓN

Al igual que con la mayoría de los otros géneros bíblicos, la primera clave para la exégesis del libro del Apocalipsis es examinar su tipo de literatura. Sin embargo, en este caso nos enfrentamos a un tipo diferente de problema, ya que Apocalipsis es una combinación única y finamente mezclada de tres tipos literarios distintos: apocalipsis, profecía y carta. Además, el tipo básico —apocalipsis— es una forma literaria que no existe en nuestros días. En casos anteriores, incluso si nuestros propios ejemplos difieren un poco de los bíblicos, igual tenemos una comprensión básica de lo que es una epístola o una narrativa, un salmo o un proverbio. Pero no tenemos nada como esto en este caso. Por lo tanto, es muy importante tener una imagen clara del tipo literario que estamos tratando con este libro.

Apocalipsis como género literario

El género literario apocalíptico prima en este libro. Es solo uno —aunque muy especial, sin duda— de docenas de libros apocalípticos que eran bien conocidos por judíos y cristianos desde alrededor del año 200 a. C. hasta el año 200 d. C. Por supuesto, estos otros libros apocalípticos no son canónicos, eran de una variedad de tipos, pero todos ellos, incluyendo Apocalipsis, tienen algunas características comunes. Estas son las siguientes:

1. La raíz principal de la apocalíptica es la literatura profética del Antiguo Testamento, especialmente la que se encuentra en Ezequiel, Daniel, Zacarías y partes de Isaías. Como era el caso en parte de la literatura profética, la literatura apocalíptica estaba preocupada con el juicio inminente y la salvación. Pero la literatura apocalíptica nació tanto durante la persecución o en una época de gran opresión. Por lo tanto, su gran preocupación ya no estaba en la actividad de Dios *dentro* de la historia. Los escritores apocalípticos esperaban exclusivamente el momento en que Dios traería un *final* violento y radical en la historia, un fin que significaría el triunfo del bien y el juicio final del mal.

2. A diferencia de la mayoría de los Libros Proféticos, los libros apocalípticos son obras literarias desde el principio. Los profetas fueron principalmente portavoces de Yahvé, cuyos oráculos hablados más tarde fueron escritos y recopilados en un libro. Pero un apocalipsis es una forma de *literatura*. Tiene una estructura y forma escrita particulares. Por ejemplo, a Juan se le dice: *«Escribe* en un libro lo que *veas»* (1:19, énfasis añadido), mientras que a los profetas se les dijo en su mayoría que *hablaran* lo que se les había dicho o habían visto.

3. Con mayor frecuencia el «material» apocalíptico se presenta en forma de visiones y sueños y su lenguaje es críptico (tiene significados ocultos) y simbólico. Por lo tanto, la mayoría de los apocalipsis contenían dispositivos literarios que estaban destinados para que el libro proveyera una sensación de época venerable. El más importante de estos dispositivos era el seudónimo, es decir, se les dio la apariencia de haber sido escritos por antiguos virtuosos (Enoc, Baruc, et al.), a quienes se les dijo que «sellaran» para un día posterior, siendo el «día posterior» el tiempo actual en el que el libro estaba siendo escrito.

4. Las imágenes apocalípticas son a menudo formas de fantasía más que de realidad. A modo de contraste, los profetas no apocalípticos y Jesús también usaban con regularidad un lenguaje simbólico, pero la mayoría de las veces involucraba imágenes reales, p. ej., sal (Mt 5:13),

buitres y cadáveres (Lc 17:37), palomas incautas (Os 7:11), torta medio cocida (Os 7:8), et al. Pero la mayoría de las imágenes del apocalíptico pertenecen a la fantasía, p. ej., una bestia con siete cabezas y diez cuernos (Ap 13:1), una mujer vestida con el sol (12:1), langostas con colas de escorpiones y cabezas humanas (9:10), et al. La fantasía puede no aparecer necesariamente en los propios objetos (entendemos bestias, cabezas y cuernos), sino en su combinación sobrenatural.

5. Debido a que se trata de literatura, la mayoría de los apocalipsis tienen mucha formalidad estilística. Había una fuerte tendencia a dividir el tiempo y los eventos en conjuntos ordenados. También había un gran gusto por el uso simbólico de los números. Como consecuencia, el producto final tiene las visiones en conjuntos organizados con sumo cuidado, a menudo numerados. Con frecuencia, estos conjuntos, cuando se combinan, expresan algo (por ejemplo, un juicio) sin necesariamente intentar sugerir que cada imagen separada sigue de cerca a la primera.

El libro de Apocalipsis se ajusta a todas menos una de estas características de la literatura apocalíptica. Esta única diferencia es tan importante que, de alguna manera, se convierte en un mundo propio: *Apocalipsis no usa un seudónimo.* Juan no sintió la necesidad de seguir la fórmula regular. Se dio a conocer a sus lectores y a través de las siete cartas (caps. 2-3), habló con iglesias conocidas de Asia Menor, personas que eran sus contemporáneos y compañeros en el sufrimiento. Además, se le dijo: *no* «guardes en secreto las palabras del mensaje profético de este libro, porque el tiempo de su cumplimiento está cerca» (22:10).

El Apocalipsis como profecía

La razón principal por la que el apocalipsis de Juan no es seudónimo está muy relacionada con su propio sentido del fin como ya/ todavía no (ver pp. 147-149). Él no está simplemente anticipando el final como sus predecesores judíos. Él sabía que ya había comenzado con la venida de Jesús. Es crucial para este entendimiento la venida del Espíritu. Los otros apocalípticos escribieron en nombre de figuras proféticas anteriores porque vivían en la era del «Espíritu apagado», esperando la promesa profética del Espíritu derramado en la era por venir. Por lo tanto, estaban en una era en la que la profecía había cesado.

Juan, por otro lado, pertenece a la nueva era. Él estaba «en el Espíritu» cuando le dijeron que escribiera lo que viera (1:10-11). Él llama a su libro «mensaje profético» (1:3; 22:18-19) y dice que el «testimonio de Jesús», por el que él y las iglesias están sufriendo (20:4; cp. 1:9), «es el espíritu que inspira la profecía» (19:10). Esto probablemente significa que el mensaje de Jesús, atestiguado por Él y del que Juan y las iglesias dan testimonio, es la evidencia clara de que el Espíritu profético había llegado.

Por lo tanto, lo que hace que el apocalipsis de Juan sea diferente es, en primer lugar, la combinación de elementos apocalípticos y proféticos. Por un lado, el libro se proyecta en el molde apocalíptico y tiene la mayoría de las características literarias del apocalipsis. Nace en la persecución y tiene la intención de hablar del fin con el triunfo de Cristo y su iglesia. Además, es una pieza de literatura construida con sumo cuidado, que utiliza un lenguaje críptico y un rico simbolismo de fantasía y números.

Por otro lado, Juan claramente pretende que este apocalipsis sea una palabra profética para la iglesia. Su libro no iba a ser sellado para el futuro. Era Palabra de Dios para su situación actual. Recordarán que en el capítulo 10 dijimos que profetizar no significa principalmente predecir el futuro, sino más bien hablar la Palabra de Dios en el presente, una palabra que normalmente tenía como contenido el juicio o la salvación que se avecinaba. En Apocalipsis, incluso las siete cartas llevan esta marca profética. Entonces, está la palabra profética de Dios para algunas iglesias en la última parte del siglo I que están siendo perseguidas desde fuera y con alguna decadencia desde dentro.

El Apocalipsis como epístola

Por último, cabe señalar que esta combinación de elementos apocalípticos y proféticos se ha emitido en forma de carta. Por ejemplo, si comenzaras leyendo tal como Juan abre (1:4-7) y concluye (22:21), observarás que todas las características de la forma de una carta están presentes. Además, Juan habla con sus lectores en primera persona/ segunda persona (yo… tú). Así, en su forma final, el Apocalipsis es enviado por Juan como carta a las siete iglesias de Asia Menor.

La importancia de esto es que, como con todas las epístolas, hay un aspecto *ocasional* (ver pp. 60-61, 89) de Apocalipsis. Fue provocado, al menos en parte, por las necesidades de las iglesias específicas a las que se dirige. Por lo tanto, en la interpretación debemos tratar de entender su contexto histórico original.

LA NECESIDAD DE EXÉGESIS

Podría parecer extraño que después de doce capítulos de este libro, todavía deberíamos sentirnos obligados a luchar por la necesidad de exégesis. Pero es precisamente la falta de principios exegéticos sólidos lo que ha causado tanta interpretación desafortunada y especulativa del Apocalipsis. Entonces, lo que queremos hacer es simplemente repetir, con Apocalipsis en mente, algunos de los principios exegéticos básicos que ya hemos delineado en este libro, comenzando con el capítulo 3.

1. La primera tarea de la exégesis del Apocalipsis es buscar la intención original del autor y, por tanto, del Espíritu Santo. Al igual que con las epístolas, *el significado principal del Apocalipsis es lo que Juan pretendía que significase, lo que a su vez también debe haber sido algo que sus lectores podrían haber entendido que significaba*. De hecho, la gran ventaja que tendrían sobre nosotros era su familiaridad con su propio contexto histórico (la razón por la que el libro fue escrito por primera vez) y su mayor familiaridad con las formas e imágenes apocalípticas. Al mismo tiempo, tenían un conocimiento minucioso del Antiguo Testamento del que carecen la mayoría de los cristianos contemporáneos, de modo que de inmediato habrían oído y reconocido la fuente de los ecos y alusiones de Juan al Antiguo Testamento y habrían comprendido lo que él estaba haciendo con ellos.

Dado que el libro del Apocalipsis pretende ser profético, se debe estar abierto a la posibilidad de un significado secundario inspirado por el Espíritu Santo, pero no plenamente observado por el autor o sus lectores. Sin embargo, ese segundo significado está más allá de la exégesis en el área más amplia de la hermenéutica. Por lo tanto, la tarea de la exégesis es entender lo que Juan estaba deseando que sus lectores originales escucharan y entendieran.

2. Uno debe tener un cuidado especial para no utilizar en demasía el concepto de la «analogía de las Escrituras» en la exégesis del Apocalipsis. La analogía de las Escrituras significa que las Escrituras deben interpretarse a la luz de otras Escrituras. Consideramos que esto es evidente, basándonos en nuestra postura de que toda la Escritura es Palabra de Dios y tiene a Dios como su fuente última. Sin embargo, interpretar las Escrituras por las Escrituras no debe inclinarse de tal manera que uno *debe* hacer de otras Escrituras las llaves hermenéuticas para desbloquear el Apocalipsis.

Por lo tanto, es un paso reconocer el nuevo uso de imágenes de Daniel o Ezequiel por parte de Juan o ver las analogías en imágenes apocalípticas de otros textos. Pero se podría no asumir, como hacen algunas escuelas de interpretación, que los lectores de Juan tenían que haber leído Mateo o 1 y 2 Tesalonicenses y que ya sabían por su lectura de estos textos ciertas claves para entender lo que Juan había escrito. Entonces, cualquier clave para interpretar el libro del Apocalipsis debe ser *intrínseca* con el texto del Apocalipsis o de otra manera disponible para los destinatarios originales en *su propio contexto histórico*.

3. Debido a la naturaleza apocalíptica/profética del libro, hay algunas dificultades añadidas a nivel exegético, especialmente las que tienen que ver con las imágenes. Estas son algunas sugerencias al respecto:

a. *Se debe ser sensible con el rico trasfondo de ideas que han entrado en la composición del Apocalipsis.* La principal fuente de estas ideas e imágenes es el Antiguo Testamento, pero Juan también ha derivado imágenes de otra literatura apocalíptica e incluso de mitología antigua. Pero estas, aunque derivan de una variedad de fuentes, no significan necesariamente lo que significaban en sus fuentes. Han sido quebradas y transformadas bajo inspiración y, por lo tanto, se han mezclado en esta «nueva profecía».

b. *Las imágenes apocalípticas son de varios tipos.* En algunos casos, las imágenes, como el burro y el elefante en las representaciones políticas norteamericanas, son constantes. Por ejemplo, la bestia del mar es una imagen estándar para un imperio mundial, no para un gobernante individual. Por otro lado, algunas imágenes son fluidas. El «León» de la tribu de Judá resulta ser de hecho un «Cordero» (Ap 5:5-6): el *único* León que hay en Apocalipsis. La mujer en el capítulo 12 es claramente una imagen positiva; sin embargo, la mujer en el capítulo 17 es malvada.

Del mismo modo, algunas de las imágenes se refieren claramente a partes específicas equivalentes. Los siete candelabros del prólogo (1:12-20) se identifican como las siete iglesias y el dragón del capítulo 12 es Satanás. Por otro lado, muchas de las imágenes son probablemente generales. Por ejemplo, es probable que los cuatro jinetes del capítulo 6 no representen ninguna expresión específica de conquista, guerra, hambruna y muerte, sino la expresión de la caída humana como fuente del sufrimiento de la iglesia (6:9-11), que a su vez será una causa del juicio de Dios (6:12-17).

Todo esto quiere decir que las imágenes son la parte más difícil de la tarea exegética. Debido a esto, otros dos puntos son especialmente importantes:

c. *Cuando el propio Juan interpreta sus imágenes, estas deben mantenerse firmes y servir como punto de partida para entender otras imágenes.* Hay seis imágenes interpretadas: El semejante al hijo del hombre (1:13) es Cristo, quien dice que solo «estuve muerto, pero ahora vivo por los siglos de los siglos» (1:18). Los candelabros de oro (1:20) son las siete iglesias. Las siete estrellas (1:20) son los siete ángeles o mensajeros de las iglesias (desafortunadamente, esto todavía no está claro debido al uso del término «ángel», que en sí mismo puede ser otra imagen). El gran dragón (12:9) es Satanás. Las siete cabezas (17:9) son las siete colinas en las que se sienta la mujer (así como siete reyes, convirtiéndose así en una imagen fluida). La prostituta (17:18) es la gran ciudad, indicando claramente a Roma.

d. *Uno debe ver las visiones en su conjunto y no presionar de forma alegórica todos los detalles.* Las visiones son en este punto como las parábolas. Toda la visión está tratando de decir algo; los detalles son

(1) para efectos dramáticos (6:12-14) o (2) para agregar a la imagen del conjunto para que los lectores no confundan los puntos de referencia (9:7-11). Por lo tanto, es probable que los detalles del sol volviéndose negro como vestido de luto y las estrellas que caen como higos no «signifiquen» nada. Simplemente hacen que toda la visión del terremoto sea más impresionante. Sin embargo, las langostas con coronas de oro, rostros humanos y cabellos largos de mujer (9:7-11) ayudan a llenar la imagen de tal manera que los lectores originales difícilmente podrían haber confundido lo que estaba a la vista: las hordas bárbaras en las fronteras exteriores del Imperio romano, que sirvieron como una amenaza constante para el Imperio y, por lo tanto, eran temidas con justa razón.

4. *Juan espera que sus lectores escuchen sus ecos del Antiguo Testamento como la continuación —y consumación— de esa historia.* Encontrarás que esto está pasando en cada momento. Por ejemplo, la presentación de Cristo comienza con una doxología para Él (1:5b-6) que hace eco del sistema sacrificial y utiliza el lenguaje de Éxodo 19:6 para referirse a la iglesia como el nuevo pueblo de Dios, redimido por Cristo. Esto es seguido por un anuncio de su venida, que es un *collage* de Daniel 7:13 y Zacarías 12:10. La representación de Cristo que continúa se basa principalmente en Daniel 10:6, pero es un excelente *collage* de ese pasaje con Daniel 7:9, 13; Isaías 49:2; Ezequiel 1:24. En Apocalipsis 5, la presentación de Cristo culmina como el «León de la tribu de Judá» (cf. Gn 49:9), la «Raíz de David» (cp. Is 11:1), que resulta ser un «Cordero que… parecía haber sido sacrificado» (del sistema pascual y sacrificial). Del mismo modo, las sentencias preliminares y temporales que aparecen en las primeras siete trompetas (caps. 8-9) hacen eco de varias de las plagas que cayeron sobre Egipto en Éxodo 7-10, mientras que el juicio final de Roma en los capítulos 17-18 se expresa en el lenguaje y las imágenes de los diversos juicios proféticos sobre Babilonia y Tiro en Isaías, Jeremías y Ezequiel, y a Roma misma se le llama Babilonia.

Por lo tanto, una buena exégesis del libro del Apocalipsis requiere que uno sea bastante consciente de estos ecos del Antiguo Testamento, ya que en la gran mayoría de los casos el contexto de estos te entrega pistas sobre cómo Juan pretende que se entiendan sus propias imágenes y representaciones.

5. Una nota final: *Apocalipsis en general y Apocalipsis en particular, rara vez tiene la intención de entregar un relato cronológico detallado del futuro.* Su mensaje tiende a trascender este tipo de preocupación. La mayor preocupación de Juan era que, a pesar de las apariencias actuales, Dios tiene el control de la historia y de la iglesia. Aunque la iglesia experimentará sufrimiento y muerte, será triunfante en Cristo, quien

juzgará a sus enemigos y salvará a su pueblo. Todas las visiones deben verse en términos de esta mayor preocupación.

EL CONTEXTO HISTÓRICO

Al igual que con la mayoría de los otros géneros, el lugar para comenzar la exégesis de Apocalipsis es con una reconstrucción provisional de la situación en la cual fue escrito. Para hacer esto de forma correcta, tienes que hacer lo que hemos sugerido en otro lugar, tratar de leerlo por completo en una sola sesión. Lee para obtener el panorama general. No trates de darte cuenta de todo. Deja que la lectura misma ya sea todo un acontecimiento, por decirlo de alguna manera. Es decir, deja que las visiones pasen por encima de ti como olas en la orilla, una tras otra, hasta que tengas una idea del libro y su mensaje.

Una vez más, mientras lees, toma algunas notas mentales o escritas breves sobre el autor y sus lectores. Luego vuelve por segunda vez y recoge específicamente todas las referencias que indican que los lectores de Juan son compañeros en su sufrimiento (1:9). Estos son los indicadores históricos cruciales.

Por ejemplo, en las siete cartas, nota 2:3, 8-9, 13; 3:10, más el repetido «El que salga vencedor». El quinto sello (6:9-11), que sigue a la devastación causada por los cuatro jinetes, revela mártires cristianos que han sido asesinados a causa de la «palabra» y el «testimonio» (la razón exacta por la que Juan está en el exilio [1:9]). En 7:14 la gran multitud, que nunca más sufrirá (7:16), ha salido «de la gran tribulación». El sufrimiento y la muerte están nuevamente vinculados a dar «el testimonio de Jesús» en 12:11, 17. En los capítulos 13–20 el sufrimiento y la muerte se atribuyen específicamente a la «bestia» (13:7; 14:9-13; 16:5-6; 18:20, 24; 19:2).

Este motivo es la clave para entender el contexto histórico y explica plenamente la ocasión y el propósito del libro. El propio Juan estaba exiliado por su fe. Otros también estaban experimentando sufrimiento —incluso uno había muerto (2:13)— por el testimonio de Jesús. Mientras Juan estaba «en el Espíritu», se dio cuenta de que su sufrimiento actual era solo el comienzo de los problemas para aquellos que se negarían a «adorar a la bestia». Al mismo tiempo, Juan no estaba del todo seguro de que toda la iglesia estuviera lista para lo que se venía por delante. Así que escribió esta «profecía» que había visto.

Los temas principales son abundantemente claros: la iglesia y el estado están en curso de colisión y la victoria inicial parecerá pertenecerle al estado. Así advierte a la iglesia que el sufrimiento y la muerte están por venir; de hecho, empeorará mucho antes de que mejore (6:9-11). Le preocupa mucho que no capitulen en tiempos de presión

(14:11-12; 21:7-8). Pero esta palabra profética también es de aliento, porque Dios tiene el control de todas las cosas. Cristo tiene las llaves de la historia y tiene a las iglesias en sus manos (1:17-20). Así, la iglesia triunfa incluso a través de la muerte (12:11). Dios finalmente derramará su ira sobre aquellos que causaron este sufrimiento y muerte y traerá descanso eterno a aquellos que permanecen fieles. Por supuesto, Roma, en ese contexto, era el enemigo que sería juzgado.

Cabe señalar aquí que una de las claves para interpretar el Apocalipsis es la distinción que Juan hace entre dos palabras o ideas cruciales: «tribulación» e «ira». Confundirlas y hacer que se refieran a lo mismo hará que una se enturbie de forma irremediable con respecto a lo que se está diciendo.

La tribulación (sufrimiento y muerte) es claramente una parte de lo que la iglesia estaba soportando y todavía tenía que soportar. Por otro lado, la ira de Dios es su juicio que debe ser derramado sobre aquellos que han afligido al pueblo de Dios. Queda claro desde todo tipo de contexto en Apocalipsis que el pueblo de Dios *no* tendrá que soportar la terrible ira de Dios cuando se derrame sobre sus enemigos, pero está asimismo claro que sufrirán a manos de sus enemigos. Cabe señalar que esta distinción está precisamente en consonancia con el resto del Nuevo Testamento. Por ejemplo, lee 2 Tesalonicenses 1:3-10, donde Pablo se jacta de las «persecuciones y sufrimientos» de los tesalonicenses (la misma palabra griega que «tribulación»), pero también señala que Dios finalmente juzgará a aquellos que «los hacen sufrir a ustedes» (la forma verbal de «tribulación»).

También debes tener en cuenta cómo la apertura de los sellos 5 y 6 (6:9-17) plantea las dos preguntas cruciales en el libro. En el sello 5, los mártires cristianos gritan: «¿Hasta cuándo, Soberano Señor, santo y veraz, seguirás sin juzgar a los habitantes de la tierra y sin vengar nuestra muerte?». La respuesta es doble: (1) Deben esperar «un poco más» porque debe haber muchos más mártires; (2) no obstante, la sentencia es absolutamente segura, como indica el sexto sello.

En el sello 6, cuando llega el juicio de Dios, el juez grita: «¿Quién podrá mantenerse en pie (ante la ira que viene del Cordero)?» La respuesta se da en el capítulo 7: aquellos a quienes Dios ha sellado, quienes «han lavado y blanqueado sus túnicas en la sangre del Cordero» (7:14).

EL CONTEXTO LITERARIO

Para entender cualquiera de las visiones específicas del libro de Apocalipsis es muy importante no solo luchar con el trasfondo y el significado de las imágenes (las preguntas de *contenido*), sino también preguntar cómo *funciona* esta visión en particular en el libro en su conjunto. En este sentido, Apocalipsis se parece mucho más a las epístolas que a los Profetas. Estos últimos son colecciones de oráculos individuales, no siempre con un claro propósito funcional en la relación de unos con otros. En las epístolas, como recordarán, hay que «pensar en párrafos», porque cada párrafo es un elemento fundamental para todo el argumento. Así es también Apocalipsis. El libro es un todo estructurado de forma creativa y cada visión es una parte integral de ese todo.

Dado que Apocalipsis es el único de su tipo en el Nuevo Testamento, trataremos de guiarlos hasta el final a través de él en lugar de simplemente ofrecer uno o dos modelos. Por ejemplo, cabe señalar que la estructura básica es clara y no es objeto de debate. Las diferencias vienen en cómo se interpreta dicha estructura.

El libro se desarrolla como un gran drama en el que las primeras escenas establecen el escenario y el elenco de personajes, mientras que las escenas posteriores presuponen todas las escenas anteriores y deben ser tan entendidas para que podamos seguir la trama.

Los capítulos 1-3 establecen el escenario y nos presentan a la mayoría de los *personajes* significativos. Primero viene Juan (1:1-11), que es el «vidente» y será el narrador a lo largo del libro. Fue exiliado por su fe en Cristo y tenía la visión profética para ver que la persecución actual era solo un precursor de lo que sería.

En segundo lugar, está Cristo (1:12-20), a quien Juan describe a través de magníficas imágenes derivadas de Daniel 10 y de otros lugares como el Señor de la historia y el Señor de la iglesia. Dios no ha perdido el control a pesar de la persecución actual, porque Cristo por sí solo tiene las llaves de la muerte y el Hades.

Tercero, está la iglesia (2:1-3:22). En las cartas a siete iglesias reales, pero también representativas, Juan alienta y advierte a la iglesia universal. La persecución ya está presente; a la iglesia se le promete más. Hay muchos trastornos internos que también amenazan su bienestar. A los que son victoriosos se les dan las promesas de gloria final.

Los capítulos 4-5 ayudan aún más a *establecer el escenario*. Con visiones impresionantes, establecidas para adorar y alabar, se le dice a la iglesia que Dios reina en soberana majestad (cap. 4). A los creyentes que pueden estar preguntándose si Dios está realmente allí, actuando a su favor, Juan les recuerda que el «León» de Dios es un «Cordero», que él mismo redimió a la humanidad a través del sufrimiento (cap. 5). De esa manera todo el cielo estalla en alabanza al «que está sentado en el trono y... del Cordero».

Los capítulos 6-7 comienzan el desenvolvimiento del drama real en sí. Las visiones se presentan tres veces a lo largo del libro en conjuntos de siete estructurados con sumo cuidado (caps. 6-7; 8-11; 15-16). En cada caso, los primeros cuatro elementos van juntos para formar una imagen; en 6-7 y 8-11 los siguientes dos elementos también van juntos para presentar dos lados de otra realidad. Estos son interrumpidos por un interludio de dos visiones, antes de que se revele el séptimo elemento. Los tres últimos agrupan en los capítulos 15-16 a los tres últimos grupos sin el interludio, precisamente porque conducen directamente a las visiones finales de los capítulos 17-22. Ten en cuenta cómo funciona esto en los capítulos 6-7:

1. Jinete blanco = Conquista
2. Jinete rojo = Guerra
3. Jinete negro = Hambruna
4. Jinete amarillento = Muerte
5. La pregunta de los mártires: «¿Cuánto tiempo?»
6. El terremoto (juicio de Dios): «¿Quién puede resistir [la ira]?»
   a. 144.000 sellados
   b. Una gran multitud
7. Ira de Dios: las siete trompetas de los capítulos 8-11

Los capítulos 8-11 revelan el contenido de los juicios temporales de Dios sobre Roma. Las primeras cuatro trompetas, haciendo eco de las plagas de Egipto (Éx 7-10), indican que parte de este juicio implicará grandes trastornos en la naturaleza. Las trompetas cinco y seis indican que también vendrá de las hordas bárbaras y una gran guerra. Después del interludio, que expresa la propia exaltación de Dios de sus «testigos» aunque mueran, la séptima trompeta suena como conclusión: «El reino del mundo ha pasado a ser de nuestro Señor y de su Cristo» (Ap 11:15).

Así hemos sido llevados a través del sufrimiento de la iglesia y el juicio de Dios sobre los enemigos de la iglesia al triunfo final de Dios. Pero las visiones no han terminado. En los capítulos 8-11 se nos ha dado el panorama general. Los capítulos 12-22 ofrecen detalles de este juicio y triunfo. Lo que ha pasado es algo así como mirar la Capilla Sixtina de Miguel Ángel. Al principio se está asombrado al ver toda la capilla. Solo después se puede inspeccionar las piezas y ver la magnificencia de cada detalle.

El capítulo 12 es la clave teológica del libro. En dos visiones se nos habla del intento de Satanás de destruir a Cristo y encuentra, en vez de eso, su propia derrota. Por lo tanto, dentro de la obra recurrente del Nuevo Testamento del ya/todavía no, Satanás se revela como un enemigo derrotado (ya) cuyo final todavía está por venir. Es así como hay regocijo porque «Han llegado ya la salvación y el poder y el reino de nuestro Dios» (Ap 12:10), pero hay dolor en la iglesia porque Satanás sabe que su tiempo es limitado y está tomando venganza contra el pueblo de Dios.

Luego los capítulos 13-14 muestran cómo para la iglesia de Juan esta venganza tomó la forma del Imperio romano, con sus emperadores que exigían lealtad religiosa. Pero el imperio y los emperadores están condenados (caps. 15-16). El libro concluye como una «historia de dos ciudades» (caps. 17-22). La ciudad de la tierra (Roma) es condenada por su participación en la persecución del pueblo de Dios. Esto es seguido por la ciudad de Dios, donde el pueblo de Dios mora por la eternidad.

Varias de las visiones presentan considerables dificultades dentro de esta estructura general, tanto sobre el significado de su contenido como a su función en contexto. Para estas preguntas debes consultar uno de los mejores comentarios (ver el apéndice).

LAS PREGUNTAS HERMENÉUTICAS

Las dificultades hermenéuticas con el libro de Apocalipsis se parecen mucho a las de los Libros Proféticos revisadas anteriormente en el capítulo 10. Al igual que con todos los demás géneros, la Palabra de Dios para nosotros debe encontrarse, en primer lugar, en su Palabra para ellos. Pero a diferencia de los otros géneros, los Profetas y Apocalipsis a menudo hablan de cosas que aún estaban por suceder.

A menudo lo que estaba «aún por ser» tenía una inmediatez temporal, que desde nuestro punto de vista histórico ya ha tenido lugar. Así, Judá *entró* en cautiverio y fueron restaurados, tal como Jeremías profetizó. El Imperio romano, de hecho, entró bajo juicio temporal, en parte a través de las hordas bárbaras, tal como Juan lo vio.

Para tales realidades, los problemas hermenéuticos no son demasiado grandes. Todavía podemos escuchar las razones de los juicios como Palabra de Dios. Así como podemos asumir correctamente que Dios siempre juzgará a aquellos que pisotean las cabezas de los desvalidos y venden a los necesitados por un par de sandalias (Am 2:6-7), también podemos asumir con razón que el juicio de Dios se derramará sobre aquellas naciones que han asesinado a los cristianos, tal como lo fue en Roma.

Además, todavía podemos escuchar como Palabra de Dios —de hecho, *debe* escucharse— que el discipulado va por el camino de la cruz, que Dios no nos ha prometido la libertad del sufrimiento y la muerte, sino el triunfo *a través de* ella. Como bien dijo Martín Lutero en el himno «Castillo fuerte»: «¡Que muestre su vigor Satán y su furor! Dañarnos no podrá... El cuerpo destruir, mas siempre ha de existir de Dios el reino eterno». Así, Apocalipsis es palabra de consuelo y aliento de Dios para los cristianos que sufren, especialmente los creyentes que sufren a manos del estado, precisamente porque son cristianos. Dios tiene el control. El Cordero inmolado ha triunfado sobre el dragón (Ap 12:7-12).

Todo esto necesita ser escuchado una y otra vez en la iglesia, en todos los escenarios geográficos y en todas las épocas. Y perderse esto es perder el libro por completo.

Pero nuestras dificultades hermenéuticas no radican en escuchar esta palabra, la palabra de advertencia y consuelo que es el punto del libro. Nuestras dificultades radican en ese otro fenómeno de profecía, es decir, que la palabra «temporal» a menudo está ligada a las realidades escatológicas finales (ver pp. 204-208). Esto es especialmente cierto en Apocalipsis. La caída de Roma en el capítulo 18 aparece como el primer capítulo del resumen final y muchas de las imágenes del juicio «temporal» están entrelazadas con palabras o ideas que también implican el final como parte de la imagen. Parece que no hay manera de negar esta realidad. La pregunta es, ¿qué hacemos con esto? Ya hemos hablado de este asunto en el capítulo 10. Aquí simplemente ofrecemos algunas sugerencias.

1. Tenemos que aprender que las imágenes del futuro son solo eso: imágenes. Las imágenes expresan una realidad, pero ellas mismas no deben confundirse con la realidad, ni los detalles de cada imagen necesariamente deben ser «cumplidos» de alguna manera específica. Por lo tanto, cuando las cuatro primeras trompetas proclaman calamidades en la naturaleza como parte del juicio de Dios, no debemos esperar necesariamente un cumplimiento literal de todos los detalles de estas imágenes. Su punto, manifestado a través del eco deliberado de las plagas de Dios contra Faraón, es alentar a los creyentes que estarán pronto bajo la opresión de Roma que las «plagas» de Dios también caerán sobre ella.

2. Algunas de las representaciones que estuvieron destinadas principalmente a expresar la certeza del juicio de Dios no deben interpretarse también como *«ya mismo»*, al menos *«ya mismo»* desde nuestra perspectiva limitada. Así, cuando Satanás es derrotado con la muerte y resurrección de Cristo y es «arrojado a la tierra» para causar estragos en la iglesia, sabe que su tiempo es «corto». Pero «corto» no significa necesariamente «muy pronto», como si, por ejemplo, Juan pensara que estas cosas deben suceder durante su vida, pero algo mucho más «limitado». De hecho, llegará un momento en que estará atado para siempre, pero de ese día y hora nadie sabe.

3. Las imágenes en las que lo «temporal» está estrechamente ligado a lo «escatológico» no deben ser vistas como simultáneas, a pesar de que los propios lectores originales pueden haberlas entendido de esta

manera (cp. pp. 205-09). La dimensión escatológica de los juicios y de la salvación debe alertarnos de la *posibilidad* de una dimensión «todavía no» para muchas de las imágenes. Por otro lado, parece que no hay reglas fijas sobre cómo vamos a extraer o entender ese elemento todavía futuro (para nosotros). Lo que debemos tener cuidado de no hacer es dedicar demasiado tiempo a especular sobre cómo nuestros acontecimientos contemporáneos pueden encajarse en las imágenes del Apocalipsis. Por ejemplo, el libro *no* tenía la intención de profetizar la existencia de China comunista o de darnos detalles literales de la conclusión de la historia.

4. Aunque probablemente existen muchos casos en los que hay una segunda dimensión aún por cumplirse con las imágenes, no se nos han dado claves sobre cómo debemos precisarlas. A este respecto, el Nuevo Testamento exhibe cierta ambigüedad. Por ejemplo, la figura del anticristo es particularmente difícil. En los escritos de Pablo (2 Ts 2:3-4) es una figura definida; en Apocalipsis 13-14 viene como el emperador romano. En ambos casos, su apariencia parece ser escatológica. Sin embargo, en 1 Juan se reinterpreta todo esto de manera generalizada para referirse a los falsos profetas que habían invadido la iglesia (1 Jn 2:20-23). ¿Cómo debemos entender esta figura con respecto a nuestro propio futuro?

La iglesia ha visto desde el punto de vista histórico (en cierto sentido, de manera adecuada) una variedad de gobernantes mundiales como una expresión del anticristo. Adolf Hitler seguramente encajaba en la imagen, al igual que Idi Amin para una generación de ugandeses. En este sentido, muchos anticristos siguen viniendo (1 Jn 2:18). Pero ¿qué hay de una figura mundial específica que acompañará los eventos finales?, ¿nos dice Apocalipsis 13-14 que así será? Nuestra propia respuesta es: no necesariamente. Sin embargo, estamos abiertos a la posibilidad. Es la ambigüedad de los textos del Nuevo Testamento lo que conduce a nuestra cautela y falta de certeza dogmática.

5. Las imágenes destinadas a ser totalmente escatológicas todavía están por ocurrir. Así, las imágenes de 11:15-19 y de 19:1-22:21 son totalmente escatológicas en su presentación. Esto debemos afirmarlo como Palabra de Dios aún por cumplirse. Pero incluso estas son *imágenes*. La realización será en el propio tiempo de Dios, a su manera y sin duda será infinitamente mayor que incluso estas maravillosas imágenes.

Así como la palabra inicial de las Escrituras habla de Dios y de la creación, la palabra final habla de Dios y de la consumación. Si hay algunas ambigüedades para nosotros en cuanto a *cómo* se deben resolver todos los detalles, no hay ambigüedad en cuanto a la certeza de que Dios lo *resolverá* todo, en su tiempo y a su manera. Tal certeza debe servir para nosotros como advertencia y aliento, tal como lo fue para los destinatarios originales del libro.

Hasta que Cristo venga, vivimos el futuro en el ya, y lo hacemos escuchando y obedeciendo su Palabra. Pero llegará un día en que libros como este ya no serán necesarios, pues «Ya no tendrá nadie que enseñar a su prójimo... porque todos... me conocerán» (Jr 31:34). Con Juan, el Espíritu y la novia, nosotros decimos: «Amén. ¡Ven, Señor Jesús!».

Apéndice:
La evaluación y el uso
de comentarios

A lo largo de este libro hemos sugerido que hay momentos cuando querrás consultar un buen comentario. No nos disculpamos por esto. Un buen comentario es un regalo para la iglesia tanto como los buenos sermones, las buenas conferencias grabadas o los buenos consejeros.

Nuestro propósito en este apéndice es simple. Después de algunas palabras sobre cómo debes proceder al evaluar un comentario en cuanto a su valor exegético, relacionaremos uno o más de los mejores comentarios para cada uno de los libros bíblicos. Por supuesto, una lista como esa tiene un problema inherente, pues todo el tiempo aparecen comentarios excelentes. Relacionamos lo que está disponible mientras escribimos. Cuando salgan nuevos comentarios podrás evaluarlos de acuerdo con los procedimientos entregados aquí.

LA EVALUACIÓN DE COMENTARIOS

Si eres un estudiante serio de la Biblia, de seguro querrás adquirir o tener acceso a un buen comentario de cada libro de la Biblia. En realidad, no existe un comentario en un volumen completamente satisfactorio. Los comentarios en un solo volumen están por lo general destinados a hacer el mismo trabajo que hemos tratado de enseñarte a hacer por tu cuenta a lo largo de este libro. Presentan de forma breve el contexto histórico y luego explican el significado de un texto en términos de su contenido literario. Esto tiene su valor, pero mucho de esto, por ejemplo, puedes encontrarlo en un *Manual Bíblico*. Uno quiere un comentario sobre todo para que suministre tres cosas: (1) ayudas sobre las fuentes e información sobre el contexto histórico; (2) respuestas para las múltiples preguntas de contenido; y (3) discusiones minuciosas de textos difíciles en cuanto a sus significados posibles, junto con los argumentos que los sostienen.

Entonces, ¿cómo se evalúa un comentario? Primero, *no* haces la evaluación sobre la base de tus coincidencias con el autor. Si el comentario es de verdad bueno y si has hecho bien tu propia exégesis, con mayor frecuencia tú y el mejor de los comentarios estarán de acuerdo. Pero coincidir no es el criterio básico.

Además, *no* haces la evaluación sobre la base de que te «entusiasme». El propósito de un comentario es la *exégesis* (lo que el texto *significa*) no la homilética (cómo predicar el texto en nuestros días). Es posible que hagas un buen uso de un texto así al tratar de descubrir cómo usar el texto en la escena presente. Como predicadores confesamos la utilidad de esos libros para hacer que la mente piense sobre la época actual. *Pero esos no son comentarios*, aunque sean excelentes modelos para saber cómo aplicar la Biblia aquí y ahora. Nuestro interés no está dirigido a estos libros, sino solo a los comentarios exegéticos.

Hay por lo menos siete criterios que debes utilizar al juzgar un comentario. No todos estos son del mismo tipo, ni todos tienen la misma importancia. Pero todos se combinan para ayudar a resolver un tema crucial: ¿Te ayuda este comentario a comprender lo que de verdad dice el texto bíblico?

Los primeros dos criterios son elementos informativos sobre el comentario que querrás conocer.

1. ¿Es exegético, homilético, o una combinación de ambos? Esto reitera lo que acabamos de decir. Recuerda que lo que buscas en un comentario es la exégesis. Si este tiene también sugerencias hermenéuticas, las encontrarás útiles, pero lo que quieres son respuestas a tus preguntas de contenido y las preguntas de contenido son fundamentalmente exegéticas.

2. ¿Se basa en el texto griego o hebreo, o en una traducción al español? No es algo malo que un comentario se base en una traducción, *en tanto que el autor conozca el texto en el idioma original y utilice ese conocimiento como la verdadera fuente para sus comentarios*. Ten muy en cuenta: puedes usar la mayoría de los comentarios que se basan en el texto griego o hebreo. A veces tendrás que «leer rodeando» al griego o hebreo, pero, por lo general, podrás hacerlo con una pérdida mínima.

El siguiente criterio es el MÁS IMPORTANTE, y es el verdadero lugar para colocar tu evaluación.

3. Cuando un texto tiene más de un significado posible, ¿discute el autor todos ellos, los evalúa, y ofrece las razones para su decisión? Por ejemplo, en el capítulo 2 ofrecimos una ilustración tomada de 1 Corintios 7:36 para la que hay por lo menos tres posibles significados. Un comentario no lo informa bien a menos que el autor discuta las tres posibilidades, entregue las razones a favor y en contra de cada una y explique luego su decisión.

Los siguientes cuatro criterios son importantes si vas a recibir toda la ayuda que necesitas.

4. ¿Discute el autor los problemas de textos críticos? Ya has visto la importancia de esto en el capítulo 2.

5. ¿Discute el autor el trasfondo histórico de las ideas del texto en lugares importantes?

6. ¿Entrega el autor información bibliográfica de manera que puedas continuar el estudio si lo deseas?

7. ¿Entrega la sección introductoria del comentario suficiente información sobre el contexto histórico para permitirte comprender la ocasión en que se escribió el libro?

La mejor manera de conseguir todo esto es seleccionar uno de los textos difíciles en un libro bíblico y ver cuán útil es un comentario al proporcionar información y responder las preguntas. Sobre todo, lo bien que discute todos los significados posibles. Por ejemplo, se puede evaluar al inicio el valor de un comentario sobre 1 Corintios, observando cómo discute el autor 7:36 o 11:10. En cuanto a las epístolas pastorales, revisa 1 Timoteo 2:15. En cuanto al Génesis, el 2:17 constituiría un lugar adecuado para revisar. En cuanto a Isaías, podría ser 7:14-17. Así por el estilo.

Por supuesto, el juicio definitivo depende de lo bien que el autor organiza su información para explicar el texto en su contexto. Desafortunadamente, algunos comentarios que son una mina de datos históricos y bibliográficos no siempre acostumbran a explicar el significado del autor bíblico en contexto.

Antes de ofrecer nuestras listas, permítenos repetir: ¡No comiences tu estudio bíblico con un comentario! Acude al comentario luego de haber hecho tu propio trabajo. Llegas a consultar un comentario solo porque deseas encontrar respuestas a las preguntas de contenido que han surgido durante tu propio estudio. Por supuesto, al mismo tiempo el comentario te alertara sobre preguntas que dejaste de hacer, pero que quizás deberías haber tenido.

Por favor, estás advertido de que los comentarios que hemos listado no siempre representan los puntos de vista teológicos con los que estamos de acuerdo. No recomendamos sus conclusiones, sino, más bien, que toman en cuenta los tipos de temas que hemos mencionado anteriormente. Utilízalos con cuidado y cautela. Hemos recomendado solo comentarios evangélicos cuando en nuestra opinión eran los más útiles desde el punto de vista exegético.

NOTA DE LOS EDITORES DE LA VERSIÓN EN ESPAÑOL

Existen numerosos comentarios en español. Valiéndose de los principios mencionados arriba, podrás encontrar los que realmente pueden ayudarte. A continuación, encontrarás una lista de las obras que los autores incluyen en la versión inglesa. Estamos seguros de que esta lista ayudará a los lectores que hablan español y quieren adentrarse más en este tema.

COMENTARIOS DEL ANTIGUO TESTAMENTO

Actualmente hay en inglés dos series de comentarios del Antiguo Testamento completas y actualizadas que satisfacen los criterios que hemos descrito y tienen una visión teológica evangélica: *The Expositor's Bible Commentary EBC, 7 vols., (Grand Rapids: Zondervan, 1985)* y el *Tyndale Old Testament Comentaries* (TOTC, 28 vols.), (Downers Grove, Ill., InterVarsity Press, Ill.).

Otras series recomendables están en camino, aunque aún no están completas. Entre ellas encontramos: *The New American Commentary* (NAC), (Nashville: Broadman & Holman, 1992), *The New International Commentary on the Old Testament* (NICOT), (Grand Rapids: Eerdmans), *The NIV Application Commentary series* (NIVAC, Zondervan, Grand Rapids), *The New International Biblical Commentary* (NIBC, Peabody, Mass: Hendrickson), y el *Word Biblical Commentary* (WBC, Dallas: Word). El último contiene entre sus volúmenes una mezcla de comentarios evangélicos y no evangélicos y, por lo tanto, cada uno se debe evaluar según sus propios méritos. Una serie en tres volúmenes sobre los Profetas Menores (*The Minor Prophets*, Gran Rapids: Baker) está desde hace poco disponible.

Mientras se publican los volúmenes individuales de estas series, pueden ir observándolas. Cuando cualquiera de las series se complete, considera comprarla, ya sea en forma de libro o en formato web. Por lo demás, el centenario *Keil and Delitzsch* (K-D) sigue siendo una de las series más completas que puedes comprar. Los *Tyndale Old Testament Commentaries*, ahora completos, representan quizás el mejor conjunto de comentarios que alguien podría comprar para comenzar.

Génesis: Para los lectores en general: James McKeown, *Genesis, Two Horizons Old Testament Commentary Series* (Grand Rapids: Eerdmans, 2008). Para el estudiante Avanzado: Genesis Gordon Wenham. *Genesis* (WBC), 2 Vols, (Dallas: Word, 1987, 1994); Bruce K. Waltke. *Genesis: A Commentary* (Grand Rapids: Zondervan, 2001); Kenneth A. Matthews. *Genesis 1—11:26* (NAC) (Nashville: Broadman & Holman, 1996); Joyce Baldwin. *The Message of Genesis: 12—50* (The Bible Speaks To-day), (Ilinois: InterVarsity Press, 1986).

Éxodo: Walter Kaiser Jr. *Exodus* (EBC) (Grand Rapids: Zondervan, 1992); Peter Ens. *Exodus* (NIVAC), (Grand Rapids: Zondervan, 2000).

Levítico: Mark F. Rooker. *Leviticus* (NAC) (Nashville: Broadman & Holman, 2000); Gordon Wenham. *Leviticus* (NICOT) (Grand Rapids: Eerdmans, 1994); W. H. Bellinger Jr. *Leviticus, Numbers* (NIBC) (Peabody Mass: Hendrickson, 2001).

Números: R. Dennis Cole. *Numbers* (NAC) (Nashville: Broadman & Holman, 2000); Timothy R. Ashley. *The Book of Numbers* (NICOT) (Grand Rapids: Eerdmans, 1993); Gordon Wenham. *Numbers* (TOTC) (Downers Grove, Ill.: InterVarsity, 1982).

Deuteronomio: Duane Christensen. *Deuteronomy 1:1—21:9* (WBC) (Nashville: Nelson, 2001); Eugene H. Merrill. *Deuteronomy* (NAC) (Nashville: Broadman & Holman, 1994); Peter Craigie, *The Book of Deuteronomy* (NICOT) (Grand Rapids: Eerdmans, 1976).

Josué: David M. Howard Jr. *Joshua* (NAC) (Nashville: Broadman & Holman, 1998); Marten Woudstra, *The Book of Joshua* (NICOT) (Grand Rapids: Eerdmans, 1981).

Jueces: Daniel 1. Block. *Judges, Rut* (NAC) (Nashville: Broadman & Holman, 1999).

Rut: Robert L. Hubbard Jr. *The Book of Ruth* (NICOT) (Grand Rapids: Eerdmans, 1988); Frederic W. Bush. *Ruth, Esther* (WEC) (Dallas: Word, 1996); Daniel 1. Block. *Judges, Ruth* (NAC) (Nashville: Broadman & Holman, 1999).

1, 2 Samuel: Robert P. Gordon. *1 y 2 Samuel,* (Grand Rapids: Zondervan, 1986); Joyce Baldwin. *1 y 2 Samuel* (TOTC) (Downers Grove, Ill: InterVarsity Press, 1988).

1, 2 Reyes: Donald J. Wiseman. *1 and 2 Kings* (TOTC) (Downers Grove, Ill.: InterVarsity, 1993).

1, 2 Crónicas: J. A. Thompson. *1 and 2 Chronicles* (NAC) (Nashville: Broadman & Holman, 1994).

Esdras–Nehemías: Mervin Breneman. *Ezra, Nehemiah, Esther* (NAC) (Nashville: Broadman & Holman, 1993).

Ester: Joyce G. Baldwin. *Esther* (TOTC) (Downers Grove, Ill.: InterVarsity, 1984); Frederic W. Bush. *Ruth, Esther* (WBC), (Dallas: Word, 1996).

Job: Elmer Smick. *Job* (EBC) (Grand Rapids: Zondervan, 1988); John
E. Hartley. *The Book of Job* (NICOT) (Grand Rapids: Eerdmans,
1988); F. I. Anderson. *Job* (TOTC) (Downers Grove, Ill.:
InterVarsity Press, 1976).

Salmos: Craig C. Broyles. *Psalms* (NIBC) (Peabody, Mass: Hendrickson,
1999); Peter Craigie, *Psalms 1-50* (WEC) (Dallas: Word, 1983).

Proverbios: Duane A. Garrett. *Proverbs, Ecclesiastes, Song of Songs* (NAC)
(Nashville: Broadman & Holman, 1993); David A. Hubbard.
Proverbs (Mastering the Old Testament) (Dallas: Word, 1989).

Eclesiastés: Duane A. Garrett. *Proverbs, Ecclesiastes, Song of Songs* (NAC)
(Nashville: Broadman & Holman, 1993); Tremper Longman III.
The Book of Ecclesiastes (NICOT) (Grand Rapids: Eerdmans, 1998);
Iain Provan. *Ecclesiastes/Song of Songs* (NIVAC) (Grand Rapids:
Zondervan, 2001).

Cantar de los Cantares: G. Lloyd Carr. *Song of Songs* (TOTC) (Downers
Grove, Ill.: InterVarsity Press, 1984); Tremper Long- man III.
Song of Songs (NICOT) (Grand Rapids: Eerdmans, 2001);
Iain Provan. *Ecclesiastes/ Song of Songs* (NIVAC) (Grand Rapids:
Zondervan, 2001).

Isaías: John Oswalt. *The Book of Isaiah* (NICOT), 2 vols. (Grand Rapids:
Eerdmans, 1998).

Jeremías: John A. Thompson. *The Book of Jeremiah* (NICOT) (Grand
Rapids: Eerdmans, 1995).

Lamentaciones: F. B. Huey Jr. *Jeremiah, Lamentations* (NAC) (Nashville:
Broadman & Holman, 1993); Delbert R. Hillers. Lamentations
(Anchor Bible), (Nueva York: Doubleday, 1992).

Ezequiel: Douglas Stuart. *Ezekiel* (Mastering the Old Testament) (Dallas:
Word, 1999); Daniel I. Block. Ezekiel (NICOT), 2 vols. Eerdmans,
1997, 1998.

Daniel: Stephen R. Miller. *Daniel* (NAC) (Nashville: Broadman & Holman,
1994).

Oseas: Douglas Stuart. *Hosea-Jonah* (WEC) (Dallas: Word, 1987); Duane A.
Garrett. *Hosea, Joel* (NAC), (Nashville: Broadman & Holman, 1996).

Amós: Jeffrey Niehaus. *Amos* (The Minor Prophets) (Grand Rapids:
Baker, 1992); Gary Smith. *Amos: A Commentary,* (Grand Rapids:
Zondervan, 1989).

Abdías: Douglas Stuart. *Hosea-Jonah* (WEC) (Dallas: Word, 1987); Jeffrey
Niehaus. *Obadiah* (The Minor Prophets), (Grand Rapids: Baker, 1992).

Jonás: Joyce Baldwin. *Jonah* (The Minor Prophets) (Grand Rapids: Baker,
1993); Douglas Stuart. *Hosea-Jonah* (WBC), (Dallas: Word, 1987).

Miqueas: Bruce Waltke. *Micah* (The Minor Prophets) (Gran Rapids: Balter,
1993); Kenneth L. Barker. *Micah* (NAC), (Nashville: Broadman &
Holman, 1999).

Nahúm: Tremper Longman III. *Nahum* (The Minor Prophets) (Grand Rapids: Baker, 1993); Waylon Bailey. *Nahum* (NAC), (Nashville: Broadman & Holman, 1999).

Habacuc: F. F. Bruce. *Habakkuk* (The Minor Prophets) (Grand Rapids: Baker, 1993); Carl Armerding. *Habakkuk* (BBC), (Grand Rapids: Zondervan, 1985).

Sofonías: J. Alec Motyer. *Zephaniah* (The Minor Prophets) (Grand Rapids: Baker, 1998); David Baker. *Nahum, Habakkuk, Zephaniah* (TOTC), (Downers Grove, Ill.: InterVarsity Press, 1989). Hageo: J. Alec Motyer. *Haggai* (The Minor Prophets) (Grand Rapids: Baker, 1998).

Zacarías: Thomas McComiskey. *Zechariah* (The Minor Prophets) (Grand Rapids: Baker, Rapids, 1998).

Malaquías: Douglas Stuart. *Malachi* (The Minor Prophets) (Grand Rapids: Baker, 1998); Pieter Verhoef. *The Books of Haggai and Malachi* (NICOT) (Grand Rapids: Eerdmans, 1994).

COMENTARIOS DEL NUEVO TESTAMENTO

Durante años muchas personas han encontrado ayuda leyendo *The Daily Study Bible*, de William Barclay (Louisville, KY: Westminster John Knox), que cubre todo el Nuevo Testamento en diecisiete volúmenes. Esta obra ha sido ahora reemplazada por la serie «*...for everyone*» de Tom Wright (p. ej., *Matthew for everyone*; London: SPCK, 2001 +). Pero para un estudio detallado, específico, recomendamos los siguientes (los asteriscos indican comentarios que son particularmente sobresalientes):

Mateo: para los lectores en general: Craig S. Keener. *Matthew* (IVP NT Commentary Series). InterVarsity Press, Downers Grove, Ill., 1997; para estudiantes avanzados: Donald A. Hagner. *Matthew* (WEC), 2 vols. (Dallas: Word, 1993, 1995).

Marcos: para los lectores en general: Morna D. Hooker. *The Gospel According to Mark* (Black's NT Commentary) (Peabody, Mass.: Hendrickson, 1991); James R. Edwards *The Gospel According to Mark* (Pillar NT Commentary) (Grand Rapids: Eerdmans, 2002); para los estudiantes avanzados: R. T. France. *The Gospel of Mark* (New International Greek Testament Commentary), (Grand Rapids: Eerdmans, 2002).

Lucas: para los lectores en general: Craig A. Evans. *Luke* (NIBC) (Peabody, Mass.: Hendrickson, 1990); para los estudiantes avanzados: Joel B. Green. *The Gospel of Luke* (New International Commentary on the New Testament) (Grand Rapids: Eerdmans, 1997); Luke Timothy Johnson. *The Gospel of Luke* (Sacra Pagina) (Collegeville, Minn.: Liturgical Press, 1991).

Juan: para los lectores en general: D. A. Carson. *The Gospel According to John* (Pillar NT Commentary) (Grand Rapids: Eerdmans, 1990); para los estudiantes avanzados: *Raymond E. Brown. *The Gospel of John* (Anchor Bible), 2 vols. (Nueva York: Doubleday, 1966, 1970).

Hechos: 1. Howard Marshall. *The Acts of the Apostles* (Tyndale New Testament Commentaries). (Grand Rapids: Eerdmans, 1980); Luke T. Johnson. *The Acts of the Apostles* (Sacra Pagina). (Collegeville, Minn.: Liturgical Press, 1992).

Romanos: para los lectores en general: Douglas Moo. *The Epistle to the Romans* (New International Commentary on the New Testament) (Grand Rapids: Eerdmans, 1993); para los estudiantes avanzados: Leon Morris. *The Epistle to the Romans* (Grand Rapids: Eerdmans, 1988).

1 Corintios: Gordon D. Fee. *The First Epistle to the Corinthians* (New International Commentary on the New Testament) (Grand Rapids: Eerdmans, 1987); Richard B. Hays. *The First Epistle to the Corinthians* (Interpretation) (Louisville, KY: John Knox, 1997).

2 Corintios: Paul Barnett. *The Second Epistle to the Corinthians* (New International Commentary on the New Testament) (Grand Rapids: Eerdmans, 1997); Linda L. Belleville. *2 Corinthians* (NP NT Commentary) (Downers Grove: InterVarsity Press, Ill., 1996); Jan Lambrecht. *Second Epistle to the Corinthians* (Sacra Pagina) (Collegeville, Minn.: Liturgical Press, 1999).

Gálatas: James D. G. Dunn. *The Epistle to the Galatians* (Black's NT Commentary). Hendrickson, Peabody, Mass., 1993; Ben Witherington III. *Grace in Galatia*. Eerdmans, Grand Rapids, 1998.

Efesios: F. F. Bruce. *The Epistles to the Colossians and to Philemon* (New International Commentary on the New Testament) (Grand Rapids: Eerdmans, 1984); Peter T. O'Brien. *The Letter to the Ephesians* (Pillar NT Commentary) (Grand Rapids: Eerdmans, 1999).

Filipenses: Gordon D. Fee. *Philippians* (NP NT Commentary) (Downers Grove Ill.: InterVarsity Press, 1999); Gordon D. Fee. *Paul's Letter to the Philippians* (New International Commentary on the New Testament) (Grand Rapids: Eerdmans, 1995); Markus Bockmuhl. *The Epistles to the Philippians* (Black's NT Commentary) (Peabody, Mass.: Hendrickson, 1997).

Colosenses: para los lectores en general: N. T. Wright. *Colossians and Philemon* (Tyndale NT Commentaries) (Grand Rapids: Eerdmans, 1986); F. F. Bruce. *The Epistles to the Colossians, to Philemon, and to the Ephesians* (New International Commentary on the New Testament). (Grand Rapids: Eerdmans, 1984); para los estudiantes avanzados: James D. G. Dunn. *The Epistles to the Colossians, to Philemon, and to the Ephesians* (New International Greek Testament Commentary). (Grand Rapids: Eerdmans, 1996).

1, 2 Tesalonicenses: 1. Howard Marshall. *1 and 2 Thessalonians* (New Century Bible Commentary) (Gran Rapids: Eerdmans, 1983);

Gene L. Green. *The Epistles to the Thessalonians* (Pillar NT Commentary) (Grand Rapids: Eerdmans, 2002).

1, 2 Timoteo, Tito: para los lectores en general: Gordon D. Fee. *1 and 2 Timothy, Titus* (NIBC) (Peabody, Mass.: Hendrickson, 1988); Philip H. Towner. *1 and 2 Timothy, Titus* (IVP NT Commentary) (Downers Grove, Ill.: InterVarsity, 1994); para los estudiantes avanzados: William D. Mounce. *Pastoral Epistles* (WEC) (Nashville: Nelson, 2000).

Hebreos: para los lectores en general: Donald A. Hagner. *Hebrews* (NIBC) (Peabody, Mass.: Hendrickson, 1990); F. F. Bruce. *The Epistles to the Hebrews* (New International Commentary on the New Testament), (Grand Rapids: Eerdmans, 1990); David A. DeSilva. *Perseverance in Gratitude,* (Grand Rapids: Eerdmans, 2000); *para los estudiantes avanzados: William L. Lane. Hebrews (WEC),* 2 vols. (Dallas: Word, 1991).

Santiago: Peter H. Davids. *James* (NIBC), (Peabody, Mass.: Hendrickson, 1989); Douglas J. Moo. *The Epistles to James* (Pillar NT Commentary), (Grand Rapids: Eerdmans, 2000).

1 Pedro: para los lectores en general: *Peter H. Davids. The First Epistle of Peter* (New International Commentary on the New Testament), (Gran Rapids: Eerdmans, 1990); para los estudiantes avanzados: J. Ramsey Michaels. *1 Peter* (WEC), (Dallas: Word, 1988).

2 Pedro: para los lectores en general: J. N. D. Kelly. *A Commentary of the Epistles of Peter and of Jude* (Harper's New Testament Commentaries), (Nueva York: Harper & Row, 1969); para los estudiantes avanzados: *Richard J. Bauckham. Jude, 2 Peter* (WEC), (Dallas: Word, 1983).

1, 2, 3 Juan: para los lectores en general: *1. Howard Marshall. The Epistles of John* (New International Commentary on the New Testament), (Grand Rapids: Eerdmans, 1978); Colin G. Kruse. *The Letters of John* (Pillar NT Commentary). (Grand Rapids: Eerdmans, 2000); para los estudiantes avanzados: Stephen S. Smalley, *1, 2, 3 John* (WBC), (Dallas: Word, 984).

Judas: para los lectores en general: J. N. D. Kelly, *A Commentary on the Epistles of Peter and of Jude* (HNTC), (Nueva York: Harper & Row, 1969). Para los estudiantes avanzados; *Richard J. Bauckham, Jude, 2 Peter* (WBC); (Dallas: Word, 1983).

Apocalipsis: Para los lectores en general: Gordon D. Fee, *Revelation* (New Covenant Commentary Series); (Eugene, OR: Cascade Books, 2011); Robert H. Mounce, *The Book of Revelation* (NICNT), (Grand Rapids, MI: Eerdmans, 1977); Grant R. Osborne, *Revelation* (Baker Exegetical Commentary on the NT), (Grand Rapids, MI: Baker, 2002). Para los estudiantes avanzados: G. K. Beale, The Book of Revelation (NIGTC); Grand Rapids, MI: Eerdmans, 1999.

Índice de las Escrituras

¿HAS LEÍDO ALGO BRILLANTE Y QUIERES CONTÁRSELO AL MUNDO?

Ayuda a otros lectores a encontrar este libro:

- Publica una reseña en nuestra página de Facebook @VidaEditorial

- Publica una foto en tu cuenta de redes sociales y comparte por qué te agradó.

- Manda un mensaje a un amigo a quien también le gustaría, o mejor, regálale una copia.

¡Déjanos una reseña si te gustó el libro! ¡Es una buena manera de ayudar a los autores y de mostrar tu aprecio!

Visítanos en
EditorialVida.com
y síguenos en
nuestras redes sociales.